Zu diesem Buch
Sie wollen alles über die Liebe wissen? Ohne einen Hellseher zu bemühen, Ihren Liebsten zu einem Geständnis zu zwingen oder eine Kartenlegerin zu finanzieren? Dann liegen Sie mit diesem Buch genau richtig: Es gibt fünf Gummibärchenfarben. Die schmecken nicht nur unterschiedlich. Die haben auch verschiedene Bedeutungen. Also ziehen Sie fünf Bärchen. Und schlagen Sie in diesem Buch nach, was Ihre Kombination bedeutet. Und schon wissen Sie alles über Ihre Liebe. Alles über Ihr Glück.

Der Autor
Dietmar Bittrich lebt, schreibt und arbeitet als Gummibärchen-Forscher in Hamburg. Weitere Hinweise zu seinen Forschungsergebnissen unter
www.dietmar-bittrich.de

Dietmar Bittrich

# Das Gummibärchen-
# Orakel der Liebe

Sie ziehen fünf Bärchen
und erfahren alles über Ihre Liebe, Ihren Partner,
Ihr Glück

Rowohlt Taschenbuch Verlag

Originalausgabe
Veröffentlicht im Rowohlt Taschenbuch Verlag,
Reinbek bei Hamburg, Juli 2004
Copyright © 2004 by Rowohlt Verlag GmbH,
Reinbek bei Hamburg
Redaktion Julia Vorrath
Umschlaggestaltung ZERO Werbeagentur, München
(Foto: Fine Pic, München)
Gummibärchensymbol Daniel Sauthoff, Hamburg
Satz Proforma PostScript QuarkXPress
bei KCS GmbH, Buchholz/Hamburg
Druck und Bindung Clausen & Bosse, Leck
Printed in Germany
ISBN 3 499 61928 8

**Es ist alles ganz einfach.** Mit der Liebe. Und mit den Bärchen.

Sie haben eine Tüte Gummibärchen?

Und noch nicht alle aufgegessen? Gut.

Dann ziehen Sie jetzt mit geschlossenen Augen fünf Bärchen.

Sie öffnen die Augen.

Sie sehen fünf Bärchen in verschiedenen Farben.

Fertig. Nun brauchen Sie nur noch nachzuschlagen, was Ihre Farbkombination bedeutet.

Und schon wissen Sie alles über Ihre Liebe. Und über Ihr Glück.

Damit Sie Ihre Kombination im Inhaltsverzeichnis schnell finden, sortieren Sie Ihre fünf Bärchen nach den fünf klassischen Farben. Denn es gibt 126 verschiedene Kombinationen. Und die haben wir zur besseren Orientierung nach Farben geordnet. Machen Sie es genauso. Legen Sie Ihre Bärchen folgendermaßen hin:

Links die roten.

Dann die gelben.

Dann die weißen.

Dann die grünen.

Ganz rechts die orangen.

Die Farben, die Sie nicht gezogen haben, können Sie natürlich auch nicht hinlegen. Aber wenn Sie sich an diese Reihenfolge halten, finden Sie sich im Inhaltsverzeichnis auf jeden Fall schnell zurecht.

Wenn Sie noch Fragen haben, falls Sie zum Beispiel nicht wissen, ob Sie auch für Ihren Partner Bärchen ziehen können – oder für denjenigen, den Sie erobern wollen, und wenn Sie nicht wissen, wie oft Sie das Orakel befragen dürfen, dann schlagen Sie im Anhang nach. Viel Spaß!

# Inhalt

Fünf rote Bärchen 11

Vier rote, ein gelbes Bärchen 13

Vier rote, ein weißes Bärchen 15

Vier rote, ein grünes Bärchen 17

Vier rote, ein oranges Bärchen 19

Drei rote, zwei gelbe Bärchen 21

Drei rote, ein gelbes, ein weißes Bärchen 23

Drei rote, ein gelbes, ein grünes Bärchen 25

Drei rote, ein gelbes, ein oranges Bärchen 27

Drei rote, zwei weiße Bärchen 29

Drei rote, ein weißes, ein grünes Bärchen 31

Drei rote, ein weißes, ein oranges Bärchen 33

Drei rote, zwei grüne Bärchen 35

Drei rote, ein grünes, ein oranges Bärchen 37

Drei rote, zwei orange Bärchen 39

Zwei rote, drei gelbe Bärchen 41

Zwei rote, zwei gelbe, ein weißes Bärchen 43

Zwei rote, zwei gelbe, ein grünes Bärchen 45

Zwei rote, zwei gelbe, ein oranges Bärchen 47

Zwei rote, ein gelbes, zwei weiße Bärchen 49

Zwei rote, ein gelbes, ein weißes, ein grünes Bärchen 51

Zwei rote, ein gelbes, ein weißes, ein oranges Bärchen 53

Zwei rote, ein gelbes, zwei grüne Bärchen 55

Zwei rote, ein gelbes, ein grünes, ein oranges Bärchen 57

Zwei rote, ein gelbes, zwei orange Bärchen 59

Zwei rote, drei weiße Bärchen 61

Zwei rote, zwei weiße, ein grünes Bärchen 63

Zwei rote, zwei weiße, ein oranges Bärchen  65

Zwei rote, ein weißes, zwei grüne Bärchen  67

Zwei rote, ein weißes, ein grünes, ein oranges Bärchen  69

Zwei rote, ein weißes, zwei orange Bärchen  71

Zwei rote, drei grüne Bärchen  73

Zwei rote, zwei grüne, ein oranges Bärchen  75

Zwei rote, ein grünes, zwei orange Bärchen  77

Zwei rote, drei orange Bärchen  79

Ein rotes, vier gelbe Bärchen  81

Ein rotes, drei gelbe, ein weißes Bärchen  83

Ein rotes, drei gelbe, ein grünes Bärchen  85

Ein rotes, drei gelbe, ein oranges Bärchen  87

Ein rotes, zwei gelbe, zwei weiße Bärchen  89

Ein rotes, zwei gelbe, ein weißes, ein grünes Bärchen  91

Ein rotes, zwei gelbe, ein weißes, ein oranges Bärchen  93

Ein rotes, zwei gelbe, zwei grüne Bärchen  95

Ein rotes, zwei gelbe, zwei orange Bärchen  97

Ein rotes, zwei gelbe, ein grünes, ein oranges Bärchen  99

Ein rotes, ein gelbes, drei weiße Bärchen  101

Ein rotes, ein gelbes, zwei weiße, ein grünes Bärchen  103

Ein rotes, ein gelbes, zwei weiße, ein oranges Bärchen  105

Ein rotes, ein gelbes, ein weißes, zwei grüne Bärchen  107

Ein rotes, ein gelbes, ein weißes, ein grünes,

ein oranges Bärchen  109

Ein rotes, ein gelbes, ein weißes, zwei orange Bärchen  111

Ein rotes, ein gelbes, drei grüne Bärchen  113

Ein rotes, ein gelbes, zwei grüne, ein oranges Bärchen  115

Ein rotes, ein gelbes, ein grünes, zwei orange Bärchen  117

Ein rotes, ein gelbes, drei orange Bärchen  119

Ein rotes, vier weiße Bärchen  121

Ein rotes, drei weiße, ein grünes Bärchen 123

Ein rotes, drei weiße, ein oranges Bärchen 125

Ein rotes, zwei weiße, zwei grüne Bärchen 127

Ein rotes, zwei weiße, ein grünes, ein oranges Bärchen 129

Ein rotes, zwei weiße, zwei orange Bärchen 131

Ein rotes, ein weißes, drei grüne Bärchen 133

Ein rotes, ein weißes, zwei grüne, ein oranges Bärchen 135

Ein rotes, ein weißes, ein grünes, zwei orange Bärchen 137

Ein rotes, ein weißes, drei orange Bärchen 139

Ein rotes, vier grüne Bärchen 141

Ein rotes, drei grüne, ein oranges Bärchen 143

Ein rotes, zwei grüne, zwei orange Bärchen 145

Ein rotes, ein grünes, drei orange Bärchen 147

Ein rotes, vier orange Bärchen 149


Fünf gelbe Bärchen 151

Vier gelbe, ein weißes Bärchen 153

Vier gelbe, ein grünes Bärchen 155

Vier gelbe, ein oranges Bärchen 157

Drei gelbe, zwei weiße Bärchen 159

Drei gelbe, ein weißes, ein grünes Bärchen 161

Drei gelbe, ein weißes, ein oranges Bärchen 163

Drei gelbe, zwei grüne Bärchen 165

Drei gelbe, ein grünes, ein oranges Bärchen 167

Drei gelbe, zwei orange Bärchen 169

Zwei gelbe, drei weiße Bärchen 171

Zwei gelbe, zwei weiße, ein grünes Bärchen 173

Zwei gelbe, zwei weiße, ein oranges Bärchen 175

Zwei gelbe, ein weißes, zwei grüne Bärchen 177

Zwei gelbe, ein weißes, ein grünes, ein oranges Bärchen 179

Zwei gelbe, ein weißes, zwei orange Bärchen  181

Zwei gelbe, drei grüne Bärchen  183

Zwei gelbe, zwei grüne, ein oranges Bärchen  185

Zwei gelbe, ein grünes, zwei orange Bärchen  187

Zwei gelbe, drei orange Bärchen  189

Ein gelbes, vier weiße Bärchen  191

Ein gelbes, drei weiße, ein grünes Bärchen  193

Ein gelbes, drei weiße, ein oranges Bärchen  195

Ein gelbes, zwei weiße, zwei grüne Bärchen  197

Ein gelbes, zwei weiße, ein grünes, ein oranges Bärchen  199

Ein gelbes, zwei weiße, zwei orange Bärchen  201

Ein gelbes, ein weißes, drei grüne Bärchen  203

Ein gelbes, ein weißes, zwei grüne, ein oranges Bärchen  205

Ein gelbes, ein weißes, ein grünes, zwei orange Bärchen  207

Ein gelbes, ein weißes, drei orange Bärchen  209

Ein gelbes, vier grüne Bärchen  211

Ein gelbes, drei grüne, ein oranges Bärchen  213

Ein gelbes, zwei grüne, zwei orange Bärchen  215

Ein gelbes, ein grünes, drei orange Bärchen  217

Ein gelbes, vier orange Bärchen  219


Fünf weiße Bärchen  220

Vier weiße, ein grünes Bärchen  221

Vier weiße, ein oranges Bärchen  223

Drei weiße, zwei grüne Bärchen  225

Drei weiße, ein grünes, ein oranges Bärchen  227

Drei weiße, zwei orange Bärchen  228

Zwei weiße, drei grüne Bärchen  229

Zwei weiße, zwei grüne, ein oranges Bärchen  231

Zwei weiße, ein grünes, zwei orange Bärchen  233

Zwei weiße, drei orange Bärchen  234

Ein weißes, vier grüne Bärchen  235

Ein weißes, drei grüne, ein oranges Bärchen  237

Ein weißes, zwei grüne, zwei orange Bärchen  239

Ein weißes, ein grünes, drei orange Bärchen  241

Ein weißes, vier orange Bärchen  243

Fünf grüne Bärchen  245

Vier grüne, ein oranges Bärchen  247

Drei grüne, zwei orange Bärchen  248

Zwei grüne, drei orange Bärchen  249

Ein grünes, vier orange Bärchen  251

Fünf orange Bärchen  253

Fragen und Antworten  255

## Fünf rote Bärchen
### Sie sind die leibhaftige Verführung!

Zu spät. Sie können es nicht mehr verhindern. In diesem Moment gehen bereits Warnungen an die ganze Welt hinaus. Mütter schließen ihre Söhne ein. Väter verbarrikadieren ihre Töchter. Eheleute rufen ihre Partner nach Hause. Und Sie, ja Sie, Sie tun ganz erstaunt. Vielleicht ahnen Sie auch nicht einmal, was eigentlich los ist. Dabei wissen alle Bescheid. Ein Raunen geht um die Welt. Denn Sie und niemand anderes sind es: das verführerischste Wesen dieses Planeten. Ab jetzt. Ab sofort. Die Bärchen stellen es klar. Fünfmal Rot. Leugnen ist zwecklos. Sie wissen doch, dass Casanova einen Ring mit fünf Rubinen am Finger trug? Casanova! Und dass die Kaiserin Messalina, die in ihrem Leben geschätzte viertausend Männer verbrauchte, fünf rote Korallen in ihrer Krone hatte? Na, eben. Das ist kein Zufall. Fünfmal Rot bedeutet höchste Liebeskraft – oder steht für pure Kundalini-Energie, falls Sie es tantrisch mögen. Fünfmal Rot ist pure erotische Ausstrahlung. Wenn wir uns gerade in Hollywood aufhalten würden, würden Sie in diesem Augenblick zum «sexiest being alive» gekrönt, zum erotischsten Wesen der Welt. Und alle würden ganz furchtbar kreischen und in Ohnmacht fallen. Wie wäre das? Eher lästig? Na, es reicht ja auch schon, wenn wir uns hier in die Augen sehen. Ja, ja, tun Sie nicht so unschuldig! Ihre Ausstrahlung versetzt bei allen anderen und natürlich auch bei uns jene Regionen in Schwingung, die – drücken wir es mal milde aus – mit aller Macht zur Liebe drängen. Woran das liegt? Daran, dass in Ihnen selbst, in Ihren tiefsten Tiefen, die Liebeskraft völlig ungehemmt – oder sagen wir lieber: völlig befreit fließt. Wenn Sie bisher dachten, Sie seien in irgendeiner Weise unsicher, eingeschränkt, unterdrückt, dann erkennen Sie nun Ihren Irrtum. Genießen Sie jetzt die volle Power Ihrer Liebesenergie. Das heißt ja nicht, dass Sie ab heute Punkt Mitternacht frivol, zügellos und exzessiv drauflosleben müssen. Obwohl – möglich wäre es. Sie könnten es. Aber Sie haben es nicht nötig. Wir fliegen ja auch so auf Sie. Wie die Bienen auf den Honig. Ab jetzt. Für was immer Sie sich in der Vergangenheit gehalten haben: Sie sind das berauschendste Wesen, das sich denken lässt. Sie sind jede Schwärmerei, jede Umarmung, jeden Kuss, jeden Liebesbrief wert. Sie sind die leibhaftige Verführung.

## Vier rote, ein gelbes Bärchen
### Willkommen im Red Light District!

Sie nun wieder. Das hätten wir uns ja denken können. Sie mit Ihrem Appeal. Mit Ihrem manchmal etwas schrägen Blick. Und mit Ihrer Liebe zum Meer. Waren Sie mal in Shanghai? Na, vielleicht nicht in diesem Leben. Aber in Ihrer letzten Inkarnation, so vor ungefähr hundert Jahren, als dort noch richtig was los war – damals haben Sie sich da herumgetrieben. Am Hafen. Sie wissen doch noch, wie das war, damals am Hafen von Shanghai? Vier Häuschen mit einer roten Laterne über der Tür, dann eines mit einer gelben Laterne, dann wieder vier rote, dann ein gelbes und so fort, die ganze Mole runter. In den roten Häuschen wurde die Liebe gesucht, vielleicht auch gefunden, im gelben wurde bezahlt. Viermal Rot, einmal Gelb. Genau die Farben, die Sie jetzt gezogen haben. Es gibt keinen Zufall. Sie haben diese tiefe Sehnsucht nach Liebe. Und diese etwas abwegige Art, sie zu suchen. Sie haben dieses große Verlangen. Und wissen nicht genau, wie es gestillt werden kann. Erinnern Sie sich, wie Sie damals durch die unbeleuchteten Gassen gestreunt sind? Genauso streunen Sie jetzt durch die unbeleuchteten Gassen Ihrer Gefühle. Erinnern Sie sich, wie Sie in wüste Prügeleien verwickelt wurden, natürlich immer ohne eigene Schuld? Inzwischen haben Sie sich weiterentwickelt. Jetzt finden die Prügeleien in Ihrem Inneren statt. Immer Sie gegen sich selbst. Denn viermal Rot bedeutet, dass viel kraftvolle Liebesenergie unterdrückt wird. Gerade Zahlen zeigen nach alter Orakeltradition immer an, dass etwas stagniert, dass etwas unterjocht und zurückgehalten wird. Und das ist bei Ihnen nichts anderes als die Leidenschaft. Inzwischen hat sich davon so viel angestaut, dass

Sie sich selbst davor fürchten. Und sich dafür bestrafen. Okay, sind Sie bereit, einen kleinen Preis zu zahlen? So wie damals, im Häuschen mit der goldgelben Laterne? Ja, dazu sind Sie bereit. Sonst hätten Sie nicht das gelbe Bärchen gezogen. Damals war man mit einem kleinen Goldnugget dabei. Was der Preis diesmal ist, wissen Sie schon. Es dämmert Ihnen in diesem Augenblick. Sie müssen etwas opfern. Etwas von dem, was Sie nach außen zeigen. Etwas von Ihrer Fassade. Von dem also, was ohnehin nicht zu Ihnen gehört. Sie brauchen Ihren Ruf nicht gleich ganz zu ruinieren. Es reicht, wenn Sie etwas ungenierter leben. Lassen Sie den Bären los. Vielleicht am Anfang nur ein Bärchen. Lassen Sie es steppen. Und bald genießen wir alle den Tanz Ihrer wunderbaren Leidenschaft.

## Vier rote, ein weißes Bärchen
### Sie sind ein Vulkan!

Oh, oh, in Ihnen rumort es ja heftig! Sigmund Freud würde Sie nicht nur auf die Couch legen. Der würde Sie festbinden. Sie fesseln. Und Sie fänden das womöglich auch noch gut! Denn in Ihnen schlummert eine Respekt einflößende libidinöse Energie. So jedenfalls hätte Freud das genannt. Und wenn diese Energie losgelassen wird, dann gibt das Mobiliar freiwillig nach, und der Vesuv versinkt vor Scham in den Boden. So wuchtig ist Ihre Leidenschaft. So explosiv. Aber wieso merken wir eigentlich nichts davon? Verstehen Sie uns nicht falsch – im Augenblick sind wir sehr dankbar, dass wir nichts davon zu spüren kriegen. Trotzdem fragen wir uns: Wo zeigt sich diese vulkanische Liebesenergie? In dem feinen Haarwuchs hinter Ihren Ohren? Unter Ihren Zehennägeln? Im linken Nasenloch? Nein. Ihre vulkanische Liebesenergie zeigt sich überhaupt nicht. Weil Sie sie unterdrücken. Ihnen selbst schwant es bereits: Wenn Ihre Liebespower losgelassen würde, dann kämen die meisten Leute überhaupt nicht auf die Idee, sie mit Liebe in Verbindung zu bringen. So verkorkst käme die raus. Ja, Sie haben richtig gehört: verkorkst. Irgendwann in Ihrem Leben – Sie sind ja noch sehr jung, es kann nicht lange her sein –, irgendwann haben Sie einen Korken in den Kanal Ihrer Liebesenergie gestopft. Keinen richtigen Korken. Sie brauchen jetzt nicht nachzusehen. Nein, einen Korken im übertragenen Sinn. Pfropfen drauf, Power weg. Warum haben Sie das getan? Etwa, weil Sie eine schwere Kindheit hatten? Oder weil Sie so trübsinnige Erfahrungen mit ganz furchtbar schlechten Menschen gemacht haben, Sie bedauernswertes Wesen? Egal, warum. Sie haben es getan, weil es damals genau das Richtige war. Aber jetzt ist es nicht mehr das Richtige. Das sagen diese Bärchen. Viermal Rot steht zwar für eine mächtige unterdrückte Liebesenergie. Aber das eine weiße Bärchen, das Sie dazu gezogen haben, dieses eine weiße Bärchen signalisiert: Sie werden jetzt intuitiv das Richtige tun. Sie brauchen gar nicht darüber nachzudenken. Sie tun es einfach. Sie werden geführt. Ja, das gibt es wirklich. Bei Ihnen auf jeden Fall. Sie werden geführt zu der Liebe, auf die Sie gewartet, zu dem Partner, den Sie verdient haben und mit dem Sie Ihre ganze wunderbare Liebeskraft leben können. Das muss keineswegs heißen, dass da groß rumgetobt wird. Das weiße Bärchen deutet eher auf jene Dimension hin, in der Liebe gleich Weisheit ist. Aber wenn Sie trotzdem auf der Couch festgebunden werden wollen, wird das jemand ganz bestimmt für Sie tun!

## Vier rote, ein grünes Bärchen
Sie köpfen Ihre Exliebhaber!

Huh! Grusel! Schauder! Äh, schön, dass Sie da sind! Angenehm, Sie kennen zu lernen. Sehr nett. Es ist wie ein Sprung in die Geschichte. Ein paar Jahrhunderte zurück. Damals durften die großen Liebenden – und zweifellos sind Sie ein Wesen von höchster Liebeskraft – noch richtig zuschlagen. Nicht nur im übertragenen Sinne. Auch wörtlich. Sie haben Ihr Schwert dabei? Zu sehen ist es nicht. Die scharfe Schneide Ihres Schwertes blitzt allerdings – mindestens – in Ihren Gedanken und in Ihren Gefühlen. Und es blitzt aus Ihren Augen. Denn welcher große Liebende hatte vier rote Rosen und einen grünen Zweig in seinem Wappen? Vier Rot, ein Grün? Heinrich der Achte. Henry the Eighth. Sie wissen schon. Das war dieser lebenspralle Herrscher, der sechsmal heiratete und jeweils die eben abgelegte Partnerin köpfen ließ. Er hatte das Gefühl, das Leben wäre dadurch leichter für ihn. Unglaublich, was? Und Sie sind seine Reinkarnation. Und der einzige Grund, dass Sie Ihre abgelegten Flirts und Lover nicht einfach köpfen, liegt darin, dass Sie leider nicht mit unumschränkter Herrscherschaft versehen sind. Sonst könnten wir ab und zu auf dem Marktplatz das spektakuläre Ende Ihrer Liebschaften erleben. Und wir würden dann auch mal klatschen. Vorsichtshalber. Bei Ihnen weiß man ja nie. Sie machen eine gute Figur, doch, ja, genau wie damals dieser Heini. Sie ziehen sich hübsch an, so wie er. Sie sehen sogar ganz nett aus. Er auch! Aber in Ihnen schlummert Schlimmes! Wiegeln Sie nicht ab – viermal Rot bedeutet, dass da eine immense Lebensenergie und explosive Liebeskraft in Ihnen brodelt. Eine Liebesenergie, mit der Sie nicht nur viele Partner glücklich

machen können. Sondern mit der Sie auch viele Partner un-
glücklich machen können. Schön, was? Ja, da freuen Sie sich.
Tatsächlich besitzen Sie erotisches Charisma von bannender
Macht. Und Macht ist das Stichwort. Sie lassen Ihre Liebesenergie nicht frei fließen. Viermal Rot bedeutet gerade das Gegenteil:
Sie halten zurück, grenzen ab, blockieren sich, blockieren andere und hauen immer mal wieder mit dem Schwert dazwischen. Es ist ganz gut, dass Ihnen das mal jemand offen sagt. Wir
trauen uns das auch nur, weil Ihr Schwert gerade zur Überho-
lung in der Werkstatt ist. Also weiter: Sie würden doch am liebsten Ihre abgelegten Lover alle dem Scharfrichter übergeben!?
Was? Na gut, nicht alle, da gibt es vielleicht ein, zwei Ausnah-
men ... Aber auf jeden Fall glauben Sie, Sie könnten leichter
und freier leben, wenn ein paar Leute von der Erdoberfläche verschwinden würden. Und Sie bedauern, dass Sie da nicht tatkräf-
tig nachhelfen können. Wie damals, als Sie noch Heinrich der
Achte hießen. Okay. Aber jetzt kommt der Lichtblick. Dieses
kleine grüne Bärchen kündigt etwas an. Es kündigt an, dass Sie
ab jetzt Ihre Liebesenergie frei und glücklich ausleben können.
Ohne sich von anderen behindert zu fühlen. Ohne sich gewalt-
sam von jemandem zu trennen. Sie bekommen einfach diesen
sympathischen Kick Selbstvertrauen, der Ihnen zur erfüllten
Liebe fehlt. Sehr schön. Wunderbar. Dann geben Sie uns bitte
den Reparaturschein für Ihr Schwert. Wir holen es aus der
Werkstatt und bewahren es auf. Sicherheitshalber. Wer weiß,
wozu es mal gut sein kann.

## Vier rote, ein oranges Bärchen
Sie tanzen Tango!

Eine sinnliche, eine erotische Kombination. Gummibärchen-Forscher nennen sie: die Tango-Kombination. Und zwar wegen der bunten Lämpchen zwischen den Wellblechhäusern am alten Hafen von Buenos Aires, wegen der Lämpchen, die dort einen Tango-Salon ankündigen: viermal Rot, einmal Orange und wieder von vorn. So leuchten die Glühbirnen über dem ausgebleichten Schild des Salón La Argentina und über der Bar Sul und dem Café Homero und sogar auf dem Friedhof La Chacarita unter der lebensgroßen Statue von Carlos Gardel. Und demnächst in Ihrem Wohnzimmer. Denn offenbar sind Sie geboren für den Tango. Die Bärchen-Kombination lässt keinen Zweifel zu. In Ihren Adern fließt Tanguero-Blut. Es brodelt in Ihnen. Da ist eine Leidenschaft, die Sie keineswegs immer unter Kontrolle haben. Eine gefährliche Leidenschaft. Aber um sie zu bändigen, ist der Tango gut. Der Blasebalg des Bandoneons schickt ein trauriges Rauschen hinauf zu den Sternen. Dann erklingen die ersten Töne der Cumparsita oder von Esta noche me emborracho. Oh, Ihr Herz hört es schon! Ihre Haut fühlt es. Lüsternheit und Lamento, Eroberung und Widerstand, Verführung und Hingabe. Die Frau in einem Kleid, das bis zur Taille geschlitzt ist. Der Mann mit Hut und Halstuch, Röhrenhose, Lackschuhen. Sie ganz erotische Glut und verführerische Laszivität, er ein harter Kommandeur der Sinnlichkeit, der allein mit dem Daumen zu führen weiß. Ihre Beine öffnen sich, sein Fuß fährt dazwischen und zuckt gleich wieder zurück. Seine Beine spreizen sich, sie schreitet durchs Tor. Ein intimes Gespräch der Körper. Eine Ekstase nach ehernen Regeln. Ein lang gezogener Kuss, ein Kuss mit den Schenkeln. Zwei ernste Gesichter. Vier Beine, die sich vernügen. Sagt Ihnen das was? O ja, das sagt Ihnen was. Da summen Ihre Nerven, da prickelt Ihre Haut. Und Sie sind versucht, die Grenzen auszutesten und Tabus zu übertreten. Ja, Sie können weit gehen um der Leidenschaft willen, weiter als die meisten von uns. Vier rote Bärchen ziehen nur ganz wenige. Der Tango ist ein Symbol für das Austesten der Grenzen, für eine Hingabe bis zur Betäubung. Und wenn wir Sie jetzt so sehen, mit diesem Glitzern in den Augen, fragen wir uns: Gleicht Ihr Tango womöglich dem letzten Tango von Paris? Sie wissen, dass es einen Film mit diesem Titel gab? Ihre Mutter hat sich damals, in den siebziger Jahren, in den Kinosessel verkrochen, so geschockt war sie. Oder war es Ihre Großmutter? Sie jedenfalls, Sie hier, Sie würden sich nicht verkriechen, wenn die Liebe ein Kampf ist wie in diesem Film. Wenn da zwei, die sich nicht kennen, die Sinnlichkeit erforschen, bis zur Schmerzgrenze und darüber hinaus. Sie würden es wagen. Das zeigen die Bärchen. Sie haben die Kühnheit. Haben die Fähigkeit, Extreme zu ertragen. Aber was Sie obendrein auszeichnet, und darauf weist das orange Bärchen hin, ist eine spielerische, heitere Seite, die das Licht des Humors in die Leidenschaft bringt. Wer mit Ihnen tanzt, wird sich runderneuert und wie neugeboren fühlen. Egal, um welche Form des Tanzens es sich dreht.

## Drei rote, zwei gelbe Bärchen
Sie lassen den Winter schmelzen!

Oh, unbändige Liebe! Macht des Schicksals! Es gibt Leidenschaften, die fegen alle Konventionen beiseite. Die lassen sich nicht
einschränken durch Drohung, Trennung und Verbot. Im Gegenteil. Jedes Hindernis steigert nur das Verlangen. Solche Passio-
nen überdauern Kriege und Revolutionen. Und eine solche Leidenschaft glüht in Ihnen. Entweder Sie sind schon mittendrin
in den Wirren einer schwärmerischen Besessenheit. Oder Sie
sind kurz davor. Dann spüren Sie schon die ersten Ausläufer
und sträuben sich noch. Tun Sie das nur. Es ist ohnehin vergeblich. Sie haben die gefürchtete Schiwago-Kombination gezogen.
Erinnern Sie sich noch an das verschneite Moskau? An die weißen Weiten der Taiga? Den Ural in der Ferne? An ein Landhaus
voller Schneestaub und Eiszapfen? An sehnsüchtige Melodien?
Sie müssen sich gar nicht erinnern. Sie sind mitten in einer Leidenschaft, über die Sie selbst keine Macht haben. Eine Leidenschaft, die alle bisherigen, leidlich ausgewogenen Verhältnisse
über den Haufen wirft. Fall Sie sich nicht entsinnen: Sowohl Jurij Schiwago als auch Lara waren verheiratet. Sie fühlten sich
gebunden. Sie widerstrebten tapfer den Gefühlen, die ihre Bin-
dungen zu zerstören drohten. Und konnten doch nichts dagegen tun. Ja, so ist es, wenn man drei rote und zwei gelbe Bärchen
gezogen hat. Die Leidenschaft ist übermächtig. Und die Hindernisse sind groß. Zweimal Gelb bedeutet häufig, dass gesell-
schaftliche Arrangements oder finanzielle Verhältnisse gegen
die Liebe stehen. Es muss nicht so krass ausfallen, dass sich ein
verarmtes Volk gegen seine reichen Herrscher erhebt, nur damit
Ihre persönliche Love-Story so richtig zum Kochen kommt.

Für Jurij und Lara war das so, in der russischen Revolution. Bei Ihnen reichen schon geringere Hindernisse, um das Feuer lodern zu lassen. Aber Hindernisse brauchen Sie. Sie brauchen die Entfernung von Ihrem Partner, brauchen wunderbare Zufälle, durch die Sie wieder zusammengeführt werden, brauchen die latente Bedrohung durch äußere Mächte. All das zeigen die beiden gelben Bärchen. Durch dergleichen Widerstände schwingt Ihre Liebe sich zur Jahrhundertleidenschaft empor. Und falls am Ende nichts fürs Leben daraus wird – auch Lara und Jurij war kein langes Glück vergönnt –, können Sie immer noch sagen: Das wäre es gewesen. Dann haben Sie wenigstens eine herrliche Geschichte, von der Sie Ihren Enkeln mit verklärtem Blick erzählen können. Oder uns. Tun Sie es doch gleich! Womöglich machen wir einen Film daraus!

### Drei rote, ein gelbes, ein weißes Bärchen
Ihre Liebe siegt!

Jetzt kann nichts mehr schief gehen! Sie haben die Wappenfarben von Lanzelot und Guinevere gezogen. Von einem der leidenschaftlichsten und geistvollsten Liebespaare aller Zeiten! Was für ein Segen. Sie haben also ein romantisches Herz. Sie sehnen sich nach dem Gral. Nach der Vollendung Ihrer ohnehin schon großartigen Persönlichkeit. Aber wenn die Liebe ruft, dann ist Ihnen die Entwicklung der Persönlichkeit gleichgültig. Und den Gral werfen Sie in den Altglascontainer. Sehr richtig! Sie können auch aus einem gewöhnlichen Glas trinken. Und das mit der Entwicklung, das passiert ja von selbst. Also widmen Sie sich der Liebe. Wenn nicht ein derart leidenschaftliches Wesen wie Sie das tut, wer dann? Sie sind geboren für die Liebe, und es ist gut, wenn Sie sie in vollen Zügen ausleben. Ob Sie ab und zu noch ein kleines Turnier ausfechten wie Lanzelot oder ob Sie vor Ihrem Partner irgendein Alibi für die letzte Nacht erfinden wie Guinevere – das ist egal. Das machen Sie nebenbei. Nur die Liebe zählt. In der Liebe leben Sie. In der Liebe erfahren Sie sich selbst, in der Hingabe, in der Spannung, im Fließen, im Rausch, in der Stille. Und nichts auf der Welt kann Sie davon abhalten, dass – doch, Augenblick. Moment. Was fiel da eben für ein Wort? Alibi? Partner? Ach so, ja. Das haben wir Ihnen noch gar nicht gesagt. Also, da ist noch jemand Drittes im Spiel. Das ist bei dieser Kombination so. Leider. Unausweichlich. Immer. Bei Lanzelot und Guinevere war es der König, der ein bisschen störte. Denn der Ritter Lanzelot war seinem König zu höchster Treue verpflichtet. Und Guinevere war dem König eigentlich auch zur Treue verpflichtet, schließlich war sie seine Frau. Aber irgendwie lief es dann anders. Und diese Geschichte ist ein Beispiel dafür, dass sich die Liebe um rein gar nichts kümmert, auch nicht um Schwerter und Schwüre und heilige Pergamente. Sie ist einfach stärker. «Die Liebe hemmet nicht; sie kennt nicht Tür noch Riegel und dringt durch alles sich; sie ist ohn Anbeginn, schlug ewig ihre Flügel und schlägt sie ewiglich.» Das ist Ihr Motto. Denn Ihre Liebe ist stärker als alles, was sich ihr entgegen stellt. Mehr noch: Sie reißt alles mit. Wie ein Magnet, nach dem sich alle Teilchen ausrichten, richten sich die Elemente der Welt nach Ihrer Liebe. So war das auch bei Lanzelot und Guinevere. Der König musste erst mal schlucken. Dann fand er es ganz gut. Er war nicht mehr der Jüngste und wollte eigentlich nur noch Rotwein trinken aus seinem Gral. Er war Lanzelot dankbar, dass der ihm ein paar Ehepflichten abnahm. Sie sind jung. Sie können sich nicht vorstellen, dass jemand Liebe als Pflicht empfindet. Sie lieben drauflos mit Ihrem Feuer, mit Ihrer Leidenschaft und Ihrem Herzblut. Spätestens ab jetzt. Denn genau jetzt haben Sie diese Bärchen-Kombination gezogen. Für diese neue Phase Ihres Lebens. Ihrer Ausstrahlung wird sich niemand entziehen können. Und wenn da ein alter König meckert, schenken Sie ihm einen kleinen Gral und eine Flasche Roten, und tschüss!

## Drei rote, ein gelbes, ein grünes Bärchen
### Sie schwelgen!

Was für eine wunderbare Genuss-Kombination! Sie naschen gern feine Schokolade? Cremige Trüffel? Zabaione? Sie schlürfen Champagner, umgeben sich mit Düften und aalen sich in weichen Betten? Herrlich. Und wenn Sie das bisher noch nicht richtig ausgelebt haben – von jetzt an werden Sie es tun. Daran lässt die Kombination keinen Zweifel. Ihnen gebührt ab sofort die Krone der Sinnlichkeit. Sie werden die Liebe riechen, schmecken, sehen, hören, fühlen. Sie werden kuscheln und kosen. Und Sie sind dafür geschaffen: zugleich sanft und fest, geheimnisvoll und lockend. Sie haben den gewissen Blick – lassen Sie mal sehen – o ja, doch, oha! Sie sind ein Gourmet. Sie wollen schwelgen. Ohne Hautkontakt können Sie nicht leben. Zärtlichkeit ist Ihre natürlichste Gabe. Sie umarmen, streicheln, liebkosen genussvoller als alle anderen. Sie lecken sich die Lippen. Sie haben Appetit. Sie wollen genießen, und das müssen Sie auch, am besten täglich. Ihr Verlangen ist bei dieser Bärchen-Kombination nicht mehr abhängig von Äußerlichkeiten, von Stimmungen, Tageszeiten, Jahreszeiten. Umgekehrt hat die Erfüllung Ihres Verlangens entscheidenden Einfluss auf Ihr Wohlbefinden. Leider müssen wir Ihnen an dieser Stelle sagen, dass mancher reizende Partner durch Ihre mächtige Liebeskraft leicht verunsichert wird. Dreimal Rot! Ganz unter uns: Oft bekommen Sie mehr, wenn Sie weniger fordern. Sie haben das partnerschaftliche gelbe Bärchen und das grüne Bärchen der Zuwendung und des Vertrauens. Das bedeutet: Um die Liebe genießen zu können, brauchen Sie ein Gefühl der Sicherheit. Am besten bekommen Sie das in einer festen Beziehung. Und wenn die auch nur einigermaßen akzeptabel ist, ist es schwierig, Sie auf Seitenpfade zu locken. Affären kommen bei Ihnen nur vor, wenn Sie notorisch unterversorgt sind. Aber wenn das der Fall ist, verhalten Sie sich geheimnisvoll lockend. Sie werden einem Flirt nicht sagen, was und wie viel er oder sie zu tun hat. Das soll der andere schon wissen. Sie lassen Blicke blitzen, posieren, spielen, Sie reizen. Doch die ersten handfesten Schritte soll der andere tun. Sie suchen ein charmantes Wesen aus, das Sie verführen darf. Wenn die Bärchen Recht haben, schieben Sie bei verführerischen Gelegenheiten gerne kulturelle Bedürfnisse vor, etwa Gespräche über Bücher und Kunst, den Besuch eines Konzertes, womöglich klimpern Sie selbst erst mal was auf der Gitarre. Denn Verführung soll bei dieser Bärchen-Kombination etwas Langsames sein. Denn Sinnlichkeit ist langsam. Und Ihre Sinnlichkeit hat die genussvolle Leichtigkeit von Sommerferien. Zu Ihrer Liebe gehören sanfte Landschaften, grüne Hügel, azurne Seen, saftige Wiesen, weiche Betten und ein verlässlicher Gourmetführer. Sie wollen und werden lukullisch schwelgen. In jeder Beziehung.

### Drei rote, ein gelbes, ein oranges Bärchen
Sie küssen Leoparden!

Oh, eine schöne und schön riskante Kombination! Sie sehen schon an den Farben, wie viel Feuer in diesen Bärchen knistert und lodert! Das ist eine echte Raubkatzen-Kombination! Das flirtige orange Bärchen wird Sie schütteln, erst sanft, später heftiger, das gelbe Bärchen der zielstrebigen Leidenschaft wird Sie in den Strudel hineinreißen – und dann schlägt dreimal rote Liebeslust über Ihnen zusammen. Sie können sich jetzt auf eine Menge gefasst machen, nur auf eines nicht: dass alles beim Alten bleibt. Es ist sogar sehr wahrscheinlich, dass Sie mächtig durcheinander gewirbelt werden. Und kein Stein auf dem anderen bleibt. Macht ja nichts. Erst sind Sie ein bisschen erschrocken, Sie versuchen sogar, ein bisschen Widerstand zu leisten, aber Sie wissen ja, wie das geht, wenn Leidenschaft ins Rollen kommt: Nichts kann sie aufhalten. Und deshalb machen Sie mit. Es ist ja Ihre Kombination. Sie kennen die Geschichte vom Professor, der ein Saurierskelett zusammensetzt? Es ist sein Lebenswerk. Und dann steht er da auf seiner Arbeitsplattform und will das letzte Teil anbringen, das Schlüsselbein, dann ist das gigantische Skelett vollendet. Aber die Liebe kommt ihm dazwischen. Eine etwas chaotische Lady lehnt eine Leiter an das Skelett und steigt rasch nach oben, um mit dem Professor zu flirten. Sie findet ihn nämlich klasse, und er sie eigentlich auch. Aber nun gerät das phantastische Skelett ins Wanken, denn die Lady ist etwas zu heftig – und dieses herrliche Lebenswerk bricht zusammen und zersplittert in unendlich viele Teile. Machen Sie sich darauf gefasst: So läuft das jetzt bei Ihnen. Egal, ob Sie eine Lady oder ein Professor sind – alles, woran Sie bisher geglaubt haben, wird in Frage gestellt. Alles, was Sie aufgebaut zu haben scheinen, kracht zusammen, und Sie haben noch nicht einmal was dagegen. Denn auf einmal erkennen Sie, wie unbedeutend all die Ideen sind, die Sie bisher für wichtig gehalten haben. Und wie zerbrechlich die Sicherheit ist, auf die Sie sich verlassen wollten. Und Sie merken, dass Sie all das nicht brauchen, weil Sie im Herzen frei sind. Genau das zeigt Ihnen Ihre Liebe. Klar, dass Sie anfangs ein bisschen zaudern, aber dann geht's ab auf der Achterbahn. Kennen Sie den Film «Leoparden küsst man nicht»? Er vermittelt einen ungefähren Eindruck davon, was Sie demnächst erwartet. An Verwirrung, Chaos, Leidenschaft. Für uns, die zusehen dürfen, wird es eine grandiose Komödie. Für Sie selbst, da Sie mittendrin stecken, wird es streckenweise das reine Chaos. Aber dafür erleben Sie das Happy End und dürfen Leoparden küssen. Während wir vom Zaun aus applaudieren.

## Drei rote, zwei weiße Bärchen
### Sie spielen Romeo und Julia!

Die Romeo-und-Julia-Kombination! Ein Liebestraum wird wahr! Sehen Sie selbst: Wenn Sie Rot und Weiß mischen, bekommen Sie pinkfarbene Wolken! Darauf können Sie sich mit Ihrer großen Liebe betten und über paradiesische Landschaften reisen. Geigen singen, Glocken läuten. Sie gleiten über dicke Teppiche von Rosenblättern und duftende Wiesen voller tuschelnder Gänseblümchen. Engel winken. Himmlischer Gesang ertönt. Und wenn keiner zusieht, lieben Sie einander ganz irdisch, natürlich so, wie nie zuvor zwei Menschen einander geliebt haben. Wie Romeo und Julia. Aber wie war das noch mit den beiden? Waren die nicht am Ende etwas ramponiert? Oder möglicherweise sogar tot? Na ja, seien wir mal nicht so penibel. Das ist lange her und war mehr ein technisches Versehen. Sie, wenn Sie diese Kombination gezogen haben, Sie brauchen das nicht zu befürchten. Für Sie beginnt jetzt erst mal eine herrliche Phase des Kennenlernens. Ein Blick in zwei bildschöne Augen, ein Blitz, die Welt versinkt. Da sind nur noch Sie und diese große Liebe. Und dann steht der Romeo sogar unten vor dem Haus und musiziert und singt und dichtet. Und Julia steht auf dem Balkon und hört sich das verzückt an. Sind Sie eher Romeo oder lieber Julia? Ganz egal, denn die beiden verschmelzen in Liebe. Wie Sie. Sie werden eins. Spätestens, wenn Romeo an den Ranken des wilden Weins emporgeklettert ist und direkt ins Schlafzimmer steigt. Es sieht blendend aus für Sie. Und klingt auch gut. Während Sie Ihre Leidenschaft ausleben, hören Sie Nachtigallen. Zum Frühstückskonzert schwingen sich Lerchen in die Luft, ganz hoch, als Zeichen dafür, dass Ihre Liebe vom Himmel gesegnet ist. Die Eltern segnen die Liebe nicht sofort. Eltern haben meistens etwas auszusetzen. Macht aber nichts. Genau wie Romeo und Julia werden Sie und Ihre große Liebe durch äußere Widerstände nur noch enger zusammengeschweißt. Mehr Beachtung verdienen die inneren Hindernisse. Sie wissen doch, dass gerade Zahlen im Orakel immer eine kleine Warnung bedeuten? Die drei roten Bärchen weisen auf Ihre unerschütterliche Liebe hin, auf Ihre Leidenschaft, Ihren mitreißenden Optimismus. Die beiden weißen Bärchen hingegen sprechen von wolkigen Illusionen und einer Neigung zur Selbsttäuschung. Und vom Crash, der unweigerlich folgt. Bei Julia lief das so, dass sie sich in einen künstlichen Tiefschlaf versetzen ließ. Romeo hielt sie daraufhin für tot und nahm Gift. Als sie erwachte und ihn wiederum tot sah, erdolchte sie sich eilig, um wieder mit ihm zusammen zu sein. Das war ganz gut, denn sonst hätten die beiden eine ganz normale Ehe führen müssen, und zwar im Diesseits. Und genau diese Normalität kommt auch auf Sie zu. Denn das können wir Ihnen bei dieser Kombination sicher voraussagen: Sie werden sanft landen aus Ihren Träumen. Und dann beginnen, die Wirklichkeit in einen Traum zu verwandeln. Denn im Gegensatz zu Romeo und Julia haben Sie das Zeug dazu.

## Drei rote, ein weißes, ein grünes Bärchen
Ermutigen Sie Ihre Fans!

Sie haben Ausstrahlung. Haben Charisma. Sie könnten als Model arbeiten. Sie haben diese Aura. Eindrucksvoll. Und für manche Mitmenschen sogar einschüchternd. Das merken Sie aber gar nicht. Dabei gibt es Leute, die in Liebe zu Ihnen entbrannt sind. Und die gern etwas näher in Kontakt mit Ihnen treten würden. Und die sich nicht trauen. Wissen Sie, von wem die Rede ist? Na, von so einem lieben schüchternen Wesen, das im Bus scheu vor sich hin lächelt. Oder das in der Schule, in der Uni, im Büro zaghaft herumdruckst. Wenn Sie sich zufällig im Supermarkt begegnen, wird dieses liebreizende Wesen rot. Weil es Sie verehrt! Es ist so schüchtern. Es braucht Ermutigung! Und diese Charisma-Bärchen zeigen, dass Sie die Love Power haben, um noch verzagteste Bewerber zu Löwen zu machen. Schließlich haben Sie zu den drei roten Bärchen der vollen Liebeskraft noch das weiße Bärchen der Intuition und das grüne der Herzensweisheit gezogen. Und das nicht zufällig. Sondern weil es jetzt Zeit ist, dass Sie Liebesnachhilfe geben. Sie wissen doch wie? Na, Sie ermuntern Ihren Bewunderer mit Gesten. Sie lächeln. Blicken ihm in die Augen – aber nur kurz, bitte, denn Ihr göttlicher Blick könnte untrainierte Anbeter glatt verbrennen! Weiter. Sie gehen vorsichtig auf Ihren Fan zu, er oder sie braucht ja das Gefühl, den ersten Schritt selbst zu machen. Wenn Sie ins Gespräch kommen, reden Sie lieber wenig. Übernehmen Sie nicht die Führungsrolle. Geben Sie Zeit zu antworten, auch wenn es etwas länger dauert. Wählen Sie besser erst mal ein neutrales Thema wie Kino oder Natur oder Sport. Langweilig? Vielleicht. Aber Ihr Fan scheut sich am Anfang, Persönliches zu erzählen. Fragen Sie ihn nicht aus. Stellen Sie sich nicht als Powerlover dar, gerade, weil Sie es sind. Aus Angst, zu versagen, zieht sich Ihr Fan sonst gleich ins Schneckenhaus zurück. Erzählen Sie von sich, vor allem von Ihren Schwächen. Nach dem Motto: Manchmal fühle ich mich unter vielen Leuten einsam, oft traue ich mich nicht, auf jemanden zuzugehen. Das kommt Ihrem Fan ziemlich bekannt vor. Er oder sie fühlt sich verstanden und wird jetzt schon von einem ersten Hauch Selbstbewusstsein angeflogen. Erzählen Sie vom Lover Ihrer Schwester oder von Ihrer Kusine, die am Anfang so schüchtern waren und sich nie etwas trauten, deren Werte Sie aber über alles schätzen. Sehen Sie: Der Mut Ihres Fans wächst. Wenn er oder sie nun von sich erzählt, ist Unterstützung nötig. Liefern Sie Bestätigung, indem Sie das Gesagte einfach wiederholen, im freundlichen Frageton: Ach, und wohnst du gern bei deiner Mutter? Jemand Schüchternes braucht mehr Lob als andere und bekommt gewöhnlich weniger. Also loben Sie, aber tragen Sie nicht zu dick auf. Uff. Das müsste jetzt funktionieren. Klingt anstrengend? Nur für uns. Nicht für Sie. Sie haben ja die Intuition und die Weisheit zur Liebespower. Die Bärchen wollen Sie lediglich darauf aufmerksam machen: Da ist jemand. Jemand, der wartet. Jemand für Sie. Der Ermutigung braucht. Der zur anbetenden Schar Ihrer Fans gehört. Genau wie wir.

## Drei rote, ein weißes, ein oranges Bärchen
### Sie sind traumhaft!

O ja, das ist eine beliebte Kombination. Das sind die Traumbärchen. Die Bärchen, die Ihren Schlaf mit sanften Bildern umgaukeln. Wer diese Kombination zieht, der hat Spaß an der Liebe. Dreimal Rot, das ist eine machtvolle leidenschaftliche Energie, die tagsüber alles mit Charme und Liebreiz verzaubern kann. Und die nachts nicht selten die Nachbarn erschreckt. Gummibärchen-Forscher wissen: Menschen mit dieser Kombination brauchen starke Partner. Und es kann sein, dass diese Partner nachts zuweilen stutzig werden. Weil es von der anderen Bettseite so sehnsüchtig seufzt und genießerisch schmatzt. Wie kommt das? Nun, das liegt an den Träumen. Denn Menschen mit diesen Traumbärchen haben die wunderbare Begabung, auch noch die leeren Stunden des Schlafes mit Genuss zu bereichern. Das weiße Bärchen der virtuellen Liebe zaubert die schönsten Reize und schillerndsten Bilder in den Schlummer. Das orange Bärchen der heiteren Liebeleien schafft spielerische Verwicklungen. Und die drei roten geben süffige Leidenschaft hinzu. Was für Nächte! Da kann die Wirklichkeit einer alltäglichen Partnerschaft kaum mithalten! Diese Kreativität, diese Hingabe, dieser Enthusiasmus! Ach, beneidenswert! Aber Sie wissen natürlich, dass zwischen Fernsehen und Schlaf ein bisschen Zeit vergehen muss, damit die Träume prickelnd werden? Und dass Sie sich nicht den Bauch voll schlagen sollten? Stillen Sie Ihren spätabendlichen Appetit nicht aus dem Kühlschrank, sondern gehen Sie mit einem leichten Hungergefühl ins Bett, gerade mal fünf Gummibärchen dürfen es sein – dann werden Sie mit sinnlichen Bildern und wohligen Gefühlen belohnt.

Schlafmittel nehmen Sie sowieso nicht. Und mehr als ein Glas Wein trinken Sie auch nicht. Sehr gut. Zwei Gläser? Na gut. Aber dann Schluss. Sonst wird das Traumzentrum betäubt. Bier? Vergessen Sie es. Nehmen Sie lieber ein warmes Bad, eines, das schäumt und duftet. Ölen Sie sich ein. Und gönnen Sie sich frische Wäsche. Bringen Sie verlockende Düfte ins Zimmer. Vanille, Orange, Ambra, Blüten. Und stellen Sie sich zum Einschlafen sinnliche Landschaften vor. Blühende Gärten, sonnige Strände, duftende Wiesen und schwellende Hügel, wenn Sie mögen, auch das Schlaraffenland oder schwüle orientalische Gemächer, eben jenes Ambiente, in dem Sie sich aalen möchten. Malen Sie es sich aus. Und bleiben Sie darin. Ach! Aber wem sagen wir das! Sie sind das Genie der sinnlichen Träume, jedenfalls jetzt, mit diesem Bärchen-Team. Sie lassen die schwärzesten Nächte leuchten. Sie holen Liebe in die dunkelste Kammer. Es soll Menschen geben, die viel dafür bezahlen würden, um nur einmal bei Ihnen im Zimmer nachts wachen zu dürfen, nein, schon für eine Nacht auf demselben Stockwerk würden diese Leute alles opfern, ja, für eine Nacht in derselben Stadt mit Ihnen! Und es gibt andere, die würden einiges dafür geben, um schnell wegzuziehen. Aber das ist ein anderes Thema. Träumen Sie erst mal schön!

## Drei rote, zwei grüne Bärchen
### Sie reißen Luxusliner in die Tiefe!

Die Titanic-Kombination! Hervorragend! Endlich mal was mit Crashs, Untergängen, Katastrophen! Danke, dass Sie diese Kombination gezogen haben. Wie bitte, Sie haben schon genug Crashs in Ihrem Liebesleben erlebt? Sie haben zurzeit keinen Bedarf an Katastrophen? O doch, den haben Sie! Sonst wären diese Bärchen nicht zu Ihnen gekommen! Sie sind dieser wunderbare Typ Mensch, der erst so richtig in Gang kommt, wenn's brenzlig wird. Der so richtig leidenschaftlich erst dann wird, wenn die Liebe in Gefahr gerät. Also, wenn Ehepartner in die Quere zu kommen drohen. Oder Schiffe gegen Eisberge fahren. Dann fühlen Sie sich wohl. Dann erreicht bei Ihnen die Erotik den höchsten Pegel. Dann äußern Sie Liebeserklärungen, die druckreif sind und von Dichtern in aller Welt abgeschrieben werden. Aber Katastrophen müssen sein. Zweimal Grün, um mal mit dem Problematischen anzufangen – denn Sie lieben ja das Problematische –, also zweimal Grün bedeutet: Es hapert bei Ihnen am Vertrauen in den gewöhnlichen Lauf der Liebe. Es muss immer außerordentlich zugehen bei Ihnen. Sie suchen die Gefahr, die Wildnis, das Abenteuer. Und wenn Sie das nicht bewusst tun, dann unbewusst – denn Sie geraten ja immer wieder in außerordentliche Liebeslagen! Und Sie zahlen auch den Preis dafür. So richtig behaglich geht es in Ihrem partnerschaftlichen Leben jedenfalls nicht zu. Also, was ist als Nächstes dran? Dürfen wir miterleben, dass Ihretwegen ein Luxusliner in die Tiefe sinkt? Und dass Sie anschließend auf einer Eisscholle schnatternd durchs Wasser paddeln? Oder reicht es, dass Ihre Badewanne überläuft, weil Sie es darin zu wild treiben? Also, uns würde das reichen. Wir wohnen ja nicht unter Ihnen. Aber im Ernst: Sie erinnern sich an die beiden roten Klunker an den Ohren von Kate Winslet? An die grünen Augen von Leonardo di Caprio? Zweimal Rot, zweimal Grün. Verbotene Leidenschaft plus verborgene Katastrophensehnsucht. Aber Sie – ja, ja, niemand anderes als Sie –, Sie haben ja dreimal Rot gezogen! Das heißt: Ihre Leidenschaft überlebt jede Katastrophe! Das ist ja nun wirklich wunderbar! Ihre Liebe ist so tief, so stark, so warm – wenn Sie an Bord der Titanic gewesen wären, dann wäre der Eisberg ganz einfach weggeschmolzen. Das müssen wir uns merken. Falls wir mal eine kleine Exkursion Richtung Grönland machen, dann nehmen wir Sie einfach mit. Ach, übrigens, ziehen sich womöglich Ihretwegen die Gletscher immer weiter zurück? Schmelzen Ihretwegen die Polkappen? Wahrscheinlich! Na, da haben wir's ja wieder! Die nächste Katastrophe bahnt sich an. Ojemine. Auf dass Ihre Liebe und Leidenschaft zu noch größerem Feuer entfacht. Also viel Spaß! Und keine Panik!

### Drei rote, ein grünes, ein oranges Bärchen
#### Sie sind ein Flirtgenie!

Was Sie für eine Ausstrahlung haben! Diese *good vibrations*!
Diese Flirtbegabung! Sie ahnen ja nur schattenhaft, was in Ihnen steckt. Gut, dass die Bärchen es ausplaudern! Dreimal Rot:
In Ihnen pulsiert die Leidenschaft. Deshalb leuchten Ihre Augen. Sie können Pfeilblicke abschießen, einmal quer über die
Tanzfläche – wer getroffen ist, hebt den Kopf und wird magisch
zu Ihnen hingezogen. Ja, magisch. Denn Sie haben auch das
orange Bärchen der zauberischen Liebe. Sie könnten pokern,
tricksen, taktieren. Und Sie haben Lust zu spielen. Sie wissen: Es
gibt ohnehin nur positive Erfahrungen. Und Lernerfahrungen.
Sie suchen einen Platz im Raum, an dem Sie sich wohl fühlen.
Sie lassen Ihren Blick schweifen. Nehmen Augenkontakt auf.
Wer Sie interessiert, den sehen Sie länger an. Sie zählen dabei
langsam bis vier. Das reicht Ihnen fürs Erste. Wenn Ihr Lächeln
erwidert wird, dann nähern Sie sich. Dann sagen Sie etwas. Etwas an dieser Person ist Ihnen aufgefallen, etwas Besonderes.
Sie sprechen das an: «Du hast so einen schrägen Drink bestellt»,
sagen Sie, oder gar: «Du siehst origineller aus als die meisten
Leute hier», oder ganz lieb: «Du hast so ein nettes Lächeln.»
Man hat Sie auch schon dabei ertappt, dass Sie eine gemeinsame
Situation mit jemandem spontan genutzt haben: Sie hatten
beide denselben Zug verpasst. Hatten sich über denselben Bus-
fahrer oder dasselbe Amt geärgert – oder über den plötzlichen
Regen. Der Fahrscheinautomat funktionierte nicht. Oder Sie
wollten einen Kugelschreiber leihen. Sie hatten mitgehört, was
jemand gesagt hatte, und griffen es auf: Entschuldigen Sie, das
interessiert mich auch. Sie haben sogar schon im Vorübergehen

ein Kompliment gemacht: Coole Uhr. Oder jemanden flirtig provoziert: So eine Jacke steht dir nicht. Das klappt. Spätestens mit dieser Bärchen-Kombination. Sie kommen ins Gespräch. Und dann stellen Sie die ruhmreichen Wie-Fragen: Wie schafft man es hier eigentlich, vom Kellner bedient zu werden? Wie gefällt dir dieses Design? Wie kann man diesen Schrottkasten in Gang bringen? Mit solchen Wie-Fragen schnurrt der Dialog. Und dabei stellen Sie sich vor, dass Sie mit dem Herzen sprechen. Das macht den Klang Ihrer Stimme wärmer. Sie sprechen auch etwas leiser als gewöhnlich. Da muss Ihr Flirtpartner dann näher kommen. Und wenn Sie ihm in die Augen sehen, versuchen Sie, Ihr Spiegelbild in seinen Pupillen zu entdecken. Das vertieft den Blick. Sie gönnen ihm leichte Berührungen. Während des Gesprächs legen Sie Ihre Hand auf den Arm oder berühren ihn flüchtig. Und all das, was wir Stümper noch üben müssen, das machen Sie intuitiv. Und das Gute: Niemand fällt rein bei Ihnen. Denn das grüne Bärchen hier lobt Ihre Herzenswärme und Ihr Mitgefühl. Nur wer eifersüchtig ist, leidet bei Ihnen. Denn am nächsten Tag machen Sie wieder eine Wette mit sich selbst: Ich wette, ich schaffe es nicht, dieses Sexsymbol da drüben ins Gespräch zu ziehen. Wenn es dann wirklich nicht klappt, haben Sie wenigstens die Wette gewonnen. Aber es klappt. Sie sind ein Flirtgenie!

## Drei rote, zwei orange Bärchen
### Sie pfeifen auf ein Weltreich!

Rot und Orange – da züngeln die Flammen! Da brennt eine Leidenschaft, die ganze Nationen ins Chaos stürzt! Da sind Gla-
mour und Schmach, Ruhm und Verbannung ganz nah beieinan-
der – und alles um der Liebe willen. Wollen Sie gleich auspa-
cken? Oder sollen wir uns zuerst äußern? Also, gut. Drei rote
und zwei orange bzw. lachsfarbene Rosen trug ein Mensch in
seinem Wappen, über dessen Liebe eine Weltmacht ins Wanken
geriet. Dreimal Rot. Also jede Menge Charme, Schwung, erotische Ausstrahlung – genau wie bei Ihnen. Und dazu – zweimal
Orange – gesellschaftlicher Glanz, aber von der trügerischen
Sorte, Ideenreichtum, aber von der riskanten Art. Sie wissen ja:
Nach alter Orakeltradition bedeuten ungerade Zahlen eine
Energie in bestem Fluss, bei Ihnen ist das die Energie leiden-
schaftlicher Liebe. Gerade Zahlen bedeuten eine gehemmte
Energie – bei Ihnen die stimulierende Energie gesellschaftlicher
Anerkennung. Da liegt ein Schatten auf dem Glanz. Nun, drei-
mal Rot ist stärker als zweimal Orange, die Liebe ist stärker als
der trügerische Schein. Edward der Achte war es, der diese Bärchen-Kombination in Form von Rosen in seinem Wappen trug.
Jener englische König, der vor rund siebzig Jahren auf den
Thron verzichtete, um für seine große Liebe zu leben. Wäre er
auf dem Thron geblieben, könnten wir uns heute nicht über die
Queen oder Prinz Charles amüsieren. Edward hat also richtig
gehandelt. Er liebte eine Frau, die erstens bürgerlicher Herkunft
und außerdem zweifach geschieden war. Und er liebte sie nicht
nur. Er wollte sie sogar heiraten. Unmöglich im England der
dreißiger Jahre. Okay, People, sagte er daraufhin. Macht euer

Empire allein. Zog nach Frankreich und heiratete seine große Liebe. Genau diese Power haben Sie auch. Sie sind in der Lage, auf vieles, beinahe alles, zu verzichten – um der Liebe willen. Sie sind imstande, auf Geld und Bequemlichkeit zu pfeifen, sogar auf die Zustimmung Ihrer Familie und auf die Anerkennung Ihrer Bekannten. Sie haben diese Unabhängigkeit. Sie sind dazu fähig, die Sicherheit über Bord zu werfen. Weil es in Ihrem Herzen nur eine Sicherheit gibt: die Kraft Ihrer Liebe. Leute, die drei rote Bärchen haben, können sich auf diese Kraft verlassen. Denen ist die Liebe ein klarer Wegweiser. Zaster und Komfort – sehr schön. Beifall und Beliebtheit – ja, angenehm. Doch all das verblasst vor dem Strahlen der Liebe. Ihrer Liebe. Klingt Ihnen das vertraut? Wenn ja, erzählen Sie mal die besten Storys aus Ihrem Leben, mit denen Sie Weltreiche ins Wanken gebracht haben. Wenn nicht – dann machen Sie sich darauf gefasst, dass es demnächst stürmisch wird in Ihrem Leben. Sie stürzen alles um. Um der Liebe willen. Das wird sehenswert, das wird spektakulär. Falls Sie sich dann aber zurückziehen von Ihren Ämtern und edlen Posten, bitten wir Sie um einen Gefallen: Lassen Sie sich weder von der Queen noch von Prinz Charles ersetzen. Die beiden können Ihnen nicht das Wasser reichen.

## Zwei rote, drei gelbe Bärchen
Sie verwandeln Liebeskummer in helle Freude!

Oh, oh. In Ihnen rumort es. Was ist es? Kummer? Oder eher
Wut? Jemand benimmt sich nicht so, wie Sie wollen? Liebt Sie
nicht so, wie Sie sind? Oder liebt Sie sogar überhaupt nicht?
Oder nicht mehr? Sie sind verlassen worden? Verstoßen? Sind
plötzlich jemandem gleichgültig, für den Sie doch vor kurzem
noch alles bedeuteten? Sie werden auf einmal nicht mehr ge-
braucht! Oh, das ist bitter! Für uns, die wir nicht direkt beteiligt
sind, ist es natürlich spannend. Erzählen Sie doch mal. Oder ist
es gar nicht akut? Na, dann können Sie sich drauf gefasst machen, dass es akut wird! Niemand zieht ungestraft eine solche
Kombination voll unterdrückter Wut. Leider haben Sie ja noch
diese enorm positiven drei gelben Bärchen. Im klassischen
Gummibärchen-Orakel ist das eine Zaster-Kombination. Im Liebesorakel bedeutet es etwas ganz Ähnliches: Ihre enorme Energie lässt sich ganz leicht umleiten in schöpferische Arbeit. Und
es gibt nichts Schöpferischeres – schwer auszusprechen –,
Schöpferischeres als die Liebe. Als die Kunst der Partnerschaft.
Partnerschaft ist ein ödes Wort, okay, aber Sie, ja gerade Sie, sind
mit diesen drei goldrichtigen Bärchen in der Lage, jede Ödnis
für immer zu vertreiben. Und eine Partnerschaft, sogar in Anwesenheit einer Schwiegermutter, mit purer Liebe zu erfüllen.
Aber dazu müssen Sie natürlich erst mal Ihre grandiose stink-
saure Wut-Energie in fruchtbare Bahnen lenken! Irgendein
alter Liebeskummer vibriert noch in Ihren Adern und brodelt in
Ihren Nervenbahnen. Sie wissen, was gemeint ist? Na, egal. Hier
ein Hilfsmittel, das Ihrem Genie angemessen ist: Machen Sie
sich in einer dunklen Phase an ein Projekt. Jemand hat Sie ver-

setzt, verletzt, verstoßen. Okay, gebongt. Jetzt setzen Sie sich ein neues Ziel. Schreiben Sie es auf. Stellen Sie einen Etappenplan dazu auf – schriftlich, das ist entscheidend. Und als Drei-gelbe-Bärchen-Liebhaber wissen Sie ja: Für jede Zielsetzung, auch in der Liebe, gilt die 72-Stunden-Regel. Wenn das Ziel definiert ist, der Weg dahin angepeilt, dann sollten Sie innerhalb von drei Tagen den ersten Schritt tun. Sonst erlischt der Impuls. Wäre ja schade. Denn die dunkle Phase ist gut geeignet, etwas Neues auszuprobieren. Sie sind ohnehin aus der Komfortzone des Gewohnten herauskatapultiert worden. Haben womöglich das Gefühl, nichts mehr verlieren zu können. Optimal! Eine goldglänzende Voraussetzung, um Ungewohntes zu riskieren. Das Neue wird volle Aufmerksamkeit erfordern. Wird eine Kreativität in Ihnen mobilisieren, die Sie noch gar nicht kennen. Und Ihre Gedanken können dann gar nicht mehr in den Abgrund gezogen werden. Ja, mit dieser Kombination können Sie aus dem finstersten Liebeskummer pures Gold machen. Schade für diejenigen, die das nicht zu schätzen wussten. Die haben das Nachsehen. Und werden sich ewig die Augen nach Ihnen ausweinen. Schön, was?!

### Zwei rote, zwei gelbe, ein weißes Bärchen
Nehmen Sie Drosselbart!

Oh, Sie sind kritisch. Scharf im Urteil. Bisweilen sogar unnachsichtig. Ja, ja, das verraten diese Bärchen. Bei Ihnen muss man sich richtig vorsehen. Sie sind kritisch mit Ihrem Partner. Und ebenso kritisch mit sich selbst. Tief innen, da, wo nur die kleinen Gummibärchen hinschauen können, tief innen haben Sie die verschwommene Befürchtung, Sie seien irgendwie nicht gut genug. Zum Beispiel nicht gut genug, um geliebt zu werden. Äußerlich zeigt sich das darin, dass eigentlich niemand gut genug ist für Sie. Vorsichtshalber haben Sie an jedem etwas auszusetzen. Das ist sympathisch! Das ist märchenhaft! Denn wissen Sie, wie man das nennt? Das nennt man das Drosselbart-Syndrom. Lassen wir doch mal kurz Ihr Liebesleben Revue passieren. Sie dürfen auch gerne davon erzählen. Eines ist schon mal klar, sonst hätten Sie diese Kombination nicht gezogen: So ganz zufrieden waren Sie nie. Und wenn Sie es nicht verraten wollen, plaudern wir es kurzerhand aus: An jedem möglichen Lover hatten Sie etwas auszusetzen. Zu dick, zu lang, zu kurz, zu blass, zu rot, zu schief, zu krumm – so mäkelte die Prinzessin im Märchen vom König Drosselbart. Bis sie den ersten Bettler nehmen musste, der um die Ecke bog. Bei Ihnen hört sich das etwas gepflegter an: geht nicht richtig auf mich ein, öffnet sich nicht, lässt mir zu wenig Freiraum, versteht mich nicht, hört nicht zu, ist zu pingelig, zu schlampig, zu eigenbrötlerisch, oberflächlich. Na, wir brauchen Ihnen keinen Nachhilfeunterricht zu geben. Sie werden schon was finden. Immer. Und fast immer sofort. Denn Sie haben diesen oberkritischen Blick. Oh, sehen Sie mal: Da hat ein Gummibärchen gezittert. Eben! Das weiße hier. Haben Sie es etwa zu scharf angesehen? Nein, es will nur auf sich aufmerksam machen. Und zu Recht. Es ist gut, dass Sie das weiße Bärchen gezogen haben. Denn Weiß: Das ist das Bärchen der spirituellen Liebe. Der Weite. Der Hingabe. Der Demut. In der Richtung passiert also etwas bei Ihnen! Das ist erleichternd. Für jeden von uns. Dann braucht niemand Sie zu knechten, in die Armut zu stoßen und dem Gelächter preiszugeben. Diese Rosskur aus dem Märchen, die brauchen Sie nicht. Eigentlich schade. Aber bei Ihnen klappt es auch so. Ihnen wächst jetzt dieses Selbstbewusstsein zu, das Sie für Ihre neue Großherzigkeit brauchen. Sie bekommen dieses Fünkchen Weite, Demut und Hingabefähigkeit, das Ihnen zur vollkommenen Liebe noch fehlte. Tja, dann müssen wir wohl doch gratulieren. Aber wenn Sie mal wieder nach Herzenslust spotten wollen – über jemand anderen, nicht über uns –, dann lassen Sie es gern hören.

## Zwei rote, zwei gelbe, ein grünes Bärchen
Sie knallen Frösche an die Wand!

Zweimal Rot: Sie haben eine leidenschaftliche Liebesenergie. Aber die ist ein bisschen gehemmt. Ja, gestaut und unterdrückt. Die kommt nicht so richtig zum Zuge. Und dann plötzlich bricht sie mit aggressiver Schärfe aus! Interessant! Wenn man es von weitem erlebt. Aber Sie haben ja auch noch zweimal Gelb gezogen. Und Gelb ist von jeher die Farbe des Geldes, des Goldes, des Ehrgeizes. Also, Sie haben Ihren Stolz, bedeutet das. Sie haben sogar eine aristokratische Würde. Klar, das spüren wir alle hier. Vermutlich ist Karl der Große unter Ihren Ahnen oder König Alfons der Viertelvorzwölfte, aber mindestens! Nur, Sie wissen ja: Gerade Zahlen bedeuten nach alter Orakeltradition, dass da was blockiert ist. Dieser Stolz, diese Würde, die zweifellos einen guten Teil Ihrer erotischen Ausstrahlung ausmachen – die kommen immer mal wieder etwas vermurkst und verkorkst zum Vorschein. Zum Beispiel als Arroganz. Aber Sie haben ja auch noch ein grünes Bärchen! Herrlich! Das bedeutet nämlich, Sie haben einen Frosch! Ja, genau, einen Frosch! Frösche sind grün, wussten Sie das nicht? Na gut, wir rücken raus mit der Sprache: Sie haben die klassischen Froschkönigs-Farben gezogen. Die Farben eines arroganten Königskindes, das große Versprechungen macht und dann nicht einhalten will. Bis es zum Knall kommt. Schon gemerkt? Dass Sie das häufiger machen? Dass Sie locken und ködern, um etwas zu bekommen, zum Beispiel Aufmerksamkeit? Dass Sie schwören und behaupten und beteuern und dann total überrascht sind, wenn jemand Sie beim Wort nimmt? Und dann kommt dieser Jemand plötzlich, plitsch-platsch, die Treppen raufgewatschelt und klingelt und will mindestens von Ihrem Tellerlein essen? Und eigentlich sogar in Ihrem Bettlein schlafen? Schauderhaft. Denn das ist keineswegs Ihr Wunsch-Lover, sondern einfach jemand, der Sie beim Wort genommen hat. Und Sie winden sich und versuchen sich zu entziehen und wissen nicht genau wie. Okay, das kennen Sie. Wir jedenfalls kennen es von Ihnen. Aber jetzt lernen wir was Neues über Sie. Sie haben nämlich dieses grüne Bärchen gezogen. Und dieses eine Bärchen verwandelt Ihre ganze schwindelhafte Arroganz-Kombination. Grün ist die Farbe der vertrauensvollen Liebe. Sie bekommen jetzt also das Vertrauen, das in höchster Not auch das Königskind im Märchen bekam. Das Selbstvertrauen, das nötig ist, um ganz klar ja und ganz klar nein zu sagen. Ihre Märchen-Doppelgängerin sagte nein. Klipp und klar. Sie nahm den Frosch und knallte ihn an die Wand. Und schwups – da öffnete sich der Himmel der Liebe, und ein spitzenmäßiger Prinz breitete die Arme aus. Alles war verwandelt. Genauso wird es bei Ihnen sein. Weil Sie von jetzt an unmissverständlich sind. Weil Sie von jetzt an ja sagen, wo Sie ein Ja empfinden. Und weil Sie nein sagen, wo Sie ein Nein empfinden. Weil Sie von jetzt an klar sind. Deshalb ist auch Ihr persönlicher Liebeshimmel klar und rein gefegt von Wolken. Da lacht die Sonne. Und Sie brauchen nicht mal einen Frosch anzufassen. Ach so, übrigens: Wenn Sie jemanden hier im Raum jetzt durch Ihren Kuss in einen Frosch verwandeln wollen, können Sie das tun. Sie haben zehn Sekunden Zeit. So lange ist das magische Fenster geöffnet. Achtung: Zehn – neun – acht …

### Zwei rote, zwei gelbe, ein oranges Bärchen
Sie schwingen die Peitsche!

Mit Ihnen zusammen zu sein ist ein Segen. Denn gesegnet sind diejenigen, denen das Leben eine Prüfung nach der anderen auferlegt. Mit Ihnen Zeit zu verbringen – das ist wie ein kleines Prüfungsmarathon. Sie zetteln kein großes Partnerschafts-examen an. Das nicht. Nein, Sie haben mehr so kleine piksige Nebenbemerkungen drauf. Mit denen stellen Sie die Gutmütig-keit Ihrer Gefährten auf die Probe. Sie sagen zum Beispiel: Ich finde es ja toll, dass deine körperlichen Defizite dich nicht stö-ren. Eine liebe Bemerkung. Danke. Oder Sie stellen kühl fest: Du wirst deiner Mutter immer ähnlicher. Auch das ist eine schöne Würdigung. Ebenso wie Ihr reizender Satz: In deinem Alter nimmt man einfach schneller zu. An dieser Stelle vielen Dank im Namen aller Leidgeprüften, die Sie eine Weile auf dem Weg begleitet haben. Wenn Ihr Partner ein paar Worte mit Ihnen re-den möchte, äußern Sie nach kurzer Zeit: Du bist sicher irgend-wann fertig! Und merken sogar an: Es ist erstaunlich, dass du immer wieder mit derselben Sache kommst! Oder – auch das hört man immer wieder gern: Du hast es also immer noch nicht verstanden! Ja, das ist schön. Solche in ruhigem Ton vorgetrage-nen Feststellungen, immer ganz objektiv, völlig neutral, helfen Ihrem Partner, sich auch mal von einer anderen Seite zu sehen, zum Beispiel von einer schlechten. Danke, dass Sie sich bemü-hen, die unzulänglichen Partner dieser Welt zu verbessern. So-fern sie sich verbessern lassen. Manche sind ja leider unverbes-serlich und verstockt geboren. Ist Ihnen das schon aufgefallen? Na, sehen Sie. Komisch, sagen Sie dann kopfschüttelnd, das scheint einfach so in dir drin zu sein. Ich muss es dir wohl noch mal erklären. Danke, dass Sie die Mühe auf sich nehmen! Aber Sie erklären ja gern. Ja, vielleicht hätten Sie den herrlichen Beruf des Lehrers ergreifen sollen. In der Beziehung üben Sie ihn schon vorbildlich aus. Es ist geradezu ein Jammer, dass wir nicht bei Ihnen die Schulbank drücken. Im Fach Partnerschaft. Das beherrschen Sie. Wie Sie mit so wenigen Sätzen auskommen, das ist bewundernswert. Sie brauchen keinen Rohrstock. Auch die verbale Peitsche fördert unnachahmlich die Durchblutung. Ich sehe, du hast immer noch nicht aufgeräumt, bemerken Sie in ernstem Ton. Das reicht. Falls wir nicht die richtige Lautstärke anschlagen, vermuten Sie: Du kannst sicher auch ohne Hysterie darüber reden. Ach, es ist so schön mit Ihnen! Und Sie selbst sparen sich ja nicht aus! Auch da fallen kleine Nebenbemerkungen! Etwa, wenn Sie vor dem Spiegel stehen. Hmm, ich glaube, ich sehe ganz gut aus, sagen Sie dann. Und wenn Sie etwas geschafft haben, zum Beispiel eine Glühbirne reingedreht, oder wenn Sie sich von der Bettkante erheben, merken Sie an: Heh, ich bin gut! Ja. Das sind Sie. Mindestens. Wenn alle Leute wie Sie wären – was müsste es dann super laufen in der Welt und in allen Beziehungen. Komisch nur, dass Sie jetzt genau die Farben gezogen haben, die im Wappen des Marquis de Sade auftauchen. Das können wir uns ja überhaupt nicht erklären. Erzählen Sie doch mal!

### Zwei rote, ein gelbes, zwei weiße Bärchen
Willkommen in Casablanca!

Denn Sie erleben die Liebe wie Rick und Ilsa. Schwärmerisch, leidenschaftlich und umflort von Abschied und Trennung. Sie lieben diesen süßen Schmerz. Diese Sehnsucht mit der Wehmut der Unerfüllbarkeit. Diese Liebe mit Trauerrand. Und so ein bisschen sind Sie zu Hause in Rick's Café: zwischen den Nachtgestalten, den Träumern und den Gestrandeten, den Spielern und Zynikern, die im Grunde Romantiker sind. Sie kennen doch diesen Treffpunkt in der Altstadt von Casablanca? Aber natürlich! Schließlich ist der Film bei Ihnen gedreht worden! In den Räumen und Landschaften Ihrer Gefühle. Sie sind Rick. Sie sind Ilsa. Sie sind Bogart und Bergman. Allein für Sie spielt Sam *As time goes by*. Sie haben all das erlebt: die große Leidenschaft und die Umstände, die dagegensprachen. Das Leiden nach der Trennung. Das allmähliche Arrangieren und Sichabfinden mit einer Liebe von kleinerem Zuschnitt. Und dann das unverhoffte Wiedersehen mit der einen, der großen Liebe. Sie kennen das glückliche Erschrecken bei diesem Wiedersehen, den Schmerz der neu aufgerissenen Wunden, dann die sonderbare Erkenntnis, dass an dieser früheren Liebe die Zeit nicht spurlos vorübergegangen ist. Fast sind Sie erleichtert, dass die wilde Leidenschaft Sie nicht mehr packt. Sie kommen sich abgeklärter, weiser vor. Und dann ist doch alles wieder da, und keine Zeit scheint vergangen zu sein. Sie versuchen, rasch all das nachzuholen, was Sie verpasst zu haben glauben, wollen eintauchen in den Rausch, hoffen wider besseres Wissen, dass er diesmal nicht enden wird – und dann kommt auf einmal das Ausreisevisum. Schnitt, Abschied, Schmerz, Trauer, Verzicht. Das kennen Sie.

Sie haben es erlebt. Nicht nur einmal. Nein, Sie hätten dem Bar-Pianisten schon oft zurufen können: Spiel's noch einmal, Sam. Denn, das zeigen die Bärchen, diese Verbindung aus zurückgehaltener Leidenschaft (zweimal Rot) und unerfüllbaren Hoffnungen (zweimal Weiß) – diese Verbindung ist eine Endlosschleife. Die wiederholt sich noch, wenn der Film längst zu Ende ist, wenn die Zuschauer gegangen sind und die Putzkolonnen das Popcorn aufsaugen. Werden Sie sich ewig im Kreislauf dieser schmerzhaften Wiederholung drehen? Nein. Denn Sie haben auch noch ein goldgelbes Bärchen gezogen. Und das ist der Ausstieg aus der Wiederkehr des Immergleichen. Aus dem ewigen Wechselbad von Sehnsucht und Enttäuschung. Hoch, das gelbe Bärchen! Es zeigt das Ende Ihrer Passivität. Es ist das Symbol Ihrer Entschiedenheit. Damit löst sich die Fessel, die Ihre Liebesfähigkeit zurückgehalten hat. Und damit machen Sie Wirklichkeit aus Ihren Träumen. Was das bedeutet? Dass Sie in der Liebe eine großartige Entscheidung fällen. Ja, im Grunde ist diese Entscheidung bereits gefallen. Vielleicht haben Sie es nur noch nicht bemerkt. Jedenfalls: Herzlichen Glückwunsch! Wir schauen Ihnen in die Augen. Und wir wissen: Sie geben jetzt eine Runde aus. Wie damals in Rick's Café.

## Zwei rote, ein gelbes, ein weißes, ein grünes Bärchen
### Sie sind Rotkäppchen!

Völlig klar. Sie sind es: Einmal Rot für Ihr Käppchen. Übrigens ein Symbol Ihrer kecken Neugier. Ein zweites Mal Rot für die Flasche Rotwein, die Sie eigentlich Ihrer Großmutter mitbringen sollten, die Sie aber lieber selbst austrinken. Typisch. Einmal Gelb für den Kuchen, von dem Sie ihr nur ein paar Krümel mitbringen, weil Sie was haben mussten, um Ihre Fahne etwas zu dämpfen. Einmal Weiß für Ihr unschuldiges weißes Kleidchen, das natürlich auch ein Symbol ist, nämlich für die Unschuldsmiene, die Sie immer aufsetzen. Dann ein grünes Bärchen für den Wald, durch den Sie irren, der undurchdringliche Wald Ihres Liebeslebens. Na, und schließlich einmal Braun für den großen bösen Wolf, der Sie verfolgt. Ach, Moment – Sie haben gar kein braunes Bärchen gezogen!? Na, das ist ja wieder typisch! Das bedeutet nämlich: Sie sehen den Wolf nicht einmal. Sie erkennen ihn nicht. Sie hören sein lüsternes Knurren. Aber Sie denken, das ist nur Ihre Großmutter, die ein bisschen Hunger hat. Und wenn er sein Maul aufreißt, denken Sie: Mensch, Oma hat sich endlich ein neues Gebiss geleistet! So funktioniert Ihr Liebesleben. Sie schnallen nichts. Dafür sind Sie neugierig. Probieren gerne hier und dort, naschen von anderer Leute Kuchen, berauschen sich an fremdem Wein – stets mit Unschuldsmiene, immer freiheitsbewusst. Und doch sind Sie längst verstrickt in einem Wald unklarer Beziehungen. Was wirklich abläuft, merken Sie nicht. Und wenn da so ein hungriges animalisches Wesen Ihren Weg kreuzt, dann denken Sie: Das ist es. Das bringt mich raus aus meinen Verstrickungen. Oje, oje. Was sollen wir nur mit Ihnen machen? Mit Ihrem schönen

Talent zum Lieben, auf das die zwei roten Bärchen zumindest hinweisen? Der Tiefenpsychologe Carl Gustav Jung hat bemerkt, der Wolf sei die erste wirkliche Beziehung im Leben des Rotkäppchens. Na ja. Also, ehrlich gesagt, Sie haben was Besseres verdient als jemanden, der sich die Pfoten nicht richtig wäscht und immer so ein bisschen aus dem Mund riecht. Und, ob Sie's glauben oder nicht, es kommt was Besseres. Ihr Liebesleben bekommt jetzt einen erfrischenden Schub. Das zeigt die Farbsymbolik dieser Bärchen. Zweimal Rot bedeutet natürlich: Sie haben eine schöne Liebesenergie, die nur eine Zeit lang ein wenig gestaut oder gehemmt war und brachlag. Einmal Weiß aber heißt: Sie bekommen jetzt eine liebevolle Eingebung, eine erotische Inspiration, eine Überraschung. Gelb zeigt: Sie sind bereit, bei der Sache zu bleiben, zu polieren und Ihrer Liebe Glanz zu verleihen. Prosaisch heißt das übrigens: Beziehungsarbeit. Vergessen wir das Gruselwort gleich wieder. Denn Grün bedeutet: Sie gewinnen das tiefe Vertrauen in die Liebe, das Ihnen so lange gefehlt hat. Sie brauchen nicht weiter herumzuirren. Sie werden nicht mehr auf Überredungskünstler und Betrüger reinfallen. Lassen Sie den Wolf in Ruhe Ihre Großmutter fressen. Ziehen Sie dann anschließend mit Ihrem Lover in das Haus und haben Sie Spaß!

## Zwei rote, ein gelbes, ein weißes, ein oranges Bärchen
Sie sind ein Thriller!

Orange: Sie sind kreativ. Weiß: Sie haben Intuition. Gelb: Sie haben Ehrgeiz. Und zweimal Rot: Sie nutzen das alles, um eine Beziehung am Brutzeln zu halten. Und wie Sie das machen! Oft genügen Ihnen ein paar schlichte Fragen. Zum Beispiel: Du hängst wohl sehr an deiner Mutter? Oder: Wer war denn das am Telefon eben? Toll, dieser detektivische Geist in Ihnen! Das ist spannend! Sie fragen: Wieso hast du eigentlich in letzter Zeit so einen Bauchansatz gekriegt? Danke. Oder: Kann es sein, dass dein Haar irgendwie dünner wird? Das tut gut. Sie fragen: Hast du mich vermisst? Oder: Woran denkst du gerade? Oder: Wo warst du eigentlich gestern Abend? Und immer genau im richtigen vorwurfsvollen Ton! So etwas bringt Spannung in eine abgewetzte Partnerschaft. Und das können Sie besser als jeder andere. Sie sind ein Hitchcock der Liebe. Wenn ein Abend allzu harmonisch verläuft, schaffen Sie es, durch ein paar mitfühlende Worte ein bisschen Dramatik hineinzubringen: Hörst du mir überhaupt zu?, fragen Sie. Und gleich anschließend zur Kontrolle: Ach, und was habe ich gerade gesagt? Das bringt Spaß, das fördert die Durchblutung. Sie könnten Kurse geben, wie man mit kleinen Sticheleien zur rechten Zeit die Beziehung zum Sieden bringt. Fragen wie: Sag mal, so richtig verstanden hast du das wohl immer noch nicht?, die hört ja jeder gern. Oder: Warum fällt dir das eigentlich so schwer? Solche kleinen Sätze schaffen eine schöne hintergründige Spannung. Glaubst du eigentlich, was du da sagst?, forschen Sie unerbittlich. Und wenn wir zwei Sätze hintereinander sprechen wollen, unterbrechen Sie: Kommt jetzt wieder ein Vortrag? Falls wir sogar drei

Sätze sagen, erkundigen Sie sich: Bist du irgendwann mal fertig? Und falls wir, einfach um mal gehört zu werden, die Stimme leicht anheben, wollen Sie wissen: Kannst du auch darüber reden, ohne zu schreien? Wunderbar. All diese Fragen, die Sie so im Laufe einer Beziehung stellen, all diese fördern die Brisanz und sind übrigens gar nicht so leicht zu beantworten. Vielleicht liegt es auch daran, dass es gar keine richtigen Fragen sind. Sondern kleine, knochentrockene Ohrfeigen. Klitsch, klatsch. Solche Backpfeifen halten die Gesichtshaut rosig. Jedes Klatschen wirkt wie ein Peeling. Innerlich und äußerlich. Deshalb ist es so schön, mit Ihnen zusammen zu sein. Es ist wie ein Jungbrunnen. Wenn wir an irgendetwas herumbasteln, und Sie fragen: Na, was hast du nun wieder falsch gemacht?, dann ist das wie eine Runderneuerung. Zugleich werden wir immer wieder an die herbe Realität erinnert. Danke! Vor allem im Namen Ihrer viel geprüften Lebensabschnittspartner. Herrlich ist es ja auch nachts. Leider sind wir nur selten dabei. Wenn Ihr Partner schon in süße Träume abgedriftet ist, holen Sie ihn zurück mit der liebevollen Frage: Schläfst du schon? Ja, ja, er soll ruhig wach bleiben. Denn Ihr Motto lautet: Man sollte niemals böse aufeinander ins Bett gehen. Es macht viel mehr Spaß, aufzubleiben und zu streiten. Danke! Sie sind ein lebender Thriller! Schön, dass es Sie gibt.

## Zwei rote, ein gelbes, zwei grüne Bärchen
Kommen Sie aus Ihrem Turm!

Kennen Sie diese Zirkusartisten, meist sind es junge Frauen, die meterlanges Haar haben? Und die sich kopfüber unters Zeltdach hängen, das Haar herablassen, und dann klammert sich jemand an das Haar und macht ein paar Schwindel erregende Übungen oder klettert sogar daran hoch? Nein? Kennen Sie nicht? Sehen Sie in den Spiegel. Sie sind es selbst. Sie sind eines dieser sonderbaren Wesen, zu denen man hochklettern muss. Sie sind Rapunzel. Okay, man sieht nicht auf den ersten Blick, dass sie meterlanges dichtes Haar haben. An einigen Stellen wirkt Ihr Haar sogar erstaunlich kurz. Es scheint so, als könnten nur Läuse daran hochklettern. Das kennen Sie? Gut, das ist schon ein erster Schritt. Denn normalerweise kommt man überhaupt nicht an Sie ran. Weil Sie in einem hohen Rapunzelturm wohnen. Und die Tür zu Ihrem Turm ist verschlossen. Wer hat Sie da eingesperrt? Eine krumme alte Hexe? Bestimmt nicht. Sie selbst haben sich eingemauert. Das bedeutet diese Bärchen-Kombination. Gerade Zahlen – zum Beispiel die Zwei – bedeuten nach alter Orakeltradition: Da stagniert etwas, da ist etwas gestaut, da wird etwas zurückgehalten, eingeengt, unterdrückt. Zweimal Rot heißt also: Sie lassen Ihre Liebesenergie nicht raus. Sie legen Ihrer Leidenschaft Zügel an. Und zweimal Grün zeigt den Grund: Es mangelt Ihnen an Vertrauen in der Liebe. Die Hexe des Märchens ist nur ein Symbol des einsamen Misstrauens. Und der Turm, in dem Sie leben, ist Ihr ummauertes Selbstwertgefühl. Sie wollen nichts offenbaren, nichts von sich zeigen, nicht einmal Ihre Schätze! Auf andere wirkt das oft hochnäsig. Aber wie Rapunzel im Turm warten Sie nur darauf, dass jemand kommt und Sie erlöst. Allerdings: Einfach soll dieser Mensch es nicht haben! Der oder die soll sich schon ein bisschen anstrengen! Aber hier, bitte, Sie haben ja noch ein gelbes Bärchen gezogen. Und dieses gelbe Bärchen zeigt, dass Sie durchaus zu kleineren Liebesdiensten bereit sind. Gelb bedeutet so etwas wie erfolgreiche Beziehungsarbeit. Und in Ihrem Fall: dass Sie sich ganz lange blonde Haare wachsen lassen, damit jemand daran hochklettern kann zur Erweckung Ihrer schlummernden Leidenschaften. Und falls Ihnen dieser Wachstumsprozess etwas langwierig erscheint – immerhin benötigt Haar für einen Meter ungefähr acht Jahre –, dann beugen Sie sich einfach etwas weiter aus dem Fenster, okay? Und wenn Sie dabei rausfallen, macht das gar nichts. Viele wären glücklich, Sie auffangen zu dürfen.

## Zwei rote, ein gelbes, ein grünes, ein oranges Bärchen

### Sie sind Quizmaster der Liebe!

Sie können Fragen stellen! Ein Vergnügen ist das! Sie stellen Fragen, die einer Partnerschaft erst die richtige Würze geben. Fragen wie: Kann es sein, dass du irgendwelche Probleme hast? Oder: Fühlst du dich unsicher? Sehr schön ist das. Sehr aufbauend. Ihnen könnte auch eine Frage einfallen wie: Müsstest du nicht mal über dein Selbstbild nachdenken? Mit der tief mitfühlenden Ergänzung: Früher war ich auch manchmal unsicher. Na ja. Grundsätzlich ist das Liebesleben ja schön mit Ihnen. Sie haben eine ermutigende Kombination. Sie haben das orange Bärchen der heiteren, spielerischen Liebeseinfälle. Obwohl Ihnen manchmal auch etwas einfällt, das nur Sie selbst erheitert, den Partner nicht so sehr. Sie haben das grüne Bärchen der bodenständigen Liebe gezogen, der Vernunft des Herzens, was Ihnen allerdings auch einen unverstellten Blick auf die Realität ermöglicht. Und schließlich haben Sie das gelbe Bärchen der unermüdlichen Beziehungsarbeit. Das kann sehr freundlich in Richtung Kunst der Liebe gehen. Es kann aber auch ein wenig unbequem sein für einen Partner, dem Sie auf den Zahn fühlen. Irgendwie wissen Sie immer genau, wo Sie bohren müssen. Und Sie bohren gern. Das zeigen die beiden energiegeladenen roten Bärchen. Man muss aufpassen bei Ihnen, sonst hat man plötzlich Ihren niedlichen Ellenbogen in den Rippen. Und mag es auch nur ein verbaler Ellenbogen sein, eben in Form einer Frage, die spitzer und tiefer trifft, bis ins Herz. Zum Beispiel, wenn sie lautet: Wann hast du dich eigentlich zum letzten Mal um deine Figur gekümmert? Oder, ganz bitter: Kannst du den Müll mit runternehmen? Im Ernst, als Quizmaster der Liebe hätten Sie beste Chancen auf einen erstklassigen Sendeplatz. Weil Ihre Fragen auf subtile Art die Wahrheit ans Licht bringen. Leider. Warum bist du denn so nervös?, fragen Sie feinfühlig. Und wenn Sie selbst länger geredet haben, fällt Ihnen ein: Kannst du mir folgen? Mit der scheußlichen Kontrollnachfrage: Dann wiederhole es doch mal mit deinen Worten! Wenn hingegen freundliche Menschen wie wir mal zu längeren Erklärungen ansetzen, fragen Sie ziemlich früh: Kannst du mal zum Wesentlichen kommen? Und wenn wir dann etwas deutlicher sprechen: Meinst du, ich bin taub? Wahrhaftig, mit dieser Bärchen-Kombination haben Sie die edelste Meisterschaft kreativer Partnerschaftsgestaltung erreicht. Wir kennen Sie ja nicht so genau, was wir übrigens sehr bedauern, aber wir können uns vorstellen, dass Ihnen nachts gelegentlich eine Frage einfällt wie: Wovon träumst du gerade? So etwas beantwortet ja jeder gern. Eine Frage jedoch, die Sie gern stellen, möchten wir gleich hier beantworten, jetzt und zwar für alle Zeit. Es ist die Frage: Sehe ich eigentlich gut aus? Ja!, rufen wir mit allem Nachdruck. Ja, ja, ja! Super! Spitzenmäßig! Wow! Total genial! Und jetzt mal ganz leise und kleinlaut nachgeforscht: Reicht Ihnen das als Antwort, Sie liebreizendes Wesen? Jedenfalls fürs Erste?

## Zwei rote, ein gelbes, zwei orange Bärchen
### Sie lieben Ihre Wunden!

Dürfen wir offen sein? Nein, lieber nicht. Sie sind scheu und fürchten den Spott. Deshalb wagen Sie in der Liebe nur selten den ersten Schritt. Oder Sie machen bei der geringsten Entmutigung einen Rückzieher. Lieber verführen Sie, indem Sie Ihrem Flirtpartner Gelegenheit geben, Sie zu verführen. Meist ist das jemand, den Sie schon etwas länger kennen. Er oder sie muss zuhören können, sich für Ihre Tätigkeit interessieren oder noch besser für Ihre Probleme. Schön auch, wenn Kinderliebe durchscheint. Das beruhigt Sie. Und noch mehr beruhigt es, wenn Sie sich dabei ein Glas Champagner einflößen können. Das hilft, die Unsicherheit zu überwinden. Bevor Sie sich hingeben, müssen Sie sich wohl und sicher fühlen. Sie müssen mit der Wohnung bereits vertraut sein. Liebe im Fahrstuhl, im Auto, hinterm Baum, für den kleinen Hunger zwischendurch, das ist nichts für Sie. Der flüchtigen Abenteuer sind Sie schnell überdrüssig. Süße Worte und Zärtlichkeit zählen, und manchmal finden Sie das nur bei viel jüngeren Partnern. So, und nun werden wir etwas offener. Zu alledem sind Sie nämlich auch noch launisch. Ja, Ihre Reizbarkeit hat gelegentlich etwas Hysterisches. Das kann aufregend sein, sogar für Nachbarn, wenn Sie schön laut und ekstatisch werden. Doch Sie sind extrem stimmungsabhängig, brechen Liebesszenen und ganze Partnerschaften zuweilen ohne nähere Gründe ab oder fordern, völlig in Ruhe gelassen zu werden. Einerseits macht Sie das zu einem Rätsel. Nicht wenige sind fasziniert von Ihnen. Doch Sie selbst spüren dabei stets einen Schmerz. Mehr noch: Sie nähren diesen Schmerz. Sie lieben Ihre Wunden. Es ist, als ob Sie längere Phasen von Harmonie und Frieden nicht ertragen könnten. Wenn eine Beziehung heiter und glücklich verläuft, finden Sie das oberflächlich. Plötzlich fällt Ihnen ein, dass es in der Vergangenheit mit jemand anderem viel spannender war, und Ihr Herz fängt an zu schluchzen. Oder Sie brechen einen Streit vom Zaun. Sie fordern Verletzungen geradezu heraus. Anschließend winden Sie sich im Schmerz und starren auf Ihre Wunde. Wissen Sie, dass diese Farbkombination im Wappen des Dichters Sacher-Masoch auftaucht? Auf den das Wort vom Masochismus zurückgeht? Weil er Spezialist war für selbstquälerisches Verhalten? Sie sind auch so ein Spezialist. Warum eigentlich? Weil Sie spüren, dass es mehr und Tieferes gibt. Zwei orange Bärchen zeigen Ihr sensibles Leiden an Oberflächlichkeit, zwei rote stehen für den Versuch, diese Oberflächlichkeit zu durchstoßen. Ja, Sie wollen die Intensität, die Tiefe erreichen. Aber es ist, als ob Sie dazu ein Fenster zerschlagen und sich an den Bruchkanten schneiden würden – obwohl Sie durch die Tür spazieren könnten. Sie nehmen den schwierigen Weg. Den Weg, der wehtut. Ist das schlimm? Überhaupt nicht. Denn bei Ihren Leidenschaften sammeln Sie in kurzer Zeit mehr Erfahrungen als andere in drei Leben. Und das gelbe Bärchen zeigt, dass Sie dabei auf dem goldenen Weg der Weisheit schon erstaunlich weit vorangekommen sind.

## Zwei rote, drei weiße Bärchen
Sie öffnen das Reich der Empfindsamkeit!

Eine seltene Kombination! Und keine Chance für Ihren Partner! Denn die beiden roten Bärchen zeigen an, dass Sie Ihre starke Liebesenergie gelegentlich zurückhalten. Und dann neigen Sie dazu, Partner oder Partnerin zu kontrollieren. Nicht streng, nicht gerade wie ein Privatdetektiv. Aber so ein ganz kleines klitzebisschen Misstrauen finden Sie ganz gesund. Die drei weißen Bärchen bedeuten, dass Sie sich dabei von einer unfehlbaren Sensibilität und Intuition leiten lassen. Aber das Schöne ist: Diese drei phantasievollen hellsichtigen Bärchen reißen die zwei angespannten roten mühelos mit und verwandeln deren Kraft. Und so verbünden sich bei Ihnen Intuition und Leidenschaft. Schade, dass nur ein einziger Partner davon profitieren soll! Sie könnten so etwas wie eine romantische Naturheilpraxis eröffnen! Sie sind in der Lage, noch die starrsinnigsten Klötze zu lockern und zu gefühlvollen Liebhabern zu machen. Mit den richtigen Blicken. Den richtigen Fragen. Sie sind in der Lage, die Tiefen der Seelen zu erforschen. Wie von selbst gelangen Sie zu den Wurzeln des anderen. In was für einem Haus hast du deine Kindheit verbracht?, fragen Sie etwa. Oder: In welcher Umgebung hast du gespielt? In welche Landschaften seid ihr gereist? Denn Sie wissen, das Haus und die Umgebung der Kindheit lieferten die frühesten Eindrücke. Sie prägten das Bild von der Welt. Diese Prägung bleibt. Aus der Erzählung des anderen wird deutlich, was er von damals mitgenommen hat an Begeisterungsfähigkeit und Wehmut, an Sehnsucht und Schmerz. Welche festen Gewohnheiten gab es in eurer Familie?, fragen Sie. Welche Rituale beim Aufstehen, beim Essen, beim Schlafengehen? Er mag sich längst weit entfernt haben von seiner Familie – die Personen, die damals sein Leben bestimmten, reden als innere Stimmen heute noch mit. Auch sein Gefühl von Geborgenheit wurzelt hier. Sie fragen: Wie habt ihr Weihnachten gefeiert? Und was war dein schönstes Geschenk? Denn die Erinnerungen an kindliche Weihnachten umfassen die intensivsten Erfahrungen von Aufregungen, Wünschen, Enttäuschungen und Glück. Na, wir brauchen Ihnen keine Nachhilfe zu geben. Sie wissen das alles. Sie wissen noch mehr. Und mit Ihrem Einfühlungsvermögen unterstützen Sie einen Partner. So, wie Sie nach Träumen fragen, nach Wünschen und Gefühlen, nach der Kindheit, also nach einer Zeit der Phantasie, der Leichtigkeit und Offenheit – so ermutigen Sie den anderen, seine empfindsamen Seiten zu zeigen. Und von dort führt ein gerader Weg zur Empfindsamkeit jetzt, zu den Gefühlen heute, zur Liebesbeziehung, Ihrer Beziehung, Ihrer Liebe. Tja. Schön, dass wir heute so ein romantisches Herz unter uns haben!

## Zwei rote, zwei weiße, ein grünes Bärchen
### Sie machen es wie Rhett und Scarlett!

Oje! Sie haben wirklich tief in die Bärchen gegriffen! Das ist ja die Rhett-und-Scarlett-Kombination! Womit müssen wir denn nun rechnen? Dass Sie sich in den Sattel schwingen und gleich in den Kampf gegen die Nordstaaten reiten? Oder dass Sie demnächst vor plündernden Truppen fliehen, am besten durch die Kulissen einer brennenden Stadt? Wird womöglich Ihr herrliches Landgut ausgeraubt, noch bevor Sie uns einladen konnten, und statt uns Schampus und Kaviar zu servieren, sinken Sie mit einem «Tara, Tara» seufzend zu Boden? Nein – nichts von alledem! Nur eines: Ihnen steht ein abenteuerliches Leben bevor. Ein bisschen haben Sie schon davon gekostet. Doch mit dieser Kombination wird es noch bunter! Zweimal Rot: Ja, Sie haben Leidenschaft! Viel Leidenschaft! Vielleicht zu viel. Denn Sie sind ein bisschen überspannt. Also, uns kommt es jedenfalls so vor. Und zweimal Weiß: Sie verstricken sich in Illusionen. Sie wissen doch: Gerade Zahlen verheißen eine beträchtliche unterschwellige Spannung. Leute mit dieser Kombination, die würden zum Beispiel einen Ashley anschwärmen, einen knackigen Verehrer namens Rhett glatt übersehen und aus purem Trotz irgendeinen Trottel heiraten. Sie lachen? Sie sind genau dieses Wesen. Dickköpfig und egozentrisch! Ja, genau, endlich können wir es Ihnen mal ungehemmt sagen! Sie sehnen sich immer nach etwas, das Sie nicht haben können. Genau das bedeutet zweimal Rot, zweimal Weiß. Liebe, die hier ist, die bedeutet Ihnen nichts. Das ist ja keine Liebe, denken Sie. Das wahre Glück muss woanders sein. Sie sehnen sich danach, dass jemand um Sie wirbt. Aber wenn jemand es tut, denken Sie: Schade, die falsche Person! Die große lebenswendende Liebe liegt in der Ferne. So denken Sie. Es gibt Leute, die verbringen so ihr Leben. Am Ende kramen sie Fotos von Verflossenen hervor und erzählen allen, die es nicht hören wollen: Das wäre es gewesen, wenn das geklappt hätte, wäre ich glücklich geworden! Und dann ist alles zu spät und vom Winde verweht. Wie ist das denn in dem Film? Der ist schön zum Schmachten, herrlich zum Seufzen, alles ächzt und schnieft und sehnt sich. Aber glücklich wird da keiner. Läuft Ihr Leben so? Mal ehrlich? Na gut. Wir drücken ein Auge zu. Sie sind zwar manchmal eine Zumutung für Leute, die sich um Sie bemühen. Aber bei Ihnen läuft nicht alles so verquer wie bei Rhett und Scarlett. Denn Sie haben ja noch das grüne Bärchen gezogen! Das Bärchen der bodenständigen Liebe, der vernunftgeschützten Leidenschaft. Zwar bleibt es dabei: Sie haben diese heimliche Arroganz, dass niemand gut genug ist für Sie. Aber dieses grüne Bärchen der Vernunft verrät: Ihre Liebe wird nicht vom Winde verweht. Sie schaffen es, Ihre Leidenschaft ins grüne Gras des Lebens zu holen. Sozusagen nach Tara. Sie sind, wenn's drauf ankommt, *down to earth*. Na, dann richten Sie die Ruine mal ordentlich her und laden uns ein! Wir kommen auch mit Kamera!

## Zwei rote, zwei weiße, ein oranges Bärchen
### Sie sind Tristan und Isolde!

Oh, tief durchatmen! Diese Leidenschaft! Diese Sehnsucht! Dieser Liebeszauber! Das ist ja wunderbar, dass Sie heute hier sind. Dass wir Sie mal von nahem sehen dürfen. Obwohl – Sie brauchen uns gar nicht so nahe zu kommen. Ihre machtvollen Vibrationen sind auch von weitem zu spüren! Von einer Ecke eines großen Tanzsaales bis in die andere. Kennen Sie das? Dass Sie am Rande einer großen Menschenmenge stehen, bei einem Fest oder in einer Ausstellung oder in der Disco, und plötzlich wenden Sie den Kopf. Sie wissen gar nicht weshalb. Sie heben den Kopf, und da begegnet Ihnen ein Blick: von drüben, vom anderen Ende des Raumes. Von ganz weit hinten sieht jemand herüber zu Ihnen. Ihrer beider Blicke treffen sich. Und, wow, ein unsichtbarer Blitz zuckt durch den Raum. Ein bannender Strahl. Das ist Magie! Sie haben alle Voraussetzungen für solche Erlebnisse. Sie haben die Tristan-und-Isolde-Kombination! Diese Bärchen decken Ihr verborgenes Temperament auf! Sehnsucht über weite Distanzen hinweg, Zauber, der über Räume und Zeiten wirkt, magische Anziehungskraft, die durch Hindernisse nur verstärkt wird, verstärkt bis ins Unermessliche: Das ist Ihr Liebeszauber! Herrlich! Herzlichen Glückwunsch – und viel Spaß beim Supercrash! Denn das ist Ihnen doch klar, dass dieser Zauber voll auf den Boden knallt? Wie? Nicht? Also, wie war das denn mit Tristan und Isolde? Wie durch Magie waren die beiden aufeinander fixiert. Einer von beiden war unverheiratet, der andere bereits vergeben, das war schon mal nicht ganz anständig. Aber für die Leidenschaft war es ideal! Ihre Liebe erreichte Höchsttemperaturen, eben weil sie verboten war. Weil sie geheim gehalten werden musste. Sie kennen das? Das kennen Sie! Aber total! Wenn Tristan und Isolde hätten heiraten dürfen, wäre die Luft sofort raus gewesen. Dann hätten die beiden sich total gelangweilt und hätten nur noch ferngesehen und Chips gefressen. Aber im Geheimen und Verbotenen blühte die Sehnsucht und glühte das Liebesleid! Bis die Sache aufflog. Da war Zahltag und beide waren pleite. O ja, das kennen Sie? Das ist Ihre Geschichte! Kein Leugnen, bitte! Sie haben zweimal Rot: Das ist die unterdrückte, geächtete, verbotene Leidenschaft. Und zweimal Weiß: Das ist die unendliche Sehnsucht, die romantische Illusion, der ewig unerfüllte Wunsch! Was soll aus dieser Kombination nur werden? Kleiner Tipp: Tristan siechte an einer unheilbaren Wunde dahin. Isolde stürzte sich ins Schwert. Ist das Ihr Weg? Uff. Nein. Zum Glück. Denn Sie haben ja noch das orange Bärchen! Das Bärchen der heiteren Kreativität, des liebevollen Humors. Es bleibt zwar dabei: Sie haben diese Sehnsucht fürs schwermütig Irreale. Durchaus. Aber dieses orange Bärchen der heiteren Überraschungen verrät uns: Ihre Liebe ist nicht nur operntauglich. Sie schmettern Ihre Liebesarie nicht, um dann tot zu Boden zu sinken. Sie schaffen es, Ihre große Leidenschaft ins Leben zu holen. Sie haben, wenn's drauf ankommt, versöhnlichen Humor. Und es kommt drauf an. Deshalb haben Sie diese Kombination. Erzählen Sie doch mal!

## Zwei rote, ein weißes, zwei grüne Bärchen
### Sie sind Dornröschen!

Ja, ja, Sie brauchen gar nicht zu kichern. Sie müssen allerdings auch kein Röckchen anziehen. Aber eines ist klar: Sie sind ein Dornröschen der Liebe. Sonst hätten Sie diese Bärchen nicht gezogen. Mit den berühmten Dornröschen-Farben. Zweimal Grün für die Hecke, zweimal Rot für die Rosen und einmal Weiß für das Taschentuch, mit dem wir uns die Tränen der Rührung abtrocknen, wenn wir Sie jetzt hier so sehen. Denn was ist los mit Ihnen? Zweimal Rot bedeutet, dass Ihre Leidenschaft schlummert. Dass Ihr Herz schläft. Ja, da lahmt etwas bei Ihnen, und ausgerechnet in der Liebe! Sie stellen sich schlafend, genau wie jenes Dornröschen, das Sie einst im Kindergarten so herzergreifend besungen haben. Ja, richtig, im Kindergarten. Seitdem haben Sie sich nämlich gar nicht so weit entwickelt, wie Sie immer dachten. Ist ja nicht so schlimm. Sie möchten im Grunde immer noch hinter einer hohen Hecke schlummern. Denn zweimal Grün bedeutet, dass es mit Ihrem Vertrauen nicht so weit her ist. Deshalb die Dornen. Übrigens, ganz unter uns, die Brüder Grimm dachten vor zweihundert Jahren noch, dass vor allem Frauen sich hinter Dornenhecken verbergen und dort still hoffen und warten, bis ein mutiger Prinz kommt. Inzwischen wissen wir, dass Männer viel dornröschenhafter sind und sich am liebsten aufs Ohr legen und die Frau alles erledigen lassen, besonders die Mutproben. Na, lassen wir dieses düstere Kapitel. Jetzt sind Sie jedenfalls das Dornröschen. Sie sind ein schönes Kind, das stimmt. Und nun kommt es darauf an, dass Sie ein bisschen erwachsen werden. Dass Sie aufwachen und mal selbst zur Heckenschere greifen und ein paar Dornen entfernen. Damit die Liebe sich rantraut an Sie. Und das Schöne ist: Das geschieht jetzt. Denn Sie haben zum Glück das weiße Bärchen der Intuition gezogen. Des Winke-winke-Taschentuchs. Tatsächlich bekommen Sie jetzt einen Wink, einen Wink des Schicksals. Und instinktiv folgen Sie ihm. Da fallen die Dornen wie von selbst ab. Jede Menge Prinzen und Prinzessinnen flutschen durch die Hecke und wollen Party mit Ihnen machen. Ja, Sie erwachen! Und das wird ein Fest! Bekommen wir eine Einladungskarte? Oder wollen wir gleich hier feiern? Jetzt sofort?

## Zwei rote, ein weißes, ein grünes, ein oranges Bärchen
### Sie lassen Untertassen fliegen!

Das sieht ermutigend aus! Sie haben das orange Bärchen der heiteren, spielerischen Liebeseinfälle gezogen! Obwohl Ihnen manchmal auch etwas einfällt, das nicht ganz so heiter ist. Bisweilen fällt Ihnen sogar etwas ein, das ein bisschen wehtun kann, jedenfalls einem Partner. Und zwar einem, der sich ein wenig anders benommen hat, als Sie es für richtig halten. Macht ja nichts. Weiter: Sie haben das grüne Bärchen der bodenständigen Liebe, das Bärchen der höchsten Vernunft, nämlich der Vernunft des Herzens! Sehr schön. Natürlich eröffnet Ihnen dieses Bärchen auch einen unverstellten Blick auf die Realität. Und da muss ein Partner gelegentlich mal schlucken, zuweilen auch zweimal, falls er oder sie dann noch schlucken kann. Und schließlich haben Sie das weiße Bärchen der Intuition. Und das ist enorm wohltuend in der Liebe. Auf jeden Fall für Sie. Unangenehm könnte das Intuitionsbärchen höchstens für Ihren Partner sein, weil Sie intuitiv wissen, was ihm wehtut. Warum auch nicht? Ja, und dann haben Sie noch die beiden roten Bärchen. Zweimal Rot, das bedeutet eine schöne aggressive Energie, eine Wut, die gelegentlich nur mühsam unterdrückt wird und die manchmal ungebremst nach oben blubbert. Es gibt Leute mit dieser Kombination, die zerkratzen ein schönes Auto, nur weil sie sich von dem Besitzer in der Liebe betrogen fühlen. Oder die schneiden ein Telefonkabel durch, manchmal sogar mitten im Gespräch. Oder sie piksen in den Fahrradreifen eines ehemals verehrten Wesens, das sich mittlerweile anderswohin orientiert. Ja, ja, diese Bärchen bilden eine Kombination mit schillerndem Rachepotenzial. Internationale Gummibärchen-Forscher sprechen von der «Verhängnisvollen-Affäre»-Kombination. Damit wird auf den gleichnamigen Film angespielt, in dem eine leidenschaftliche Frau sich betrogen fühlt und dann zu herben Gegenschlägen ausholt. Frau oder Mann – das könnten Sie auch. Den Spieß umdrehen, Krieg erklären, Rache nehmen, das macht ja auch Spaß! Finden Sie nicht? Na? Nun tun Sie mal nicht so! Es gibt Leute in Ihrer Vergangenheit, die zeigen heute noch die Stelle, wo sie von einer fliegenden Untertasse getroffen wurden. Und diese Untertassen haben Sie – ja, Sie – in die Umlaufbahn geschossen. Weil Sie bei alledem so kreativ, so witzig und so außergewöhnlich niveauvoll sind, ist es meist eine verbale Untertasse. Etwa ein Satz von der Sorte, die einen gutwilligen Menschen für immer verstummen lässt. Also, es ist gut, wenn man sich – zumindest als Partner – einigermaßen nach Ihren Wünschen richtet. Dann kann man ein sehr herrliches Liebesleben genießen, ein lang anhaltendes erfrischendes und erotisches Abenteuer. Dann kann es richtig schön mit Ihnen werden. Dann sind Sie auf harmonische Weise einfallsreich, inspirierend und warmherzig. Wir jedenfalls, also wir jetzt hier, wir freuen uns ganz enorm, ausgerechnet Sie kennen gelernt zu haben. Und wir sind, räusper, hundertprozentig auf Ihrer Seite!

## Zwei rote, ein weißes, zwei orange Bärchen
### Sie sind Bonnie und Clyde!

Wissen Sie, was in Ihnen steckt? Ein Gangster. Plus ein Gangsterliebchen. Eine Mischung von beherzter Tatkraft und berauschenden Träumen. Sie sind ein Wesen, das sich in der Liebe gern mal an der Grenze des Erlaubten bewegt. Und sie gelegentlich überschreitet. Denn eines ist klar bei zwei roten und zwei orangen Bärchen: Sie verfügen zwar über eine ordentliche Portion Leidenschaft. Diese Leidenschaft wird allerdings zurückgehalten. Da legt jemand streng die Zügel an. Und dieser Zuchtmeister sind Sie. Ja, ja, Sie selbst fesseln Ihre Leidenschaft. Mühsam. Und nicht immer erfolgreich. Das ist einfach so bei geraden Zahlen im Orakel: Da stürzt von Zeit zu Zeit das System ab. Die Lampe flackert. Der Motor streikt. Was in Gang kommen will, kommt nicht in Gang. Da vibriert was in Ihnen, das spürt hier jeder. Da glüht eine innere Hitze. Lassen Sie mal sehen – qualmt Ihnen da nicht sogar Dampf aus den Ohren? Kann es sein, dass bei Ihnen eine erotische Kernladung knistert? Und jetzt kurz vor der kritischen Zündung steht? Aber diese Zündung kommt nicht? Und weil Sie das nicht aushalten und weil eine solche Energie trotzdem rausmuss, drehen Sie ab und zu mal kurz durch. Und bei zwei orangen Bärchen wehren Sie sich dann gegen das, was Sie für gesellschaftlichen Widerstand halten. Gummibärchen-Forscher nennen es: das Bonnie-und-Clyde-Syndrom. Bonnie und Clyde – Sie erinnern sich? Dieses Liebespaar musste einfach immer mal wieder eine Bank überfallen. Und allein gegen alle anderen kämpfen. Dadurch wurde es zusammengeschweißt. Dadurch wurde die erotische Schwingung erhöht. Bei Ihnen ist das genauso. Sie brauchen den Kitzel des

Risikos, damit Ihre Liebe heiß wird. Sie brauchen kritische Situationen, damit Ihre Power in Gang kommt. Aber dann geht es wirklich los. Wie bei einem verknallten Gangsterpaar. Mit Ihnen kann ein Partner Abenteuer erleben, bei denen er rettungslos verglüht, bevor Sie richtig warm gelaufen sind. Im Ernst, Ihre Partner könnten in Gefahr geraten, von einer leichten Herzattacke dahingerafft zu werden. «Wenn du bei mir bleibst», sagt Clyde, «dann hast du keine ruhige Minute mehr.» Und Bonnie antwortet: «Das ist ein wunderbares Versprechen!» Das könnten Sie auch sagen. Beides. Und wahrscheinlich sagen Sie es noch heute. Denn heute haben Sie ja diese Kombination gezogen. Sie können jetzt ein Leben vertragen, in dem es nicht besonders viele ruhige Minuten gibt. Weil Sie diese schöne Liebesenergie haben. Sie können ein paar leidenschaftliche Dramen lostreten – mögen auch die Existenzen an Ihrer Seite verdampfen. Denn wissen Sie was? Sie haben ja auch noch das inspirierende weiße Bärchen gezogen. Das Bärchen der kristallklaren Intuition! Aufatmen! Erfrischung! Erleichterung! Dieses Bärchen sagt: Sie können gar nichts falsch machen, so wirbelig die Turbulenzen auch sein mögen! Das sieht ja richtig gut aus! Bonnie und Clyde nahmen bald ein Ende. Deren Liebesfaden glühte vor lauter Intensität einfach durch. Bei Ihnen ist auch eine Menge Intensität zu holen. Aber für lange Zeit. Denn Sie fangen gerade erst an!

## Zwei rote, drei grüne Bärchen
Kneten und kneten lassen!

Was für schmusige Liebesbärchen! Grün ist die Farbe der Natur, des Wachstums, des Duftes von Gräsern und Blättern und Moos, die Farbe der sinnlichen, erdgebundenen Liebe. Und gleich drei grüne Bärchen wollten unbedingt zu Ihnen kommen. Und allerdings auch zwei rote. Zweimal Rot bedeutet, dass die Leidenschaft bei Ihnen ein bisschen unterdrückt oder gestaut ist und jedenfalls unter Spannung steht. Und beides zusammen kann nur heißen, dass eine tiefe sinnliche Erfahrung Ihre Leidenschaft in Bewegung setzt. Müssen wir noch mehr sagen? Na, wir sagen es behutsam: Diese Farbkombination prangt im Verbandswappen der esoterischen Masseure. Esoterisch massieren? Was soll das denn? Wer macht denn so was? Ja, das sollten Sie nicht uns fragen. Das fragen wir Sie! Offenbar sind Sie hochbegabt in sinnlicher Tiefenfühligkeit! Talentiert im Aufspüren jeglicher im Körper verborgenen Liebeskräfte! Wollen Sie massieren? Oder lieber selbst massiert werden? Sollen wir gleich hier anfangen? Soll jeder Sie mal kurz kneifen? Nein. Na gut. Grün, die Farbe des natürlichen Wachstums, ist auch die Farbe des natürlichen Tempos. Und Sinnlichkeit hat ein langsames Tempo. Slowfood. Slowlove. Sie wissen schon. Auf jeden Fall spricht diese Kombination für einen segensreichen Tag im Bett. Bei Ihnen lädt so etwas den Liebes-Akku für lange Zeit auf. An so einem Tag haben Sie keine Pflichten. Die Zeitung mit den Stressnachrichten lassen Sie draußen. Sie brauchen sich auf nichts zu konzentrieren. Allein das schon entspannt. Und ein Diättag ist ein solcher Tag im Bett auch nicht, sondern ein Genusstag. Sie genehmigen sich die Süßigkeiten, zu denen Sie Lust haben. Sie legen Ihre Lieblingsmusik auf. Stellen den Tee aufs Stövchen. Und lesen aus Ihrem Lieblingsbuch vor. Wem? Natürlich Ihrem Kopfkissen oder Ihrem Teddy oder Ihrer Liebe. Sie lassen sich von den Wellen des Schlummers entführen. Und von den romantischen Wellen der Verführung. Kann sein, dass Sie zwischendurch merkwürdige Sachen träumen. Das ist gut. Die Seele entsorgt an so einem Relax-Tag reichlich Sondermüll. Der Selbstheilungsmechanismus Ihrer schönen Seele entfaltet sich. Gut, und nun kann Ihre Muskulatur relaxen. Sogar Ihr Gehirn entspannt sich, obwohl Sie es ja ohnehin wenig beanspruchen. Ihre Gedanken klären sich. Ihrer Phantasie öffnen sich neue Räume. Sie haben ein duftendes Massageöl bereitgelegt. Und Ihr Kuscheltier ist vorbereitet, dass es jetzt auch mal was Liebes tun soll? Gut. Geben Sie ihm ein paar Anregungen, wie es sanft streicheln und zärtlich kneten kann. Wie es zwischendurch auch mit den Fingerspitzen, mit dem Daumen und dem Handballen arbeiten darf. Es soll nur immer auf langsame, gleichmäßige Bewegungen achten. Dreimal Grün! Slow! In langen Strichen den Rücken hinab, mit pressenden Händen die Wirbelsäule entlang, mit leichtem Druck und sanftem Kreisen, mit Pressen, Kneten, Walken, Streicheln, mit dem ganzen Körper. Na, Sie wissen das ja alles. Sonst hätten Sie diese Farben nicht gezogen. Die Farben, die Ihren Liebeskörper in Bewegung bringen.

## Zwei rote, zwei grüne, ein oranges Bärchen
Sie sind auf der Strada d'Amore!

Ach, was für eine herrliche Melodie in Ihrem Herzen spielt! Wussten Sie das? Das wussten Sie. Und wenn man ganz nahe rangeht, ist sie auch zu hören. Also, eines ist mal klar: Sie sind kreativ. Ein oranges Bärchen bedeutet: Ihnen fällt immer was ein. Aber was fällt Ihnen ein?, fragen wir uns. Und machen Sie was draus? Denn das war es schon, das Positive. Jetzt kommt der Rest. Zweimal Rot, zweimal Grün. Sie wissen doch, dass nach klassischer Orakeltradition gerade Zahlen nicht gerade der Greatest Hit sind? Sondern so was wie Hemmung, Stagnation, unterdrückte Liebe bedeuten? Wir werden gern konkreter. Sie haben die Große-Zampano-Kombination gezogen. Die unschlagbare kreative Kombination des Liebespaares Zampano und Gelsomina. Er ist der Typ der zwei roten Bärchen: einer, der seine Liebe vergräbt und dafür herumraunzt und zornige Attacken fährt. Das ist Zampano. Und so ein Zampano wohnt in Ihnen. Die Gelsomina ist das Wesen der zwei grünen Bärchen: Sie traut sich nicht. Das bedeutet zweimal Grün. Sie hofft und wartet. Beinahe stumm harrt sie aus und meint, das würde schon noch kommen mit der Liebe. Auch eine solche Gelsomina wohnt in Ihnen. Sie kennen das Paar aus dem Film «La Strada»? Die beiden sind Ihre Schutzheiligen. Beide verbringen einige Jahre in größter Nähe miteinander und bleiben doch Welten voneinander entfernt. Beide bleiben sprachlos. Ihre Annäherungsversuche fallen mal grobianisch aus und mal schüchtern, sind aber immer hilflos und führen nie zum Ziel. Wenn denn das Ziel die Liebe ist. Ist die Liebe Ihr Ziel? Schön, sehr schön. Freut uns. Wenn Sie wenigstens so viel geschnallt haben. Denn

Zampano und Gelsomina haben nie zueinander gefunden. Am Ende ist den beiden nur eine Melodie der Sehnsucht geblieben. So eine Melodie, wie sie auch in Ihrem Herzen zu hören ist. Reicht Ihnen das? Ein Lied der Sehnsucht mit Blick in die Unendlichkeit? Manchmal ja. Aber nicht für immer. Und das Gute ist ja: Sie haben jetzt dieses orange Bärchen gezogen. Das Bärchen der Heiterkeit und Kreativität. Das Bärchen der kleinen Kicks aus Witz und Spiel. Das Bärchen der Überraschungen. Und das tut Ihrem Liebesleben gut. Sehr gut. Das bedeutet: Langweilig wird es nicht mit Ihnen. Wo andere im grauen Einerlei einer Alltagsbeziehung vor sich hin altern, bringen Sie Licht und Witz in Ihr Liebesleben. Ja, mehr noch, mit diesem flirtigen Bärchen löst sich ganz von allein der Stau Ihrer Leidenschaft, die Mauer Ihres Ich-trau-mich-nicht bröselt. Der Blick wird frei. Auf Sie. Auf Ihr Herz. Und alles öffnet sich für Sie. Ihre *La Strada* wird die Straße der Liebe.

### Zwei rote, ein grünes, zwei orange Bärchen
Nobelpreis für Ihre Liebeserklärungen!

Bei Ihnen geht die Liebe Umwege! Oder umgekehrt: Sie gehen
Umwege, um zur Liebe zu gelangen. Warum eigentlich? Vielleicht, weil Sie ein bisschen schüchtern sind? Dann jedenfalls,
wenn es drauf ankommt? Zweimal Rot bedeutet, dass bei Ihnen
die Leidenschaft groß ist – dass sie jedoch nicht gerade frei aus-
getobt wird. Zweimal Orange heißt, dass Sie über eine enorme
Kreativität verfügen, über eine heitere spielerische Seite – dass
Sie jedoch auch aus diesen Talenten nie wirklich etwas machen.
Sie haben die Wappenfarben eines legendären Helden Frank-
reichs gezogen: die Farben des Cyrano de Bergerac. Dieser edle
Mensch war leidenschaftlich, beinahe so leidenschaftlich wie
Sie. Und er war schöpferisch begabt, beinahe so wie Sie. Doch er
traute sich nicht. Auf seinem Wappen windet sich ein grüner
Zweig durch zwei Rosen- und zwei Orangenblüten. Einmal
Grün, zweimal Rot, zweimal Orange. Die Verwandtschaft ist
nicht zu leugnen. Und wer weiß, vielleicht werden Sie noch die
Schlösser des Grafen erben. Aber dazu werden Sie die Länge
Ihrer Nase prüfen lassen müssen. Denn Cyrano hatte eine ungewöhnlich große Nase. Das war sein Makel – oder er hielt es
dafür. Deshalb traute er sich nicht, seine Liebe zu gestehen. Er
hatte kein so hübsches Näschen wie Sie. Aber das bedeutet
nicht, dass Sie sich mehr trauen. Der riesige Zinken ist nur ein
Symbol. Ein Symbol dafür, dass jemand sich fremd oder aussät-
zig fühlt. Dafür, dass es ihm an Selbstvertrauen mangelt. Cyrano
fand einen eigentümlichen Ausweg: Er schrieb Liebesgedichte
und Liebesbriefe. Aber für andere. Als sein Freund sich ausgerechnet in die Frau verliebte, die eigentlich Cyrano ganz leiden-

schaftlich verehrte, da half er dem Freund, diese Frau zu gewinnen. Und zwar durch unschlagbare Liebespoesie. Sie haben auch so eine poetische Ader. Und noch etwas anderes verbindet Sie mit Cyrano: Sie laben sich insgeheim an fremden Liebesgeschichten. Sie fühlen sich bis in Ihre feinsten erotischen Nervenspitzen belebt, wenn Sie von Affären hören. Und Sie haben unleugbaren Spaß daran, jemand anderem zu helfen, eine Wunschverbindung einzugehen. Sie empfinden sogar einen wohligen Schmerz, wenn Ihr angebetetes Wesen dabei in fremde Hände gerät. Warum auch nicht? Die Geschichte von Cyrano ist aktuell. Sie ist noch vor ein paar Jahren verfilmt worden, eine amerikanische Variante unter dem Titel «Roxanne» gibt es auch. Doch die aktuellste Version sind Sie. So wie Sie hier vor uns stehen. Als Ghostwriter der Liebe könnten Sie den Nobelpreis gewinnen. Als stiller Teilhaber an fremden Liebesgeschichten den Oscar in der Kategorie bester Nebendarsteller. Aber, halten Sie sich fest: Eine neue Phase in Ihrem Leben beginnt. Dieses grüne Bärchen zeigt es an. Das Bärchen vertrauensvoller Liebe. Sie trauen sich. Sie gehen den geraden Weg. Auf einmal perlen Ihnen die entscheidenden Worte leicht von der Zunge. Sie dichten direkt. Sie lieben direkt. Wenn Sie sich einmal ein Herz fassen, kann Ihren Liebeserklärungen ohnehin kaum jemand widerstehen. Lassen Sie doch mal hören!

### Zwei rote, drei orange Bärchen
Sie starten den Liebestalk!

Ah, von Ihnen kann man noch lernen! Drei orange Bärchen der heiteren Flirtbegabung und dazu zwei rote der verhaltenen Leidenschaft. Damit könnten Sie sofort eine Liebes-Talkshow starten. Mit den zwei roten Bärchen haben Sie die richtige Dosis Streitlust, dazu eine schöne Prise Ungeduld und ein kaum verhohlenes Streben nach Dominanz. Sie können sich in jedes Rededuell wagen. Und dazu haben Sie noch die heitere Kontaktfähigkeit der orangen Bärchen. Damit können Sie zweierlei gewinnen – den Streit und das Publikum. Sie erreichen die höchsten Einschaltquoten! Bekommen die besten Werbeeinnahmen! Und übrigens nicht nur in den öffentlichen Medien. Auch zu Hause. Sie schaffen es, dass Leute in Ihrer Umgebung, zum Beispiel Ihre Partner, aufmerksam zuhören. Dass sie sogar auf Sie eingehen. Sich öffnen. Sich bekennen. Das geht mit dieser Bärchen-Kombination. Mit Ihrem Talent. Wie machen Sie das? Lassen Sie uns raten: Vermutlich loben Sie Ihre Partner oder bedanken sich für eine Gefälligkeit. So schaffen Sie Offenheit, der Partner fühlt sich verstanden, wenn Sie seine Taten anerkennen, fühlt sich also sicher und traut sich, von sich selbst zu erzählen. Das machen Sie gut. Weiter: Mit dieser Bärchen-Kombination achten Sie auf die Körpersprache. Kopfschmerzen, Nackenschmerzen, da greifen Sie gleich massierend ein und fragen freundlich: Hast du heute viel aushalten müssen, dass du so verspannt bist? Das ist gut, das ist klug. Das ist partnerschaftliche Gesprächsführung. Und dann, dann wiederholen Sie den Teil der Erzählung, der Sie besonders interessiert: Deine Mutter hat versucht, etwas über deine Pläne herauszukriegen? Das ermuntert Ihr Gegenüber weiterzureden. Sie sind wirklich ein geborenes Genie der liebevollen Kommunikation! Jedenfalls ab jetzt. Denn anders als früher vollenden Sie nie die Sätze Ihres Partners. Trotz Ihrer Ungeduld. Auch wenn Sie schon zu wissen glauben, was kommt. Sie warten ab, bis er oder sie seine Sätze selber zu Ende bringt. Und ganz sanft lenken Sie die Aufmerksamkeit auf Gefühle: Da bist du mit Recht stolz gewesen! Oder: Bist du da nicht wütend geworden? Oder: Da musst du dich doch übergangen gefühlt haben! Und wenn Ihr Partner sich so verstanden fühlt – und wir fühlen uns bereits von Ihnen verstanden –, bitten Sie ihn behutsam, Genaueres zu erzählen. Sie machen das wunderbar liebevoll. Sie bieten ihm eine sichere Umgebung, gehen mit ihm spazieren, kuscheln sich mit ihm auf dem Sofa ein, sorgen dafür, dass er relaxen kann. Und als Dank erfahren Sie nicht nur mehr, als der andere je erzählen wollte. Auch Sie finden dann ein offenes Ohr. Ganz unter uns gesagt: Das ist nicht nur großartig für eine bestehende Partnerschaft. Mit dieser Kombination können Sie jederzeit eine neue auftun. Wer würde nicht gern in Ihrer Nähe sein! Na, aber jetzt reden wir erst mal über die alte, okay?

## Ein rotes, vier gelbe Bärchen
### Auf in den Rosenkrieg!

Sie wissen, warum man niemals eine gerade Anzahl Rosen verschenken soll? Weil ungerade Zahlen als ein günstiges Vorzeichen gelten, jedenfalls in einem Orakel. Gerade Zahlen hingegen, das ist alte Weissagungstradition, deuten Schwierigkeiten an. Nichts Schlimmes. Das nicht. Nur, dass man sich gegenseitig böse Worte oder Schuhe an den Kopf wirft. Das kommt vor, und wenn man Pantoffeln nimmt, tut es nicht einmal weh. Also, schlimm ist das nicht, dass Sie eben die höchste gerade Zahl gezogen haben, die im Gummibärchen-Orakel möglich ist: vier. Nein, das ist nicht bedenklich, jedenfalls nicht für uns. Wir freuen uns sogar. Weil bei Ihnen jetzt so richtig Dampf ins Liebesleben kommt. Gelb ist in einem Liebesorakel traditionell die Farbe der zielstrebigen Leidenschaft, auch der fruchtbaren Beziehungsarbeit. In einer geraden Anzahl bedeutet Gelb jedoch genau die Kehrseite, nämlich zielstrebige Zerstörungsarbeit, Eifersucht und Rache. Wir wollen nicht zu dick auftragen. Schließlich sind Sie ein außerordentlich sanftmütiger Mensch. Aber es gibt keine Zufälle. Und da Sie diese Bärchen höchstpersönlich gezogen haben, bedeutet es, dass in Ihrem Inneren jetzt oder ab morgen ein knalliger gelber Film abläuft. Kann sogar sein, dass Sie selbst gelb anlaufen. Ziehen Sie etwas Blaues an, dann sehen Sie gut aus. Kurz: Sie haben die Rosenkriegs-Kombination gezogen. Den Ur-Rosenkrieg gab es mal in England, als sich verwandte Herrscherhäuser mit Rosen im Wappen bis aufs Blut bekämpften. Darauf spielt ein Film an, in dem sich ein reizendes Paar in einem eskalierenden Ehekrieg ruiniert. Werden Sie das auch tun? Werden Sie zuerst Vasen und Teller, dann

Katze und Hund, schließlich Autos, Gärten, Häuser ruinieren, nur um Ihre Macht über einen Partner zu demonstrieren? Oder um Rache zu nehmen? Ja. Genau das werden Sie. Keiner sieht es Ihnen jetzt an. Höchstens ein Kenner. Und wir sehen es natürlich, nach dieser eindeutigen Kombination, und wir freuen uns auf Action! Eines leider gefällt uns nicht so sehr: dass der Rosenkrieg sich weitgehend in Ihrem Inneren abspielt. Von Ihren zerstörerischen Phantasien – ja, ja, die haben Sie – dringt wenig nach draußen. Das ist an diesem einen roten Bärchen zu erkennen. Dieses fröhliche Liebeskick-Bärchen zeigt, dass Sie letzten Endes doch immer Herz zeigen. Auch wenn Ihnen richtig viel zugemutet wird, wenn Sie sich übervorteilt, ausgenutzt und hintergangen fühlen – und das passiert, wenn Sie dann im Käfig Ihrer Gedanken tobsüchtig hin und her rasen und wenn Sie im Grunde am liebsten zuschlagen würden –, dann siegt doch meistens Ihr Herz. Das zeigt dieses liebevolle rote Streichelbärchen. Dennoch – die Macht Ihrer Rachegedanken ist groß. Und Sie können sich allerlei vorstellen, was Sie machen würden, wenn Sie betrogen werden. Erzählen Sie doch mal! Erstens können wir uns dann besser vorbereiten. Und zweitens brauchen wir auch ein paar knallige Ideen!

### Ein rotes, drei gelbe, ein weißes Bärchen
Sie werden bedichtet!

Ah, endlich! Sie müssen bedichtet werden! Sie sind es wert! Dann fangen wir sofort an. Wir dürfen Sie duzen? Danke. Räusper. Also: Bei dir sah ich einst Rosen blühn! Nur dort. Ich weiß nicht, wann war es noch? Ich sah die Sonne darüber glühn. Mir träumt, ich sähe sie noch. Dazu ein Duft, dazu ein Glanz, mein Herz sog alles dürstend ein. Du warst es, du gabst mir den Liebeskranz! Wo, Liebling, mag er jetzt sein? Ich suchte in Orten und Ländern weit: nach deinem Schmelz, nach deinem Licht. Einmal schien mir, es leuchtet dein Kleid! Ich sah mich getäuscht, du warst es nicht. Weißt du, wie mich die Sehnsucht trieb? Ich suchte nur immer nach deinem Kranz. Und jetzt bist du hier, so licht, so lieb! Ich beuge mich vor deinem Glanz! – Wie finden Sie das? Einigermaßen angemessen? Oder noch ein bisschen flau? Wer diese Bärchen zieht, will umworben werden. Und dazu muss man bei Ihnen die richtige Tonlage treffen. Wer die drei gelben Bärchen der ehrgeizigen Liebe hat und dazu noch ein weißes der Sensibilität, der kann empfindlich reagieren, wenn die Bewerbung unwürdig ist. Mal überlegen. Hier. Wie ist es damit? Ach, du bist wie Mondenglanz! Ich kann dich nicht erjagen! Ich muss dir aber sagen, dass ich von hier bis sonst wohin ohne dich nicht glücklich bin! Du bist wie Sonnenschein. Erst, wenn du fortgegangen, in Einsamkeit und Bangen, merkt mein Herz und fühlt es klar, dass es mit dir nur glücklich war! – Na, bitte. Ist das einigermaßen nach Ihrem Geschmack? Können wir uns jetzt ein bisschen näher kennen lernen? Oder war das immer noch nicht originell genug? Wie lange sollen wir denn noch dichten? Okay, dann auf ein Neues: Nur mit dir ist es so schön, am Meeresstrand, auf Bergeshöhen. Im tiefen Tal, auf Felsengraten. Im gelben Stroh, auf grünen Matten. Wo die Rehe hustend stehen, da ist es mit dir so schön! Mit dir alleine ist es schön, im Wald, wo kleine Zwerge stehn, wo Eros bei der Venus wohnt und Licht auf weichen Hügeln thront, nur für dich und mich zu sehen, ja, mein Liebling, da ist's schön. So, jetzt komm! Denn es ist schön, wenn die anderen es nicht sehen! Lass doch die Verehrer plauschen, lass den Tag, die Nacht verrauschen, wenn wir uns in die Augen sehen! Komm zu mir, da hast du's schön! – Also, das ist doch jetzt aber echt überzeugend! Oder? Puuh. Na, gut, dann noch dies: Oh, schönste Pastinake! Du allerliebste Schnake! Wir haben dich so bräsig gern wie Kürbisbrei und Hobelkern. Wir lieben dich wie Zottelwurst, wenn du in deinem Bettchen knurrst. Dein hold gestirntes Mondgesicht glänzt glitzerfein im Kerzenlicht. Dein Näschen mit dem Zirbelhaar stupst höckrig wie ein Dromedar, und dein geschwippter Silbermund salbadert und knarzt kerngesund. Dein Kuss schmeckt risibisihaft und zuckrig wie Zitronensaft. Oh, knusperbuntes Wesen! Du kratzer Honigbesen! Du zarte Huxelrebe! Ach, wenn es dich nicht gäbe, wär alles nur wie Sandpapier! Drum kommen wir so gern zu dir. Drum Zacki, Zucki, Zickenzimt, gib jetzt zu, dass alles stimmt! Okay, jetzt sind Sie dran!

### Ein rotes, drei gelbe, ein grünes Bärchen
Ihr Partner muss sich wehren können!

Das sieht gut aus. Sie fühlen intensiv, Sie denken klar, Sie handeln besonnen. Einige mögen behaupten, Sie seien kühl. Aber das sind Leute, die bei Ihnen nicht landen konnten. Sie lassen sich nun mal nicht von Schwätzern um den Finger wickeln. Nicht bei dieser Kombination aus dem Rot der Leidenschaft, dem Grün des erotischen Selbstvertrauens und dem dreimal Gelb der partnerschaftlichen Entfaltung. Da prüfen Sie genau und unbestechlich. Stolz und ein bisschen eifersüchtig, neigen Sie allerdings zum Überwachen und Kontrollieren. Was Sie sich treu und zuverlässig erkämpft haben, mögen Sie nicht wieder hergeben. Sehr verständlich! Überhaupt geben Sie ungern nach. Wären Sie nicht so liebevoll, so herzenswarm, so zartfühlend, würden wir behaupten: Sie sind ganz schön tough. Doch in Ihrer Tiefe schlummert ein erotischer Vulkan. Sie sind in der Lage, ihn lange schlummern zu lassen. So lange, bis statt des Vulkans Ihr Partner explodiert. Ihre selbstgenügsame Stärke und Ihre Unabhängigkeit bringen manchen Partner um den Schlaf. Gerade weil Sie ihn nicht unbedingt brauchen, will er Sie unbedingt haben. Will Ihre Leidenschaft wecken. Das lohnt sich auch. Einmal befreit, brennt Ihr Feuer leuchtend hell und ausdauernd, ja es verzehrt die hartnäckigsten Lover. In der nun beginnenden Phase Ihres Lebens kommt jedoch immer mehr Ihre Warmherzigkeit zum Vorschein. Sie werden weicher und lockerer, gewinnen an Appeal und Ausstrahlung. Beinahe schade, dass auch Ihr Selbstbewusstsein immer weniger zu erschüttern ist. Sie werden niemandes Spielzeug sein. Bevor Sie jemandes Schlafzimmer betreten, wollen Sie von seinen ernsten

Absichten überzeugt sein. Nicht, dass Sie heiraten wollen. Der oder die andere soll es nur ehrlich meinen. Angeber, Hohlköpfe, Klapperschlangen durchschauen Sie sofort. Anfällig indes sind Sie gegenüber dem Glanz der Macht. Noble, erfolgreiche, angesehene Menschen respektieren und bewundern Sie. Und doch ist es eher ein weiches und wankelmütiges Wesen, in das Sie sich verlieben. Vielleicht, weil Ihnen die Rolle der herrscherlichen Autorität so gut liegt. Das war im Grunde immer schon so. Es ist in Ihnen angelegt. Aber erst jetzt, in der nun beginnenden Phase Ihres Lebens, kommt es vollends zum Vorschein. Wer sanftmütig scheint, offen redet, aufrichtige Komplimente macht und Sie aufzuheitern versteht, hat jedenfalls beste Chancen. Wann es zur Sache geht, bestimmen selbstverständlich Sie. Die Geduld des anderen wird mit Ihrer Leidenschaft belohnt. Und diese Leidenschaft verpflichtet: Seitensprünge erlauben Sie sich selbst kaum und jemand anderem überhaupt nicht. Sie haben kein Faible für Affären. Sagen Sie mal, ganz unter uns: Stimmt es, was Gummibärchen-Forscher herausgefunden haben, dass Sie fordernd und dominant sind? Dass Sie gelegentlich schreien oder kratzen, sogar beißen und Schläge austeilen? Das kann doch gar nicht sein. Mal ganz ehrlich: Muss Ihr Partner sich wehren können? Das klingt ja spannend!

## Ein rotes, drei gelbe, ein oranges Bärchen
### Sie haben die tollsten Liebesideen!

Ach, Sie haben so schöne Ideen! So romantische Einfälle! Und
Sie haben nicht nur Einfälle, Sie machen auch was draus! Sie erfüllen Wünsche – sich und Ihrer Liebe. Ein Jammer, dass nicht
wir mit Ihnen zusammen sind! Also, was war noch Ihre letzte
romantische Idee? Dass Sie eine Postkarte geschrieben haben
oder eine SMS? Na ja, so toll ist das nicht. Aber immerhin. Oder
dass Sie Blumen mitgebracht haben? Auch schön. Auf so einen
Einfall kommen wir manchmal sogar selbst. Doch Sie – Sie gehören mit dieser Bärchen-Kombination zweifellos zu den pro-
duktivsten und mutigsten Liebes-Ideen-Erfindern der Welt. Das
muss schon immer so gewesen sein. Aber jetzt kommt es erst
richtig zum Vorschein. Da füllen Sie ein Schaumbad mit duf-
tenden Rosenblüten, lassen Becher mit eigenen Liebesbildern
bedrucken, nehmen eine CD mit Ihren scheußlichsten Liedern
auf und designen ein eigenes Liebesparfüm aus ätherischen
Ölen, alles für Ihre große Liebe. Sie bemalen einen Karton, nennen ihn Lovebox und packen ihn voll mit den süßesten Süßigkeiten und den salzigsten Salzigkeiten und den schärfsten
Schärfen und vielleicht mit einem Blütenblatt und einem
Knallplätzchen und drei Spaghetti. Sie haben das rote Liebeskick-Bärchen, das orange Kreativitätsbärchen und drei goldgelbe Bärchen der Zielstrebigkeit. Sie bauen einen Kerzenweg
aus Teelichtern durch Ihre Wohnung, von der Eingangstür bis
ins Allerheiligste. Den Feuerlöscher halten Sie bereit. Sie kon-
struieren den Original-Herzluftballon: Herzballon aufblasen,
bekleistern, Zeitungsschichten draufpappen, am Ende eine
Schicht rotes Papier und drei Tage trocknen lassen. Dann die

Spitze kappen, sodass Sie eine geniale Geschenkverpackung mit Deckel haben für irgendeinen rostigen Nagel. Sie richten eine Website für Ihre Liebesbekenntnisse ein. Sie bauen Liebespuzzles. Und entwerfen Liebesschatzkarten. Wir kleinen Dummies, wir lassen unsere Liebesgrüße bestenfalls übers Radio oder, wenn wir mutiger sind, über die Lautsprecher im Kaufhaus ansagen. Sie aber, mit diesen Bärchen, Sie springen im Theater auf die Bühne und rufen sie laut heraus! Es kann natürlich sein, dass hinter all Ihren sprudelnden Einfällen die Liebe ein bisschen verschwindet. Sodass Ihr Lover Sie zum Beispiel küssen will, und Sie sagen: Moment, ich habe gerade so einen romantischen Einfall, das muss ich erst mal aufschreiben oder basteln oder entwerfen. Na ja, macht nichts. Ihr innerer Reichtum muss einfach nach außen strahlen. Wir mickrigen Schattenwesen sind dankbar, wenn etwas von Ihrer romantischen Genialität auf uns rüberscheint.

## Ein rotes, zwei gelbe, zwei weiße Bärchen
### Sie stammen aus Transsilvanien!

Huh! Geben Sie nur Acht, dass kein Sonnenstrahl Sie trifft! Und klappen Sie vor Morgengrauen den Sargdeckel zu! Sie haben die Wappenfarben eines uralten lichtscheuen Adelsgeschlechtes gezogen. Minderbemittelte Feinde dieses Geschlechtes behaupten, die beiden gelben Streifen im Wappen ständen für die nachtsichtigen gelben Augen, die beiden weißen für die scharfen Eckzähne, und der rote Tropfen im Wappen stände für jenen Tropfen Blut, der stets an diesen Zähnen klebt. Zweimal Gelb, zweimal Weiß, einmal Rot: Das sind tatsächlich die Wappenfarben des ruhmreichen Grafen Dracul und seiner geflügelten Verwandten. In Siebenbürgen, auch Transsilvanien genannt, lag das Schloss dieser sympathischen Sippe, zu der also auch Sie gehören. Der historische Graf Dracul – Nachfahren leben noch heute in der Gegend, aber ganz offensichtlich auch hier, unter uns –, nun, dieser Graf hatte eine gewisse Vorliebe für die Nachtseiten des Daseins. Ganz ähnlich wie Sie. Für billige Volksvergnügungen und bürgerlichen Anstand hatte er wenig übrig. Er galt als nobles Original, so wie Sie. Als hochnäsiger Einzelgänger, edler Eigenbrötler, als Individualist von unheimlicher Verführungskraft. Erkennen Sie sich wieder? So ein klitzekleines bisschen? Na, spätestens bei der bekanntesten und etwas problematischen Eigenart des Grafen erkennen Sie sich: Er holte sich Energie von den Personen, die er liebte. Das ist nichts Ungewöhnliches. Doch Ihr gräflicher Urahn ging über das übliche Maß hinaus. Es wird behauptet, er habe seine Geliebten geradezu ausgesogen. Ihr Blut hat er nie getrunken. Das ist nur ein Symbol, ein Bild für sein forderndes Wesen. Aber er nahm seine

Geliebten total in Anspruch. Er ergriff Besitz von ihnen. Und das tun Sie auch. Zwei gelbe Bärchen: Das bedeutet, dass Ihre Liebe entschieden und zielstrebig ist, aber bisweilen auf allzu ehrgeizige Art. Und zweimal Weiß: Sie verirren sich beim Lieben gern in die Gefilde von Illusionen und Manipulation. Kurz, Sie haben mit vampirischen Eigenschaften zu tun, entweder bei sich selbst oder – gespiegelt – bei Ihrem Partner. Ist er oder sie gerade hier? Wollen wir lieber unter vier Augen weitersprechen? Na, jedenfalls kommen Sie entweder mit Ihrem eigenen kompromisslosen Anspruch oder mit dem Ihres Partners in Konflikt. Denn, so sagen Ihre persönlichen Dracul-Bärchen: In Ihnen verbindet sich die Intensität einer abgründigen Leidenschaft mit Versuchung, Manipulation und Abhängigkeit. Sie üben Macht über andere aus – und andere über Sie. Schön, dass Sie noch dieses eine rote Bärchen gezogen haben. Sie wissen ja: Gerade Zahlen, zum Beispiel die Zwei, zeigen immer etwas Problematisches an. Aber ungerade Zahlen, zum Beispiel die Eins, bringen eine frohe Botschaft. Mögen in Ihrem Liebesleben bisher auch Manipulation und Machtkampf eine Rolle gespielt haben, es geht Ihnen letztes Endes doch um die Liebe. Bisher wollten Sie die Liebe haben, von anderen. Jetzt merken Sie: Die Liebe wohnt in Ihnen selbst! Na, das ist doch eine schöne Überraschung! Sie brauchen gar nicht jemand anderen auszusaugen. Essen Sie Ihre Bärchen. Schluss.

## Ein rotes, zwei gelbe, ein weißes, ein grünes Bärchen
Sie bekommen einen Pass!

Stecken Sie gerade drin? Oder sind Sie schon durch? Sie stecken drin. Im Kummer. In der Krise. Na? Zwei gelbe Bärchen, das ist eine Blockade. Sie sind pleite. Nicht unbedingt nur in Sachen Geld. Das sowieso. Das ist nicht so wichtig. Nein, pleite an Gefühlen. Ex, hopp, aus. Sie sind rausgeschmissen worden? Stimmt's, oder steht es gerade erst bevor? Dass Sie Ihren neuen Pass ausgehändigt bekommen, den so genannten Laufpass? Also, wenn es noch nicht ganz so weit ist, dann rufen Sie uns bitte sofort an, damit wir großzügig Mitleid zeigen können. Uns macht das nämlich Spaß. Wenn Sie so allein durch die Wohnung tapern. Sie kennen das ja. Wenn Sie es noch nicht wahrhaben wollen und im Kühlschrank immer noch die Sachen horten, die Ihre große Liebe sich auf der Zunge zergehen ließ. Sie werfen nichts weg, kein Andenken, keinen noch so kleinen bekritzelten Zettel. Sie lassen das Foto hängen, Sie schnüffeln hingebungsvoll an einem gebrauchten T-Shirt. Das können wir uns richtig vorstellen, wenn wir Sie sehen. Ist ja auch nicht ehrenrührig! Und dann fahren Sie Ihrer untreuen Liebe nach wie ein Privatdetektiv. Oder laufen ihr oder ihm über den Weg, völlig zufällig natürlich, kann ja mal vorkommen. Und wahrscheinlich ist die Liebe doch noch da oder lässt sich wieder entzünden! Oder nicht? Nein? Nein. Nicht. Okay. Also dann nicht. Gut. Diese Bärchen-Kombination zeigt: Sie kommen da durch. Sie kommen durch jeden Kummer. Das rote Aktivbärchen, das grüne des Urvertrauens und das weiße der Intuition sind zusammen nämlich stärker als die gelbe Blockade. Hey, hatte dieser Flop Sie eigentlich verdient? Das fragen Sie sich auf einmal. Sie machen sich mal, nur so zur Erinnerung, eine kleine Liste mit den grottenschlechten Eigenschaften des Partners. Das sind ganz schön viele! Wieso haben Sie es eigentlich so lange mit dem oder der ausgehalten? Sie notieren sich – auch das ist interessant –, was alles fehlte in der Beziehung. Hey, die war nämlich in vieler Hinsicht ganz schön schrottig! Jetzt schreiben Sie einen Brief. Keinen Liebesbrief, sondern einen totalen Hass- und Vorwurfsbrief. Den schicken Sie natürlich nicht ab, wäre ja schade um die Briefmarke. Den heben Sie auf oder stecken ihn in die extragroße Mülltüte, in die jetzt endlich die schwachsinnigen Hinterlassenschaften dieses peinlichen Lebewesens gestopft werden. Alles, was von dieser Unperson geblieben ist, wird zermatscht, zerkleinert, zermalmt und abgefackelt! Herrlich! Und dann renovieren Sie die Wohnung, freuen sich, dass Sie frei sind, und machen Urlaub. Ist doch köstlich! Was für Bärchen! Nur noch unsere Frage zum Schluss: Haben Sie das gerade hinter sich – Sie sehen so edel aus, und Sie wissen ja: Liebeskummer adelt. Oder haben Sie es noch vor sich? Dann werden Sie anschließend unwiderstehlich sein!

## Ein rotes, zwei gelbe, ein weißes, ein oranges Bärchen
### Sie sind den Flop los!

Sie sind ein Mann? Okay, und wie finden Sie diesen Witz? Er:
«Liebling, bin ich wirklich dein Erster?» Sie: «Natürlich! Ich verstehe gar nicht, warum Männer immer dasselbe fragen!» Ganz
lustig? Dann geht es Ihnen gut. Vielleicht zu gut. Oder sind Sie
eine Frau? Wie ist es denn mit diesem? Sie: «Ich mache dich
zum glücklichsten Mann der Welt.» Er: «Ich werde dich vermis-
sen.» Gerade noch akzeptabel? Dann geht es Ihnen glänzend.
Dann sitzen Sie also nicht mit glasigem Blick neben dem
Telefon. Dann starren Sie nicht unverwandt auf Ihr Handy in
der Erwartung, dass da eine erlösende SMS eintrudelt. Offenbar
flattern Ihnen auch nicht die Hände, wenn Sie den Briefkasten
öffnen. Und es durchfährt Sie auf der Straße kein Blitz, weil Sie
glauben, dahinten in der Menge jemanden zu erkennen, jenes
unbegreifliche Wesen, das nichts mehr von Ihnen wissen will.
Oder das höflich gesagt hat: Lass uns Freunde bleiben. Während
Sie einer Ohnmacht nahe waren. Ist das im Augenblick Ihre
Situation? Nicht? Dann überrascht uns das ein bisschen. Weil
Sie diese herbe Kombination gezogen haben, die unleugbar bedeutet, dass Sie blockiert sind. Gefühlsmäßig. Da stockt der
Fluss der Energie. Der Liebesenergie. Bei Ihnen ist nichts los in
Richtung Romantik oder Leidenschaft. Das zeigen die beiden
gelben Bärchen. Sie sind eingebunkert, eingepanzert, Schotten
dicht. Was ist los? Na gut. Die Kombination ist gar nicht so gemein, wie wir bis eben behauptet haben. Denn ein rotes Liebeskick-Bärchen, ein weißes für die romantische Intuition und ein
oranges Flirtbärchen, die sind zu dritt einfach stärker als die beiden gelben. Und das kann nur bedeuten, dass Sie das Ärgste hin-

93

ter sich haben. Wir wollten eben nur mal Ihre Erinnerung auffrischen. Nur damit Ihnen ein bisschen der Schweiß ausbricht. Weil Ihnen das so gut steht. Diese schreckgeweiteten Augen, die sehen gut aus bei Ihnen. Na ja, aber in Wirklichkeit sind Sie unweigerlich im Aufwärtstrend. Sie sind über die größten Dramen weg. Und wenn die Bärchen nicht täuschen, haben Sie das auf nachahmenswerte Weise geschafft. Sie haben alten Krempel aus der Wohnung geschmissen, in denen noch der Mief Ihres Expartners dünstete. Haben Musik gemacht, gemalt, gesungen, getanzt, gestampft, ein paar Kissen verkloppt. Sie haben zwei bis drei Fotos klitzeklein gefetzt. Und dann haben Sie sich ein paar Wünsche erfüllt, die Ihr Exwesen sowieso nie kapiert hätte. Sie haben sich Luxus gegönnt, einen Sonnenflug gebucht, Einladungen angenommen und neue Freunde gewonnen. Oder Sie sind jedenfalls gerade dabei. Es ist richtig ärgerlich für Ihre ehemalige Liebe. Jetzt wird Ihnen allmählich klar, was für ein Flop das war. Und diesen Flop sind Sie los! Gerade noch geschafft! Ihnen kann es ja nur gut gehen!

## Ein rotes, zwei gelbe, zwei grüne Bärchen
Ihr Autobus ist besetzt!

Ach, Sie nun wieder. Ihr wundes Herz! Ihre schöne schmerzliche Melancholie. Und Ihr tiefes Wissen: Eigentlich könnte alles ganz anders sein. Wenn die Liebe nur vollkommen so wäre, wie Sie es sich wünschen. Nein, Sie sind bescheidener: Wenn die Liebe nur annäherungsweise so wäre, wie Sie sich das vorstellen! Hören Sie folgende Verse von einem Ihrer Urahnen: «Ein Jüngling liebt ein Mädchen, das hat einen andern erwählt. Der andre liebt eine andere und hat sich mit dieser vermählt. Das Mädchen heiratet aus Ärger den ersten besten Mann, der ihr in den Weg gelaufen. Der Jüngling ist übel dran. Es ist eine alte Geschichte, doch bleibt sie immer neu; und wem sie just passieret, dem bricht das Herz entzwei.» Alles klar? Viele Leute müssen diese Zeilen dreimal lesen, um die verschlungene Story zu kapieren. Sie brauchen das nicht. Sie begreifen sofort, worum es geht. Denn Sie kennen diese Geschichte. Es ist Ihre. So oder ähnlich ist es Ihnen passiert, und es droht immer wieder so zu passieren. Denn vieles in Liebesgeschichten geschieht gar nicht aus Liebe, sondern aus Trotz oder Schmerz oder Rache. Und wenn es denn mal wirklich klappt mit der Liebe, dann klappt es bei jemand anderem. Eine Schande ist das. Der begabte Dichter der Zeilen oben, Heinrich Heine, hat die Botschaft später nochmal ganz knapp zusammengefasst: Die Liebe ist ein Autobus, auf den man lange warten muss, und kommt er endlich angewetzt, ist er meistens schon besetzt. So ist das. Auch wenn es zu Heines Zeiten noch gar keine Autobusse gab, in der Liebe gab es das Phänomen schon. Dass man vergeblich wartet und andere einem die warmen Plätze wegschnappen. Das bedeutet diese berühmte Gummibärchen-Kombination: zweimal Gelb für die großen, nie ganz erreichten Ziele in der Liebe und zweimal Grün für entengrützige Tatenlosigkeit. Ja, genau, Sie sind in der Liebe genauso aktiv wie Entengrütze. Nur wenn jemand direkt auf Sie raufplumpst, bewegen Sie sich. Heh, aufwachen, umrühren! Aber, o pardon, Verzeihung, alles nochmal zurück: Sie haben ja noch das rote Bärchen der Leidenschaft. Den sprühenden Liebesfunken! Jetzt gibt's Bewegung! Der Autobus hält. Nur für Sie! Und ist völlig leer! Lediglich am Steuer sitzt jemand, der – puuh! – perfekt ist! Oder jedenfalls so scheint. Ganz perfekt ist es ja nie, das erwarten Sie auch gar nicht, Sie kennen ja die alte Geschichte, der eine die andere oder umgekehrt ... aber, pah, alles beiseite gefegt! Mit Ihrem roten Liebeskick machen Sie aus dieser Bärchen-Kombination ein Inbild der Leidenschaft! Glückwunsch! Und ab geht's! Wir haben Ihren persönlichen Bus eben schon hupen gehört!

## Ein rotes, zwei gelbe, zwei orange Bärchen
### Sie arrangieren gefährliche Liebschaften!

Eine gemeine Kombination! Das sind ja geradezu boshafte Bärchen! Iiih – Intrigen-Bärchen! Das hätten wir ja gar nicht von Ihnen gedacht, aber Bärchen lügen nicht. Sie haben also eine klammheimliche Freude daran, wenn andere Leute mächtig auf die Schnauze fallen, und zwar besonders in Liebesdingen! Wenn es bei Paaren, die Sie kennen, nicht mehr so gut läuft, wenn da die Krise angesagt ist, dann macht Ihr Herz Luftsprünge. Dann sind Sie sehr interessiert. Dann hören Sie sich sehr mitfühlend die Storys an – und aalen sich insgeheim in Schadenfreude. Ja, ja, ja. Leugnen nützt nix. Wenn die Liebe anderer Leute schief in den Seilen hängt, dann hebt sich auf magische Weise Ihr Selbstwertgefühl. Ein aufgeflogener Seitensprung im Freundeskreis, Trennungsgerüchte in einer ehemals harmonischen Ehe, nächtelange Debatten, bittere Telefongespräche – herrlich, solange Sie nicht selbst betroffen sind! Und Sie sind nicht nur genießender Zeuge. Mehr noch: Die Kehrseite Ihres kreativen spielerischen Talentes, das sich in zweimal Orange zeigt, erblüht in der fragwürdigen Begabung, dramatische Beziehungsgeschichten zu arrangieren. Sogar Gerüchte zu streuen. Ja, die Kehrseite Ihres Ehrgeizes in Liebesdingen – zweimal Gelb – ist eine aktives intrigantes Talent! Huh! Darin können Sie sogar genial sein! Wissen Sie, wie diese Bärchen-Kombination unter Fachleuten heißt? Sie heißt «Gefährliche-Liebschaften»-Kombination. Unter diesem Titel gibt es einen Roman, und von diesem Roman gibt es zwei bis drei Verfilmungen. Darin geht es immer nur um das eine: um das verderbliche Spiel mit der Liebe. Um Verabredungen mit arglistigem Hintergrund, um boshaft arrangierte Treffen, gemeine erotische Manöver. Es geht auch um Verführung, aber nur zu einem Zweck: um Harmonie zu zerstören. Himmel, was sind Sie für ein schuftiger Charakter! Wir wälzen uns am Boden vor Abscheu und Genuss! Aber, oh, was für ein Glück. Sie haben ja nicht nur die beiden gelben Bärchen, die als zwei gelbe Narzissen im Wappen des fiesen Grafen Valmont auftauchen, und nicht nur die zwei orangen dazu, die als zwei orange Tulpen im Wappen der intriganten Marquise de Merteuil blühen. Nein, Sie haben ja noch eine Farbe gezogen, die den beiden schurkischen Intrigenspinnern fehlte und völlig fremd war: ein rotes Bärchen! Das Bärchen der fröhlichen Liebe. Uff. Enttäuschung. Sie sind gar nicht so schlimm? Erleichterung! Wir dürfen also weiterhin mit Ihnen sprechen! Zwar bleibt dieses leichte Ergötzen an anderer Leute Beziehungsklatsch. Aber die eigene Liebe, das sagt dieses rote Bärchen, wird Ihnen jetzt wichtiger. Und die meldet sich. Und schon verwandelt sich die arglistige Seite Ihrer Kreativität in spielerische Liebesfreude, der intrigante Ehrgeiz in die Bereitschaft, eine Beziehung wachsend zu gestalten. Ach, wie schön. Eigentlich zu schön! Kommen Sie, wir setzen uns nachher noch zusammen. Und dann tauschen wir mal die schönsten Katastrophen aus benachbarten Beziehungen aus. Haben Sie Lust?

## Ein rotes, zwei gelbe, ein grünes, ein oranges Bärchen
### Sie reisen für die Liebe!

Zwei gelbe Bärchen, hmm. Das macht stutzig. Waren Sie zuletzt häufig mit Partnern zusammen, die Ihre Kreativität blockiert haben? Die Ihnen Energie entzogen haben? Das ist häufig so bei dieser Kombination. Im Grunde sagen diese Bärchen: Allein sind Sie mindestens genauso stark wie mit Partner. Das ist gut. Denn Sie wissen ja: Menschen, die in einer Partnerschaft am besten klarkommen, sind dieselben, die auch ohne Partnerschaft klarkommen würden. Sie gehören zu diesen Menschen. Sind Sie schon mal allein verreist? Rot für den Kick, Grün für das Selbstvertrauen, Orange für die heitere Unternehmungslust: Das duftet nach Fernweh! Da schlägt ein abenteuerliches Herz! Aber allein? Ja, für Sie wäre das ein spielerisches Experiment. Sie erfahren sich neu und anders. Und können hinterher mehr erzählen – und sogar, ohne dass Ihnen jemand ins Wort fällt! Sie machen gleich bei der Abreise klar, dass Sie nach der Rückkehr gern berichten, aber nicht täglich zu Hause anrufen werden. Wozu sonst haben Sie diese seltene Begabung, in der Fremde zurechtzukommen? Sie machen sich einen Plan für die Tage. Denn es ist gut, morgens zu wissen, was Sie ansehen, ausprobieren, besichtigen wollen. So ein Programm verhindert das Unbehagen, passiv oder ausgeliefert zu sein. Und Sie brauchen nicht auf Anstöße von außen zu warten, wenn Sie Ihr eigenes Programm haben. Davon abweichen können Sie immer noch. Das gehört zu den Vorzügen des Alleinreisens: Sie können jeden Vorsatz umwerfen, wenn Ihnen danach ist. Also probieren Sie, was Sie immer schon ausprobieren wollten. Sie wollten reiten? Oder Wasserski fahren? Cool im Spielsalon sitzen? Bitte sehr.

Niemand macht Druck. Sie sind frei. Niemand ist eifersüchtig, wenn Sie den Tandemflug mit dem Drachenflieger wagen. Sie können eine Nacht durchtanzen und gleich noch eine und sich fühlen wie ein quietschiger Teenie. Sie dürfen sich genauso benehmen. Allein essen gehen: Das allerdings ist der Härtetest. Aber nicht für Sie mit Ihren Bärchen! Sie nehmen sich Lesestoff mit ins Restaurant. Und halten Papier und Bleistift parat. Sie wollten immer schon einen Roman oder eine Reportage schreiben. Hier können Sie Material sammeln. Sie beobachten die anderen, bevor die Sie beobachten. Raten Sie mal, was zwischen den Paaren gerade los ist. Wer da an dem lauten Vierertisch den Ton angibt und was die anderen davon halten. Wer sich heimlich betrinkt. Und wer, im Gegensatz zu Ihnen, die besten Tage hinter sich hat. So nehmen Sie die Reise als lustiges Training. Sie riskieren etwas. Gehen auf Leute zu. Suchen sich jemanden aus, den Sie nach Sehenswürdigkeiten fragen. Gehen durch den Ort wie ein Star, der inkognito bleiben will. Sie probieren sich in verschiedenen Rollen aus. Notieren, wie Sie sich fühlen. Und dabei entsteht eines Ihrer interessantesten Tagebücher. Eines, das man später noch bestaunen kann. Wenn Sie wieder zu Hause sind, werden Sie merken, dass man Sie mehr respektiert als vorher. Weil Sie getan haben, was viele tun wollen, sich aber nicht trauen. Und weil Sie Ihre Unabhängigkeit entdeckt haben – die wichtigste Voraussetzung für eine gelingende Partnerschaft.

## Ein rotes, ein gelbes, drei weiße Bärchen
### Sie sind ein Pfadfinder des Herzens!

Eine ungewöhnlich hellsichtige Kombination. Mit dem roten Bärchen der fröhlichen Liebesfunken und dem gelben der partnerschaftlichen Entfaltung können Sie sich sofort als Wahrsagerin oder Hellseher der Liebe niederlassen. Wir würden dann auch mal zu Ihnen kommen und fragen. Aber eigentlich sind Sie es, der Fragen stellt. Mit diesen drei weißen Bärchen der liebevollen Intuition können Sie direkt auf den Grund der Seele sehen. Und auf dem Grund jeder Seele ist Liebe. Aber behutsam – nicht jeder weiß oder glaubt das. Dank Ihres klaren Seelenblickes wissen Sie intuitiv meist mehr über den Partner als er über sich selbst. Das nutzen Sie natürlich nicht aus. Oder? Nein, nein. Nicht mit dieser Kombination. Das nutzen Sie nur, um den Partner zu stützen. Um ihn zu ermutigen. Zu öffnen. Mit der Kraft Ihrer Zuwendung schaffen Sie das. Und eben mit den richtigen Fragen. Sie tasten sich heran. Wenn Sie fragen, geht es nie um ein Verhör, sondern darum, ins Gespräch zu kommen. Um intensiven Austausch. Um Unterstützung. Um Verständnis und Nähe. Es geht Ihnen um die Wurzeln des Partners in seiner Familie, um seine Empfindsamkeit, sein Selbstbild, seine Träume, um seine Beziehungen, seine Abenteuerlust und seine Ziele. Wenn du deine Kinderzeit in einem Bild zusammenfassen würdest – welches Bild wäre das?, fragten Sie zum Beispiel, welche Farbe, welche Bewegung, welches Grundgefühl? Oder: Welche Spiele hast du besonders geliebt? Drinnen, wenn es geregnet hat? Und draußen? Sie fragen: Hattest du Wutausbrüche? Wie haben deine Eltern reagiert? Oder: Hattest du Angst, wenn sie dich allein gelassen haben? Und wie bist du damit fertig geworden? Sie wissen: Das Grundgefühl der Kindheit ist ein Schlüssel zur Seele des Partners. Die Farbe, die er seiner Kindheit gibt, ist noch heute die Grundfarbe seines Empfindens. Und die Spiele von damals sind die Phantasien von heute. Es ist etwas anderes, ob er Indianer sein wollte oder Robinson Crusoe oder Jim Knopf. Was er damals sein wollte, möchte er im Grunde seines Herzens noch heute sein. Denn das innere Kind bleibt lebendig. Sie haben unmittelbaren Zugang zu diesem inneren Kind. In jedem. Das ist freundlich, das ist zart. Und Ihre Fragen danach fordern nichts vom Partner. Es ist nicht bedrängend für ihn, von weit entfernten Erlebnissen zu sprechen. Doch während er über Baumhaus, Bootstour, Sommerferien redet, kommt seine Wärme zum Vorschein, sein Feuer. Es führt ein gerader Weg zu den jetzigen Gefühlen und der Liebesbeziehung. Die ersten fünf bis zehn Jahre sind prägend für die Seele. Über den scheinbaren Umweg durch die Gefühle von damals gelangen Sie direkt in die Gefühle der Gegenwart. Das ist ein romantischer Weg. Ein Weg, den Sie mühelos finden. Sie sind ein Pfadfinder des Herzens.

## Ein rotes, ein gelbes, zwei weiße, ein grünes Bärchen
### Asche und Diamanten für Sie!

Na, fühlen Sie sich ein wenig verkannt? Als großes liebendes Wesen? Ja, das sagen diese Bärchen. Es kommt Ihnen nicht selten so vor, als seien Sie das tiefsinnige Opfer oberflächlicher Leute. Und das Gefühl trügt Sie nicht. Zum Glück spüren Sie tief im Inneren, dass Sie eines Tages für alle Entbehrungen entlohnt werden. Und Sie haben Recht! Aber nicht «eines Tages» werden Sie entlohnt. Sondern jetzt! Der Tag ist da! Die Zeit bricht an. Sie haben nichts Geringeres gezogen als die berühmte Aschenputtel-Kombination. Wie? Was? Aschenputtel? Wie war das noch: Die Schlechten aufs Töpfchen, die Guten ins Knöpfchen oder so ähnlich? Na, egal. Die Zeit der Asche ist vorbei. Die Zeit, als Sie demutsvoll das taten, wozu andere Sie verdonnerten. Als Sie sich in der Liebe eilends zurückzogen, wenn Konkurrenten das Feld betraten. Die Zeit ist vorbei, da Sie sich bedeckt hielten und Ihren enormen Reichtum an Liebe im Inneren verbargen. Vorbei die Schmach, da andere flirteten und tanzten, während Sie im Dunkel standen. Es gibt auch noch ein paar andere Aschenputtel auf der Welt, männliche und weibliche, aber nur Sie haben diese wundertätige Kombination gezogen! Diese Kombination verkündet Ihren Einzug in den Palast der Liebe. Sehen wir hin: Dieses kleine rote Bärchen steht für Ihre verborgene Leidenschaft. Dieses gelbe für den heimlichen Ehrgeiz, der unter Ihrer Bescheidenheit schlummert – und für den unleugbaren Glanz, der Sie umgibt. Selbst wenn Sie sich in Asche wälzen würden, Ihr angeborener Adel würde hervorstrahlen und jedem königlichen Partner den Weg weisen. Die beiden weißen Bärchen hier zeigen allerdings, dass immer noch ein paar Wölkchen aus Illusionen über Ihren Himmel ziehen. Durch Ihr Studium des Gummibärchen-Orakels wissen Sie ja: Zweimal Weiß steht für unrealistische Vorstellungen, etwa in Bezug auf die Liebe. Also, wir flüstern es Ihnen vorsichtshalber mal leise zu: Es kann sein, dass Ihr Prinz oder Ihre Prinzessin das Schloss nur auf Pump gekauft hat. Sie sollten vielleicht ein bisschen genauer hinsehen. Aber zum Glück haben Sie ja noch dieses grüne Bärchen. Das Bärchen der ruhigen, weisen Liebe, das Bärchen des Vertrauens in den glücklichen Ausgang all Ihrer Geschichten. Und damit verwandeln sich die beiden weißen in die zwei Tauben, die vom Himmel kamen, um Aschenputtel Kleider, Edelsteine und ein neues Handy zu bringen. Sie erinnern sich doch? Genau. Zwei weiße Tauben stehen für männliche und weibliche Inspiration. Aber gut jetzt, wir wollen nicht übertreiben. Wenn Sie ein Fest auf Ihrem Schloss geben, laden Sie uns gefälligst ein, klar? Sie dürfen auch gern die Treppe mit Pech bestreichen, damit unsere Schuhe drauf kleben bleiben. Hauptsache, Sie geben einen aus. Und als Test wollen wir jetzt mal ein Experiment machen. Wir haben es schon angedeutet. Wir haben einen Eimer Asche vorbereitet. Haben Sie Lust, sich mal eben kräftig darin herumzuwälzen? Nur, damit wir sehen, ob Ihr angeborener Adel wirklich hervorstrahlt! Ach doch, bitte!

## Ein rotes, ein gelbes, zwei weiße, ein oranges Bärchen
### Sie sind Troubadour!

Ah, wunderbar! Dass Sie hier sind! Wie schön, dass es überhaupt noch jemanden gibt wie Sie! Ein Genie des Minnesangs! Der Tradition der Troubadoure! In Ihnen ist nicht nur die Leidenschaft zu Hause, sondern auch Poesie! Das ist romantisch, verehrungswürdig, staunenswert – und auch ein bisschen tragisch. Aber nur ein ganz kleines bisschen. Sie erinnern sich doch an Ihre intensivste Inkarnation? Damals, als Sie immer unten an der Burgmauer standen, unterm Balkon jener Schönheit, die Sie verehrten? Was hatten Sie damals noch dabei? Helfen Sie uns: Ihre Harfe oder Ihre Leier oder Ihr Gummitwist-Band? Jedenfalls haben Sie hübsche kleine Melodien gezupft, und dann haben Sie Ihre wohltönende Stimme dazu erhoben, um der Schönheit da oben zu gefallen. Mit eigenen Kompositionen und eigenen Versen. Und wenn Sie lange genug gesungen hatten, trat die Schönheit auch mal auf den Balkon und winkte oder warf eine Blume herab. Es sei denn, die griesgrämige Mutter trat heraus und leerte einen Kübel voller – nun ja, schweigen wir davon. Die Mutter war nicht besonders musikalisch. Sie erinnern sich? Nun, Sie brauchen Ihr Gedächtnis nicht anzustrengen. Drehen Sie es nicht um Jahrhunderte zurück. Sondern um ein paar Jahre. Im Grunde reichen ein paar Monate oder Wochen. Denn es ist immer noch so. Sie stehen unterm Balkon, Sie schicken all Ihre Liebe nach oben, und manchmal kleckert von oben was runter. Das ist das Tragische an dieser Kombination. Sie kommen eigentlich nicht zusammen. Sie und Ihre große Liebe. Sie bleiben in verehrender Distanz. Und inzwischen haben Sie sich auch damit arrangiert. Eigentlich finden Sie das sogar schön. Wer von ferne verehrt, braucht seine große Liebe schließlich nicht dem Test des Alltags auszusetzen. Vor allem muss er sich selbst nicht testen lassen! Diese zwei weißen Bärchen hier, die Bärchen der wolkigen Illusion, die sagen das über Sie. Sie haben obendrein das rote Bärchen der Liebe, das orange der Kreativität und das gelbe Bärchen der liebenden Tätigkeit, des Glanzes – es ist alles beisammen, was Sie benötigen zum Glücklichsein. Und dieser leise Schmerz der ewigen Distanz, der gehört inzwischen dazu. Der hat eine Süße, die Sie gar nicht mehr missen mögen. Wozu sollen Sie zusammenkommen? Sie halten sich an das berühmte Wort von Sophia Loren: «Mein Mann und ich waren zwanzig Jahre lang glücklich. Bis wir uns trafen.» Also, wenn Sie weiter die Menschheit erfreuen und Kunstwerke aus Liebe erschaffen wollen, dann bleiben Sie so. Wenn Sie dagegen den Schmerz Ihrer großen Liebe durch die Ehe heilen lassen wollen oder wenn Sie das schon getan haben, dann schweigen Sie. Dann singen Sie besser nicht mehr. Denn dann sind Sie keine Troubadoura mehr und kein Troubadour, dann sind Sie nur noch ein Troubadix, den man knebeln und fesseln muss, damit er das Fest nicht stört. Na, was sind Sie? Wen verehren Sie? Wem gilt Ihr Gesang? Wer soll auf den Balkon treten? Jetzt?

## Ein rotes, ein gelbes, ein weißes, zwei grüne Bärchen

### Sie sind so aufbauend!

Sie meinen es eigentlich gut. Gerade in der Partnerschaft. Und es ist nett, mit Ihnen zusammen zu sein. Doch, ja. Sie haben immerhin das rote Bärchen der Leidenschaft. Sie sorgen also immer wieder für fröhliche Kicks. Das gelbe Bärchen des liebevollen Fleißes zeigt, dass Sie behutsam an der Beziehung arbeiten. Und das weiße behauptet, dass Sie sich dabei auf Ihre Intuition verlassen können. Ja, das ist eigentlich schön. Das klingt gut. Tja. Aber da sind noch die beiden grünen. Sie wissen ja: Nach alter Orakeltradition deuten gerade Zahlen immer an, dass da etwas gestaut, gehemmt, verborgen ist. Grün ist die Farbe der natürlichen Ordnung, der Vernunft des Herzens. Und da scheint irgendwas verkorkst zu sein bei Ihnen. Wie das aussieht? Na, zum einen geben Sie in der Partnerschaft oft nach, obwohl Sie es gar nicht wollen. Da sagen Sie ja, wo Sie nein meinen. Dagegen ist nichts zu sagen. Aber dass Sie jemandem versehentlich in die Rippen rammen, obwohl Sie ihn eigentlich streicheln wollten – finden Sie das noch witzig? Na ja. Wir ja auch. Jedenfalls von weitem. Wie aber sehen Ihre verkorksten Nettigkeiten von nahem aus? Wie hört sich das an? Wenn wir zum Beispiel kritisch in den Spiegel blicken würden, dann würden Sie uns freundlich auf die Schulter klopfen und sagen: Es kommt ja nicht so sehr auf das Aussehen an. Danke für das Kompliment. Und wenn wir stundenlang an etwas herumbasteln, kommen Sie vorbei und trösten: Mach dir nichts draus, ich verstehe auch nichts von Technik. Na, vielen Dank! Wenn wir nach dem Haarewaschen über unsere Haare in der Wanne staunen, versuchen Sie uns aufzuheitern: Ist doch egal, mein Großvater hatte auch eine

Glatze. Heh, Sie können einen ja richtig aufbauen! Mit Ihren zwei grünen Bärchen! Erinnern Sie sich, wann Sie das letzte Mal Ihren Partner getröstet haben? War das heute Morgen oder gestern Abend, als Ihnen etwas einfiel wie: Ich möchte an meiner Seite sowieso niemanden mit einem Traumkörper! Wirklich, Sie schickt der Himmel! Immer wenn man gerade am Zweifeln ist, geben Sie noch eins drauf. Du wirst eben auch älter, sagen Sie dann liebevoll. Und Sie meinen es auch wirklich nett. Das macht doch nichts, trösten Sie, das kann jedem passieren. Oder: Wir können es ja morgen nochmal versuchen. Und: Du musst das nicht persönlich nehmen. Dafür hast du eben andere Qualitäten. Wahrhaftig, mit Ihnen zusammen zu sein erfordert ein gefestigtes Selbstwertgefühl. Und wenn Sie nicht die herrliche Rot-Gelb-Weiß-Kombination hätten, man würde glatt die Segel streichen und sich verabschieden. Du findest bestimmt jemanden, der besser zu dir passt, sagen Sie dann wahrscheinlich tröstend zum Abschluss, und: Wir können ja gute Freunde bleiben. Ja, ja. Sehr nett. Also, dann bleiben wir sicherheitshalber mal gleich gute Freunde, okay?

## Ein rotes, ein gelbes, ein weißes, ein grünes, ein oranges Bärchen
### Sie sind Liebe!

So ein Pech! Eigentlich wollten wir diese Kombination selber ziehen! Nun haben Sie es getan. Wir dachten, nur wir hätten diese Farben verdient. Stattdessen sind die Bärchen zu Ihnen gekommen. Na schön. Die Bärchen müssen es ja wissen. Dann sind Sie also ein Liebestalent, wie man es sich nur wünschen kann. Wenn es noch mehr Leute wie Sie gäbe, wäre diese Welt ein Liebesparadies! Und für Sie hat sich die Welt bereits in ein solches Paradies verwandelt. Oder ist gerade in diesem Augenblick dabei. Warum? Weil Sie von jeder Farbe genau ein Bärchen gezogen haben. Das heißt nichts anderes als: Die verschiedenen Formen der Liebe sind bei Ihnen vollkommen ausgewogen. Sie haben von jeder Energie etwas – und zwar genug. Diese Bärchen-Kombination ist die einzige, bei der keine Farbe fehlt. Ihre Liebesfähigkeit hat keinerlei Defizit. Ihre Liebe ist rund. Ist vielfältig und harmonisch. Ist vollendet. Uff. Das glauben Sie selbst kaum. Sehen wir hin. Sie haben das rote Bärchen der Leidenschaft, der erotischen Ausstrahlung und sinnlichen Kraft. Damit wären wir schon zufrieden. Aber Sie haben noch das gelbe Bärchen der partnerschaftlichen Entwicklung, der unterstützenden Liebe, der Entfaltung und des Lustgewinns! Können Sie sich das überhaupt merken? Oder was hatten Sie bisher? Na, erstens Sexappeal und zweitens die Begabung, in einer Partnerschaft glücklich zu sein. Glauben Sie uns, das hätten wir auch gerne! Okay, und nun haben Sie noch das weiße Bärchen der geistigen Liebe, der liebevollen Inspiration, der Heilung. Ihre Liebe kommt also nicht allein Ihnen zugute. Sondern dank Ihrer Ausstrahlung allen, die Sie kennen. Selbst wir Dumpfbacken profitieren noch von Ihrer Aura. Und für Sie selbst heißt das, dass Sie intuitiv richtig handeln. Sie brauchen kein Intuitionstraining, wie wir es vergeblich absolviert haben. Sie müssen nicht einmal wissen, was Intuition ist. Sie handeln einfach. Spontan, aus dem Herzen. Und wenn dabei eine Ohrfeige herausspringt, nehmen wir sie dankbar an, denn wir wissen: Sie kommt aus Liebe. Gut, aber um jetzt nicht abzuheben, haben Sie noch das grüne Bärchen der Bodenständigkeit gezogen. Des irdischen Vertrauens. Der Geradlinigkeit. Der Herzenswärme. Im Gegensatz zu uns sind Sie in der Lage, Verantwortung zu übernehmen. Bei aller Leidenschaft, aller Lust, allem Verströmen bleiben Sie vollkommen klar. Sehnsucht und Vernunft gehen bei Ihnen Hand in Hand. Der Wunsch nach Nähe und das Bedürfnis nach Freiheit werden gleichermaßen erfüllt. Gute Güte, was soll nun noch kommen? Na klar: das orange Bärchen der Heiterkeit! Der kreativen, spielerischen Liebe! Damit Sie bei alledem Spaß haben! Und das haben Sie! Sie verfügen über einen gewitzten Geist und ein humorvolles Herz. Sie haben romantische Einfälle, Sie verstehen zu flirten, und Sie sehen das alles locker! Dazu haben Sie ja auch wirklich allen Grund! Wir hätten Ihnen gern was Freches gesagt. Aber wir müssen Sie beglückwünschen. Alle Facetten der Liebe sind in Ihnen lebendig. Wahrhaftig, Sie strahlen. Sie haben es. Sie sind es. Ja, Sie sind Liebe.

### Ein rotes, ein gelbes, ein weißes, zwei orange Bärchen
Sie wirbeln durch die Welt!

Na, wie steht es mit der Treue? Treue muss sein, oder? Jedenfalls bei Ihren Partnern – wie viele sind es eigentlich zurzeit? Na, kommen Sie. Bei dieser Kombination können wir offen reden. Sie sind ein bisschen leichtfertig, ein wenig unzuverlässig, pflichtvergessen. Sie quirlen gern herum. Und wenn es bis jetzt noch nicht wirbelig zuging in Ihrem Liebesleben, dann werden Sie staunen, was jetzt kommt. Wenn Sie bislang nicht frech waren, werden Sie es jetzt. Es steckt eine unbezähmbare Unruhe in Ihnen. Sie machen hier eine Stippvisite, schnappen dort etwas auf, bringen Partys und geordnete Verhältnisse durcheinander und reden auch noch vergnügt darüber. Sie probieren nahezu alles und jeden. Mancher Begleiter macht da schlapp. Sie stört das nicht. Sie brauchen immer etwas Neues, Aufregendes, etwas Inspirierendes, und Ruhe können Sie schwer ertragen. Kaum haben Sie etwas gefunden, suchen Sie schon weiter. So summen und schwirren Sie durch die Welt der Liebe. Eigentlich war das immer so. Noch bevor Sie Ihre ersten Erfahrungen machten, haben Sie bereits lustige Bettgeschichten erzählt und fröhlich allerlei Funktionen, Praktiken und Stellungen erläutert. Und noch heute informieren Sie sich über die neuesten Erkenntnisse der Liebesforschung und probieren auch gern, was Sie studieren. Sie sind zu neugierig, um vorsichtig zu sein. Prickelnde Aufregung finden Sie verlockender als langsamen Genuss. Die Liebe muss kribbelnde Spannung haben und knisternden Reiz. Im Grunde finden Sie ewiges Flirtstadium angemessen. Sie wollen probieren, wollen naschen, wollen testen. Ihre Gefühle sollen nicht die größte Rolle spielen. Sie bleiben – darauf deuten die zwei orangen Bärchen hin – zunächst lieber unverbindlich. Wer dann den Zuschlag bekommt, bleibt oft dem Zufall oder einer plötzlichen Laune überlassen. Meist wird es jemand sein, dessen Temperament sich nicht allzu sehr von Ihrem unterscheidet. Sie brauchen ein pointenreiches Zwiegespräch. Sie sind eher durch witzige Dialoge und intellektuelle Flashlights zu verführen als durch brünstige Liebesschwüre. Von tiefen Blicken lassen Sie sich nicht beeindrucken. Spielerisch soll es zugehen. Und am liebsten jedes Mal ein wenig anders. Sie brauchen reichlich Abwechslung, und wenn das mit einem Partner nicht möglich ist, benötigen Sie mehrere. Sich zu entziehen liegt Ihnen näher als eine feste Bindung. Jedenfalls in dieser Phase. Denn das grüne Bärchen der verantwortungsvollen Zweisamkeit, das fehlt in Ihrer Kombination. Falls Ihr Partner gerade zuhört, gibt es allerdings Trost für ihn: Vieles von Ihrer flirtigen Vielseitigkeit erledigen Sie am Telefon oder per SMS. Meist reicht es Ihnen, wenn Sie knisternd angefunkt werden. Und wenn Ihr Partner lustig und wandlungsfähig ist, wenn die Phantasie blühen kann, die Liebe auch mal unterm Blätterdach stattfinden darf oder unterm Sternenzelt, auf der Terrasse, in einer romantisch verlassenen Hütte, im schaukelnden Boot, am Strand, wenn alles luftig, duftig, frisch bleibt, dann bleiben Sie auch. Dann sind Sie treu. Zunächst mal. Na, viel Spaß!

## Ein rotes, ein gelbes, drei grüne Bärchen
### Willkommen im Hundert-Morgen-Wald!

Einmal Rot wie ein kleines süßes Schweinchen, einmal Gelb wie ein tapsiger Teddybär und dreimal Grün für einen großen dunklen Wald. Sie haben eine der charmantesten Kombinationen gezogen, die es im Gummibärchen-Orakel der Liebe gibt. Die Pu-und-Ferkel-Kombination! Okay, das ist nicht die erotischste Kombination der Welt. Pu der Bär würde vermutlich nicht zum *sexiest man alive* gewählt werden und Ferkel nicht zur Miss World. Das macht auch nichts, denn die Miss Worlds sind regelmäßig nach ein paar Jahren ruiniert, und die *sexiest men* leiden binnen kurzem unter Impotenz. Nicht Sie. Nicht Sie mit diesen wunderbaren Bärchen der schmusigen Liebe, der Wärme und des Vertrauens. Egal, was kommt, Sie werden Ihr Grundvertrauen nicht verlieren. Ab jetzt nie mehr. Ob Sie sich im Wald des Lebens verirren und im Kreis laufen, ob Sie sich bedroht fühlen von unbekannten Ungeheuern oder ob es in Ihren Gefühlen regnet, bis Sie von den Wassern davongetragen werden – Sie werden immer ankommen. Sie werden sich immer auf Ihr warmes Herz verlassen können. Sie können immer sicher sein, dass Sie in der Liebe zu Hause sind und dass Sie immer wieder nach Hause gelangen. Das rote Bärchen der fröhlichen Liebe lässt Sie singen und dichten, versieht Sie aber auch mit dem Durchsetzungsvermögen, das in einer Partnerschaft nötig ist. Das gelbe Bärchen der fruchtbaren Beziehungsarbeit zeigt, dass Ihre Liebe immer weiter wächst und blüht. Und die drei grünen Bärchen der vertrauensvollen Liebe feiern die Symbiose von Sehnsucht und Vernunft, von Nähe und Freiheit, von aufregenden Spannungen und ruhiger Herzenswärme. Es kann sein, dass

Sie sich mal aufregen, weil jemand an Ihre Honigtöpfe will. Oder dass Sie einen Schreck kriegen, wenn ein angriffslustiger Tiger in Ihr Leben springt. Aber Ihr Herz ist weit und öffnet sich immer mehr, ja – nun müssen wir aber aufpassen, dass wir nicht übertreiben – Sie sind in der Lage, die Liebe in jedem zu erkennen. Nicht zu jeder Stunde und an jedem Ort, doch grundsätzlich hat Ihre Liebe keine Grenzen. Sie ist so tief und so weit wie der Hundert-Morgen-Wald, der jeden aufnimmt und der jedem Schutz bietet. Es ist ein Wald der Freundschaft. Ein Wald, in dem man sich verlaufen kann, aber in dem man nie verloren geht. Auch wenn Sie mal allein sind, werden Sie nie einsam sein. Das ist sicher. Und wenn Sie trotzdem mal Gesellschaft haben wollen, wenn Sie mit Pu und Ferkel und Christopher Robin und Kaninchen und I-Ah und Eule und Känga und Ru und Tiger mal eine richtig große Party schmeißen wollen, dann laden Sie uns bitte ein. Wir bringen mindestens einen leeren Honigeimer und einen geplatzten Luftballon mit.

**Ein rotes, ein gelbes, zwei grüne, ein oranges Bärchen**

Sie haben es hinter sich!

Es geht Ihnen gut? Jetzt ja. Aber auch wenn Sie allein zu Hause sind? Finden Sie es normal, wenn das Telefon läutet? Ihnen bricht nicht der Schweiß aus, wenn es an der Tür klingelt? Sie schrecken nicht hoch, wenn spätabends langsam ein Auto vorbeifährt? Dann schlafen Sie offenbar nachts. Dann haben Sie keinen Liebeskummer. Schön für Sie. Und erstaunlich bei dieser Kombination. Aber Sie können sich erinnern. Sie wissen sehr gut, wie das ist. Ja, vor nicht allzu langer Zeit haben Sie noch neben dem Telefon gesessen. Wartend. Stundenlang. Unfähig, sich abzulenken. Dem geliebten Wesen, das Sie verlassen hatte und das ab und zu noch anrief, um zu fragen, wie es Ihnen ginge, diesem geliebten und vielleicht auch gehassten Wesen haben Sie irgendwann auf die Mailbox gesprochen: «Ich möchte nicht mehr, dass du anrufst. Es ist besser, wenn wir einen totalen Schnitt machen! Bitte respektiere das!» Und, verdammt, dann wurde das auch noch respektiert! Ihre große Liebe rief tatsächlich nicht mehr an. Das fiel ihr anscheinend ganz leicht! Andere Leute riefen an, klar. Leute, die Ihnen normalerweise etwas bedeuteten. Jetzt konnten Sie mit denen nichts anfangen. Nach drei Tagen haben Sie die Fotos Ihrer Liebe vom Schreibtisch und von der Pinnwand entfernt. Es war ja absurd, dass Sie da eine Person verehrten, die sich mit jemand anderem amüsierte. Das schönste Porträt mit dem strahlenden Lachen – aber dieses Lachen konnte nicht echt gewesen sein, und vor allem lachte Ihre Liebe es jetzt jemand anderem vor! –, dieses Porträt haben Sie zerrissen. Sozusagen aus therapeutischen Gründen. Und das hat geholfen! Jedenfalls für den herrlichen rasenden Augenblick, wo Sie es in allerkleinste Partikel zerfetzten. Wenig später tat es Ihnen Leid. Sie haben die Puzzlestücke gesucht. Es war nicht mehr zusammenzusetzen. Ja, o ja, Sie kennen das alles. Die Kombination, die Sie hier gezogen haben, spricht Bände. Allerdings nicht nur vom Kummer. Sie spricht auch davon, dass Sie klug geworden sind. Oder sogar weise. Diese beiden grünen Bärchen hier erzählen von Ihrem Selbstmitleid, als Sie verlassen wurden, von Ihrem hilflosen Wundgefühl, Ihrer gelähmten Entschlusskraft. Ja. Aber heute wäre das anders. Und es wird nie mehr so lang und so schmerzhaft sein. Davon spricht dieses rote Liebesbärchen der fröhlichen Aktivität, dazu dieses gelbe der zielbewussten Leidenschaft und dieses orange der heiteren Einfälle. Liebeskummer heute? Sie würden bestimmt nicht im Gefängnis trüber Gedanken hocken bleiben. Sie würden raushüpfen aus der Wohnung und außer Atem kommen, würden laufen, Rad fahren, abtanzen und Ihre höchsteigenen Endorphine zum Wirbeln bringen. Sie würden schwitzen, dass die Depri-Stoffe nur so rausperlen. Das Zeug abduschen – und fertig. Sie würden sich ein neues Projekt vornehmen und Ihren Schmerz ins Kreative umwandeln. Denn Sie gehören zu den wenigen, die aus Erfahrung klug werden. Die sich nicht immer mehr verschließen, sondern immer offener werden. Immer liebevoller. Schön, dass Sie heute hier sind!

## Ein rotes, ein gelbes, ein grünes, zwei orange Bärchen
### Auf ins exotische Abenteuer!

Rot, Gelb, Orange und ein wenig Grün: Das sieht aus wie ein Sonnenuntergang über weitem Grasland, vielleicht über der Savanne. Sagen Sie, kann es sein, dass Sie mal eine Farm in Afrika hatten? So in der Kolonialzeit? Oder dass Sie mit einem kleinen Flugzeug unter endlosen Himmeln umherbrummten, über grüne Hügel, schäumende Flüsse, weite Landschaften mit unermesslich großen Tierherden? Ja, so scheint es. Oh, diese Wehmut nie ganz erfüllter Liebe, Melancholie an sanften Abenden, an denen Schatten übers Gras wandern! Plantagensehnsucht, vergilbende Liebschaften, elegische Träume! Eigentlich gehören Sie dahin, mit Ihrem abenteuerlichen Herzen und Ihrem ungezähmten Geist. Das zeigt diese berühmte «Jenseits-von-Afrika»-Kombination. Ein Tropenhelm stände Ihnen nicht schlecht, am besten noch eine koloniale Villa für Ihr Liebesleben, womöglich auch ein Diener, der Ihnen nach hitzigen Begegnungen Luft zufächelt. Ihre Liebe braucht diesen leicht exotischen Touch. Ihre Leidenschaft wird angefacht durch den Hauch des Abenteuers. Dass Sie dabei gelegentlich reinfallen, und zwar mächtig, lässt sich nicht vermeiden. Das zeigen die beiden orangen Bärchen. Gut möglich, dass eine vermeintlich große Liebe sich als völlig unzuverlässig erweist, Ihren Zaster auf den Kopf haut und Sie obendrein mit Schnupfen ansteckt. Möglich auch, dass Sie Ihre nächste Liebe für die wahre halten, dass Sie sicher sind, endlich den Seelenpartner gefunden zu haben – und dass Ihr Lover das lieber locker sieht. Das ist bei der «Jenseits-von-Afrika»-Kombination ziemlich wahrscheinlich. Aber es ist kein Grund zur Trauer. Weil Sie stark sind. Dass Sie bereits ein paar Mal reingefallen sind, liegt ja nur daran, dass Sie anfangs sich selbst beschwindelt haben. Und das gibt sich. Sie gehören sogar zu den wenigen, die stark genug für die Wahrheit sind, gerade in der Liebe. Das zeigt diese Kombination aus liebevollem Optimismus (Rot) mit zielstrebiger Leidenschaft (Gelb) und tiefem Vertrauen in die Vernunft des Herzens (Grün). Ja, Ihre innere Stärke ist so groß, dass Sie gut auch ohne Partner leben können. Und das ist die beste Voraussetzung dafür, dass Sie mit jemandem leben können. Weil Sie den anderen nicht brauchen. Sie sind nicht abhängig. Sie können frei lieben. Das zeigen diese Bärchen. Ach so, und die beiden orangen, was bedeuten die eigentlich in diesem Zusammenhang? Sie bedeuten, dass in Ihrer Neigung zu schwindeln ein leidenschaftliches kreatives Potenzial steckt. Sie könnten herrliche Seufzerromanzen schreiben. Ganze Lore-Romane. Man könnte Ihnen einen ersten Satz zuwerfen, schon spinnen Sie daraus eine Liebesgeschichte. Kein Wunder bei dem Farbenreichtum Ihres Herzens! Wollen wir es mal versuchen? «Ich hatte eine Farm in Afrika.» Na?

### Ein rotes, ein gelbes, drei orange Bärchen
Ihre Liebe ist voller Überraschungen!

Eine kreative, einfallsreiche, sogar ein bisschen verrückte Kombination! Mit Ihnen kann die Liebe niemals langweilig werden! Jedenfalls ab jetzt nicht mehr. Denn Sie haben die Bärchen der kreativen Liebeskunst gezogen. Bei Ihnen ist auch eine lange gewohnte Liebe an jedem neuen Tag so wie in der rauschhaften Zeit des Anfangs. Oder wenigstens an jedem zweiten Tag. Sie haben die drei orangen Bärchen der übersprudelnden Liebesideen. Dazu das rote Bärchen energievoller Leidenschaft. Und das gelbe Bärchen des Lustgewinns! Na, viel Spaß! Niemand ist ja auch nur halb so normal, wie er tut. Und Sie tun auch gar nicht erst normal. Sie wissen: Es ist herrlich stimulierend, ab und zu der eigenen Verrücktheit freie Bahn zu lassen. Als wir verliebt waren, haben wir das alle getan. Da hat uns nicht gekümmert, was die anderen gedacht haben. Ob wir etwas durften. Wir haben uns die Freiheit genommen. Und Sie, Sie nehmen sich diese Freiheit einfach wieder! Sie kultivieren die Verrücktheiten der liebevollen Phantasie. Kann sein, dass Sie mal alles in Zeitlupe machen, zu zweit auf einem ansonsten öden Fest. Dass Sie das Sektglas langsam heben, mit einer anderen als der gewohnten Hand. Die Gabel zentimeterweise vom Tisch liften. Langsam tanzen. Langsam küssen. Und es knistern lassen. Oder dass Sie gemeinsam Auto fahren und an der Ampel stehen, aber nicht losfahren, wenn es grün wird. Sie warten, bis der Fahrer hinter Ihnen hupt. Das Hupen wird unvermeidlich kommen. Und es ist ein sonderbarer Kick. Oder Sie fahren Bahn, mit Fahrschein, aber bei der Kontrolle finden Sie beide ihn nicht – erst, wenn der Kontrolleur nervös wird. Dergleichen witzige und prickelnde Abenteuer kann man mit Ihnen jederzeit erleben. Ihr Liebesleben ist bisweilen ein bizarrer Zirkus. Sie könnten damit eine Show im Fernsehen starten. Was andere in Tagträumen und Plaudereien verpuffen lassen, setzen Sie um. Sie nähen zwei Jacken am Rücken zusammen und verbringen so aneinander gefesselt einen Abend auf einer Party. Oder nehmen mit einer Flasche Wein im Treppenhaus Platz, abends im Dunkeln, lauschen den Geräuschen aus anderen Wohnungen und setzen sich der Gefahr aus, dass jemand plötzlich aus der Tür tritt. All diese Sonderbarkeiten bringen das Knistern in die Liebe. Sie schreien zu zweit am Strand gegen die Wellen an. Oder spielen ganz lautlos Federpusten: Sie sitzen einander gegenüber und blasen eine Feder über den Tisch. Sie soll in der Hälfte des anderen landen, jedoch nicht über die Tischplatte hinausfliegen. Oder Sie stellen eine Kerze in die Mitte und pusten die Flamme hin und her; sie darf nicht ausgehen. Aber wem sagen wir das? Sie selbst haben ja all diese und noch viel mehr romantische und verrückte Ideen. Bei Ihnen wird die Leidenschaft immer von neuem angefacht. Ihre Liebe ist voller Überraschungen.

## Ein rotes, vier weiße Bärchen
### Ihre Liebe ist ein Labyrinth der Träume!

Eine ungewöhnlich seltene Kombination! Sie müssen ein ganz besonderer Mensch sein. Nicht jeder sieht das sofort. Vielleicht hat es niemand bisher recht gewürdigt. Bei Ihnen spielt sich alles Wichtige im Inneren ab. Und wer Sie kennen will, vor allem, wer Ihre Liebe erkennen will, muss sehr genau hinsehen. Auf Ihre subtilen Gesten, auf die tiefen Blicke, die Fragmente Ihrer Andeutungen. Ihre Liebe ist tief – und ganz verhalten. Wenn man sie verfilmen würde, käme etwas für Cineasten zustande, etwas für Kenner. Und für Geduldige. Kein Action-Film. Denn wenn es Action gibt in Ihrem Leben, und das kommt manchmal mehr vor, als Sie sich wünschen, dann wird Ihre Liebe verdeckt und droht zu verschwinden. So fein ist Ihre Liebe. So sanft. So edel. Kurz und gut: Mit Ihnen kann man überhaupt nichts anfangen! Ja, das müssen wir jetzt mal so deutlich sagen. Sie haben da ja eine extrem gedeckte Kombination gezogen, Mensch! Gerade Zahlen bedeuten im Orakel immer ein Stocken, ein Stoppen des Flusses, ein Stillstand. Und Vier ist nun mal die höchste gerade Zahl, die im Gummibärchen-Orakel möglich ist. Da bewegt sich gar nichts mehr. Und wenn sich doch was bewegt, dann in Zeitlupe. Das kriegen die anderen gar nicht mit. Kennen Sie das? Dass die anderen gar nicht merken, was bei Ihnen alles abläuft an Träumen, Sehnsüchten, verborgener Leidenschaft? Und ob Sie das kennen. Das ist Ihr Leben. Das ist Ihr Lieben. Viermal Weiß bedeutet: Wunschbilder verdecken die Wirklichkeit bis zur Unkenntlichkeit. Vorstellungen übertönen die Wahrnehmung. Egal, was Sie nach außen hin tun: Innerlich treiben Sie dahin, verloren in einem Labyrinth der

Träume. Hallo!? Huhu!? Hören Sie noch zu? Oder sind Sie schon wieder ins Unerreichbare abgedriftet? Die Gefahr besteht. Aber was heißt Gefahr? Es ist ja auch schön, fern der Erde durch die Wolken zu segeln. Oder sich in wohliger Melancholie zu verlieren. Da hat ein Partner eigentlich kaum Platz. Der ist irgendwie viel zu real, finden Sie nicht? Zu einer richtigen Liebesgeschichte mögen Sie sich gar nicht aufraffen, oder? Sie finden doch so eine gewisse Stimmung, die nach Liebe schmeckt, viel schöner. Noble Schwermut. Sehnsucht. Einsamkeit. Warten im Regen. Der Rauch einer Zigarette, der sich im Licht der Lampe kräuselt. Eine Melodie, die aus einem Fenster klingt. Die Silhouette Ihres angebeteten Menschen. Ein Boot, das vorübertreibt, mit Ihrer großen Liebe an Bord. Eben hätten Sie noch springen können, aber Sie zögern, und jetzt ist das Boot schon zu weit weg. Ja, es gibt eine große Liebe. Aber Sie mögen kaum daran rühren. Und vielleicht bleibt diese Liebe ewig ungelebt, die Sehnsucht unerfüllt. Vielleicht bleibt es beim Zögern, bei stillen Blicken und bei der unbestimmten Suche nach einer verlorenen Zeit. Ihre Liebesgeschichte ist übrigens verfilmt worden unter dem Titel «In the Mood for Love». Schauen Sie doch mal rein. Und wenn dann jemand neben Ihnen sitzt, probieren Sie es ruhig mal mit Händchenhalten. Sie haben nämlich dieses eine rote Bärchen, das einen fröhlichen Liebeskick verspricht. Auf den sind wir nun alle sehr gespannt.

### Ein rotes, drei weiße, ein grünes Bärchen
#### Sie gehen in die Tiefe!

Die drei weißen Bärchen unfehlbarer Intuition, das rote der munteren Liebesfunken, das grüne der ruhigen Vertrautheit – das ist zum Seufzen schön! Und das war immer schon angelegt in Ihnen! Die Bärchen weisen jetzt nur darauf hin, dass es spätestens ab heute vollends zum Vorschein kommt. Das gilt besonders für die ungewöhnliche Klarheit Ihrer Empfindungen. Sie nehmen in der Liebe mehr wahr als Ihr Partner. Sie spüren, was ihn bedrückt, oft früher als er selbst. Ahnen Dinge, die Sie eigentlich nicht wissen können. Und behalten Recht. Sie haben die Begabung des Hellsehens. Und die nutzen Sie keineswegs, um jemanden zu überwachen und zu kontrollieren – na ja, jedenfalls nicht allzu oft. Sondern vielmehr, um liebevoll die Seele des anderen zu erschließen. Sie können ihm selbst zu seinen Gefühlen verhelfen. Müssen Sie nicht. Aber Sie können es. Und Sie tun es. Sie gehen stets behutsam auf einen Partner zu. Es ist oft, als ob Sie ihn schon kennen. Und nur so zur Vergewisserung stellen Sie die richtigen Fragen. Bei dem roten Aktivbärchen, bei dem grünen des ausstrahlenden Vertrauens und den drei hellsichtigen Bärchen ist das eine natürliche Begabung. Sie stellen Fragen, die den anderen unterstützen. Denn Sie wollen sein Glück. Andere glücklich zu machen, das haben Sie gemerkt, lässt zugleich Ihr Glück wachsen. Und so erreichen Sie leicht und rasch eine Tiefe, die andere Paare nie erreichen. In welchen Momenten, fragen Sie zum Beispiel ganz einfach, bist du am glücklichsten gewesen? Wann hast du das Gefühl, in einer Art Einklang mit dir zu sein? In welchen Augenblicken spürst du: Alles stimmt? So oder ähnlich gelangen Sie mühelos in ein Gespräch, das über Worte hinausgeht. Sie wissen: Glück gibt es nur im Augenblick. Und ein glückliches Leben besteht aus vielen solchen Augenblicken. Und Sie haben die Begabung zu so einem glücklichen Leben. Ganz von selbst verhelfen Sie auch einem Partner dazu. Sie erkennen, wo er sich aufgehoben fühlt – und erspüren es zugleich für sich selbst. Sie finden heraus, was ihm Behaglichkeit und Sicherheit gibt – und merken es damit auch für sich. Was ist deine liebste Jahreszeit?, forschen Sie. Was gefällt dir daran? Und deine liebste Tageszeit? So erfahren Sie, was den anderen entspannt, wie er zu sich selbst kommt und was ihm Geborgenheit gibt. Wo würdest du am liebsten leben, fragen Sie, wenn es nicht hier wäre? Im Gebirge oder an der See? Denn die seelischen Energiequellen zeigen sich in der Landschaft, in der jemand gerne leben würde, und in den Worten, mit denen er sie beschreibt. Solche Bilder spiegeln die Seele. Und Sie haben die Begabung, solche Bilder zu deuten. Und die Seelen öffnen sich Ihnen. Ja, Sie könnten ohne weiteres als Seherin oder Traumdeuter der Liebe Ihr Geld verdienen. Aber Sie brauchen gar nicht viel Geld. Bei Ihrer Begabung, in der Partnerschaft glücklich zu sein. Bei Ihrem Talent, zugleich mit Ihrer eigenen Liebe diejenige des anderen erblühen zu lassen. Hui. Und jetzt – zum Ausgleich schildern Sie uns mal die heißesten Flops Ihrer Vergangenheit!

### Ein rotes, drei weiße, ein oranges Bärchen
Grand Prix des Charmes für Sie!

Mit Ihnen macht das Lieben Spaß! Weil es so heiter und so schwerelos ist. Beinahe so schwerelos, dass es immer in der Schwebe bleibt. Ja, möglicherweise wird man nie so richtig schlau aus Ihnen. Aber das macht nichts. Weil es lustig ist mit Ihnen. Sie haben das orange Bärchen der heiteren spielerischen Liebe und der romantischen Kreativität. Sie haben das rote Bärchen der fröhlichen Liebeskicks. Und Sie haben die drei weißen Bärchen der geistreichen Liebe und der unfehlbaren Intuition. Das Ganze ist eine geniale Flirtkombination. Nie war Ihr Charme so wertvoll wie heute. Die große, glühende, alles versengende Leidenschaft ist im Moment nicht drin. Aber Liebe schon. Eine Liebe, die Sie in leicht verdaulichen Portionen freimütig austeilen. Und währenddessen wachsen Ihr Charme und Ihre Flirtbegabung immer weiter. Oder kommen wieder in vollem Glanz zum Vorschein. Denn als Kind waren Sie ja auch schon mächtig charmant. Als Kind hatten Sie diese unwiderstehlich gewinnende Ausstrahlung. Ein bisschen hatte sich diese Ausstrahlung im Gerangel um Anerkennung und Power verflüchtigt. Sie verblasste ein bisschen in persönlichen Spannungen und Ehrgeiz. Aber sie lässt sich zurückgewinnen. Charme steht Ihnen abrufbereit immer zur Verfügung. Und jetzt ist es so weit: Popp! fällt alles von Ihnen ab, was Ihrem Charme und Ihrer Flirtbegabung je entgegenstand, also Spannungen, Kontrollbedürfnis, Besserwisserei, Perfektionismus. Ex und hopp. Sie brauchen das alles nicht. Ganz schwerelos merken Sie mit dieser Bärchen-Kombination: Sie sind ohne all den Stress viel glücklicher und viel liebevoller. Und so lächeln Sie sich morgens locker im Spiegel zu; den Grund dafür finden Sie im Zweifelsfall später. Sie sagen Ihrer hässlichen Nachbarin etwas Freundliches. Sie lassen einen Dummkopf Recht behalten, obwohl Sie es eigentlich besser wissen. Sie interessieren sich im Restaurant für die Geschichte der Kellnerin. Machen der Putzfrau ein Kompliment. Sie ermutigen eine zerknirschte Kollegin. Und ab und zu spielen Sie etwas, das mit Erwachsensein überhaupt nichts zu tun hat. Kurz, der Charme der frühen Jahre kehrt mühelos zu Ihnen zurück, jetzt allerdings verbunden mit einer unwiderstehlichen erotischen Komponente. Wie wunderbar! Mit diesen kreativen Flirtbärchen fällt es Ihnen leicht, Komplimente zu machen. Komplimente, die alle Türen öffnen. Für die Liebe, für die Liebelei und für die Leidenschaft. Sie sind nicht geizig mit charmantem Lob. Denn überall entdecken Sie Anerkennenswertes. Wenn Sie vorbeigehen, braucht unsereiner nicht einmal sonderlich hübsch zu sein. Sie finden trotzdem ein Kompliment. Weil Sie wissen: Es geht nicht um die möglichen Partner, die Sie haben wollen. Sondern um alle. Wenn Sie nett zu den unattraktiven sind, kommen die attraktiven von allein. Stimmt! Gut erkannt! Sie gewinnen, endlich zu Recht, den Grand Prix des Charmes!

## Ein rotes, zwei weiße, zwei grüne Bärchen
Sie jagen die Schatten der Vergangenheit!

Was für einen Traum hatten Sie gestern Nacht? Nein, verraten Sie nichts. Lassen Sie uns raten. Gestern Nacht träumten Sie, Sie wären wieder in Manderley. Sie erinnern sich an Manderley? An diesen jahrhundertealten Herrensitz hinter hohen Büschen von Rhododendron? Sie erinnern sich an die Wälder, den See, das rauschende Meer? Und an die stille Düsternis in dem alten Gemäuer, auf dem ein Fluch zu liegen schien? Sie erinnern sich an Ihre Liebe, die eigentlich groß und rein war, auf der aber ein dunkles Geheimnis lastete? Sie brauchen sich nicht lange zu erinnern. Denn es ist die Gegenwart. Sie sind in einer solchen Liebe. Ein Schatten scheint darüber zu liegen. Ja, ja, sehen wir ruhig genauer hin. Ihre seltene Bärchen-Kombination ermutigt uns dazu. Es ist die so genannte «Rebecca»-Kombination. Sie sehen zwei grüne Bärchen. Grün ist eigentlich die Farbe der ruhigen, vertrauensvollen Liebe. Aber Sie wissen, dass gerade Zahlen nach alter Orakeltradition eine Hemmung, ein Hindernis bedeuten. Sie haben keine vier grünen Bärchen. So krass ist es nicht. Aber Ihr Vertrauen ist ein wenig untergraben. Etwas scheint Ihre Hingabe in der Liebe zu hindern. Sehen wir weiter: zwei weiße Bärchen. Weiß ist die Farbe der geistigen, der spirituellen Liebe. Aber zweimal Weiß bedeutet, dass der Geist der Liebe gestört ist – in Form von falschen Vorstellungen, von übergroßen Idealen und bei dieser Kombination: von einer Glorifizierung der Vergangenheit. Erinnern Sie sich an «Rebecca», an den Roman oder den Film? Wie da jemand unschuldig, froh und frisch verliebt in ein altes Haus zieht? Und allmählich vergeht die Frische, vergeht die Freude, weil ein Fluch über dem

Haus und der Liebe zu liegen scheint? Dieser Fluch liegt in der Vergangenheit des Partners, und er wird genährt von eifersüchtigen Intriganten in seiner Umgebung. Gibt es so etwas bei Ihnen? Es gibt so etwas bei Ihnen. Es scheint so, als müssten Sie gegen den Geist einer verflossenen Idealfigur ankämpfen. Sie haben es schon eine Weile getan. Und immer, wenn Sie dachten: Jetzt ist alles gut, dann kam doch wieder etwas hoch, aus der Vergangenheit. Der Grund liegt einfach darin, dass Sie selbst an diese Vergangenheit glauben. Dass Sie darauf achten und dass Sie Zeichen Bedeutung beimessen, die eigentlich gar nicht wichtig sind. Oder vielmehr: Das war so. Dieses eine rote Bärchen zeigt das Ende dieser Fixierung an. Es ist das Bärchen der Leidenschaft, der aktiven Liebe. Sobald Sie selbst den Weg gehen, den Ihr Herz Ihnen weist, fallen alle Schatten ab. Und Sie gehen jetzt diesen Weg. Wunderbar! Und wenn der Weg Sie zufällig nach Manderley führt, und Sie geben da eine kleine Party, dann denken Sie an uns, ja?

## Ein rotes, zwei weiße, ein grünes, ein oranges Bärchen
### Sie haben den Effi-Faktor!

Oh, wie charmant, wie hübsch und lustig! Das sind Sie! Das ist Ihre fröhliche, lebendige, heitere Kombination! Als Kind müssen Sie wunderbar sonnig gewesen sein. Und jetzt, nach einer leicht bewölkten Zeit, sind Sie es wieder. Das sagen diese Bärchen. Lediglich diese zwei wolkigen weißen Exemplare hier, die geben uns ein bisschen zu denken. Weiß ist ja die Farbe der geistigen oder gar spirituellen Liebe. Doch, ja, Sie sind zu Höherem in der Lage. Aber Sie wissen natürlich: Gerade Zahlen zeigen nach alter Orakeltradition immer eine Hemmung der Energie an; bei weißen Bärchen meist eine Fehleinschätzung oder Illusion. Zweimal Weiß bedeutet: Sie sehen nicht ganz klar. Sie täuschen sich selbst und also auch andere. Sie wollen nicht so genau hinsehen und verlassen sich darauf, dass andere auch nicht so genau hinsehen, und das erweist sich als Irrtum. Gerade in der Liebe. Kurz und gut: Sie haben die berühmte Effi-Kombination. Effi Briest, kennen Sie die? Wir auch nicht. Aber dem Hörensagen nach war das so ein unbeschwertes junges Geschöpf, genau wie Sie, ein etwas leichtsinniges Wesen, das sich nicht sonderlich viel dabei dachte, als es mal eben einen altbackenen Biedermann heiratete. Und als sie ihn mit einem schneidigen Kerl betrog, dachte sich Effi auch nicht viel dabei. Und dann wunderte sie sich, dass ihre Ehe einen gründlichen Knacks bekam und ihr Lover per Blattschuss aus dem Wege geräumt wurde. Am Ende stand sie ziemlich allein da. Na ja, das ist eine Weile her. Und so wird es bei Ihnen bestimmt nicht kommen. Auf keinen Fall. Garantiert nicht. Es besteht lediglich die leise Gefahr, dass Sie in Ihrer Liebe nicht so genau wissen, was

Sie eigentlich wollen. Das ist das Charakteristische an der Effi-Kombination. Sie tändeln so herum. Vieles haben Sie einfach nur so aus Gefälligkeit getan. Manchmal haben Sie sich dabei selbst verleugnet. Keiner hat eine Ahnung, wie es wirklich in Ihrem Herzen aussieht. Sie selbst komischerweise auch nicht. Eigentlich, wenn Sie jetzt so darüber nachdenken, wissen Sie nicht mal genau, was Liebe ist. Und für wen Sie Liebe empfinden. Also, Sie haben da natürlich so die eine oder andere Person im Auge, klar, aber … komisch, nicht? Na, macht ja nichts. Seien Sie in der Liebe einfach so heiter und kreativ, wie das orange Bärchen es anzeigt, so energievoll fröhlich, wie das rote verheißt, und so selbstbewusst, wie das grüne verspricht. Dann stören die zwei weißen Illusions-Bärchen gar nicht. Und falls einer Ihrer Liebesgefährten zufällig aus Eifersucht erschossen wird, denken Sie sich einfach nichts dabei.

## Ein rotes, zwei weiße, zwei orange Bärchen
### Ihr Herz liegt unter Glas!

Oh, oh, die gefürchtete Schneewittchen-Kombination! Zweimal Weiß, zweimal Orange. Passen Sie nur auf, dass Sie nicht in einem gläsernen Sarg landen, Sie mit Ihrem zarten liebenden Herzen! Oder sind Sie das womöglich schon? Oje, o ja! Diese Bärchen sagen es aus! Sicher, Sie sind hier, schön und blühend, für jedermann sichtbar. Und doch sind Sie unnahbar. Als ob eine unsichtbare Mauer Sie umgibt. Ein gläserner Sarg. Wie kommt das nur? Hatten Sie etwa näheren Kontakt mit sieben Zwergen? Wie, da müssen Sie erst überlegen? Passen Sie auf: Zweimal Orange, das heißt, dass Sie fremder Missgunst und Eifersucht ausgesetzt sind. Und zweimal Weiß, das heißt, dass Sie anfällig sind für Täuschungen und Augenwischerei. Es könnte also glatt passieren, dass ein trickreicher Bösewicht oder eine Bösewichtin Ihnen einen vergifteten Apfel vorbeibringt, und Sie beißen sofort rein. So sind Sie. Rührend einfältig und ein bisschen bescheuert. Nicht immer. Aber immer wieder in Liebesdingen. Sie beißen an, wenn es nur appetitlich duftet und verlockend aussieht, und Sie tun es sehenden Auges, obgleich Sie das Gift darin schon ahnen. Das haben Sie schon so oft getan, Sie reizendes Wesen. Und so oft schon sind Sie reingefallen, so oft haben Sie freudig ja gesagt und sind dann hingeknallt, dass Sie jetzt – zu Ihrem eigenen Schutz – einen gläsernen Sarg um Ihr Herz gebaut haben. Nicht, dass Ihr Herz begraben ist. Das nicht. Es schlägt ja noch. Und es sehnt sich nach Liebe. Aber es ist nicht mehr erreichbar. Jedenfalls nicht mehr so leicht. Geht es Ihnen nun besser? In Ihrem gläsernen Sarg, schön und unberührbar wie ein Schlafwandler? Na ja. Manchmal haben Sie schon ein etwas totes Gefühl. Aber das war so. Das ist jetzt vorbei. Damit ist Schluss. Auf einmal kommt Bewegung in Ihr Herz. Dafür steht das rote Bärchen. Es steht für einen überraschenden Schub von Leidenschaft. Der kommt ganz plötzlich. Völlig unerwartet. Ihr Herz stolpert. So, wie die Zwerge mit dem Sarg von Schneewittchen gestolpert sind. Und Sie wachen auf. Sie sind da. Knallwach. Bereit, Liebe zu geben und Liebe zu nehmen. Mit vollem Herzen, mit vollen Händen. All das Gift, das Sie aus täuschenden Liebesäpfeln der Vergangenheit gesogen haben, es ist verflogen, vergessen, ausgespuckt. Sie sind gesundet. Ihre sieben Chakren – denn dafür stehen die sieben Zwerge – rotieren vor Glück. Jetzt erst beginnt Ihr Liebesleben. Und wir müssen nicht erst unseren Spiegel fragen, um zu wissen: Sie sind das Schönste, was es gibt, im ganzen Land.

## Ein rotes, ein weißes, drei grüne Bärchen
### Ihre Liebe verwandelt alle!

Sie haben die Federfarben eines Indianerhäuptlings namens Powhatan gezogen – und zugleich diejenigen seiner Tochter. Die Farben der ruhmreichen Pocahontas. Das bedeutet: Sie haben ein furchtloses Herz. Sie haben ein tiefes Vertrauen in die Kraft der Liebe. Ein Vertrauen, das einfach so da ist. Sie brauchen nicht darüber nachzudenken. Sie gehen auf Leute zu, die feindlich und verschlossen wirken, und diese Leute öffnen sich. Sie durchbrechen versteinerte Gewohnheiten; man ist Ihnen dankbar dafür. Sie haben das rote Bärchen der aktivierenden, fröhlichen Liebe. Das weiße der spirituellen Intuition und der Unbegrenztheit. Und Sie haben die drei grünen Bärchen des Vertrauens, der Festigkeit, der harmonischen Entwicklung. Zugeknöpfte Eigenbrötler werden locker und zugänglich, wenn Sie kommen. Sie überschreiten die Barrieren der Angst, und Sie spüren tief in Ihrem Herzen, dass Ihnen nichts passieren kann. Beinahe scheußlich, wie gut Sie sind. Na, zum Glück sind Sie es nicht immer. Sie können auch ziemlich frech werden. Können provozierend, ja kriegerisch auftreten. Nicht umsonst pocht Indianerblut in Ihren Adern! Doch Ihre mutigen Gefechte sind nur gelegentliche Stürme über dem unveränderlichen Ozean Ihrer Ruhe. Klingt gut? Es sind ziemlich genau die Worte, mit denen der Engländer John Rolfe seine Frau Pocahontas schilderte. Worte, die auch für Sie geschrieben wurden. Pocahontas war die erste Indianerin, die einen Weißen heiratete. Vor vierhundert Jahren, als zwischen Eingeborenen und Bleichgesichtern vorwiegend Krieg herrschte. Sie sprang über den Graben, der die Feinde trennte. Und tat das heiter, frei, aus Liebe. Schwer begreiflich damals, selten auch heute. Sie ließ sich ihrem Mann zuliebe taufen. Nicht, weil sie an die Einzigartigkeit des Christentums glaubte, sondern – wie ihr Mann verwundert feststellte – weil sie überzeugt war, auch im Christentum die eine Wahrheit aller Glaubensrichtungen zu finden. Auch das war damals ungewöhnlich. Aber es trifft auch auf Sie zu. Auch Sie sind ein ungewöhnlicher Mensch. Und wenn Sie bisher von der Kraft Ihres Herzens noch nicht völlig überzeugt waren, werden Sie es jetzt sein. Deshalb haben Sie in dieser verwandelnden Phase Ihres Lebens die seltene Bärchen-Kombination der Pocahontas gezogen. Die Farben von jemandem, der heiter, leicht und spielerisch war – und zugleich voller Liebe und Frieden. Pocahontas reiste nach England, mit einer roten, einer weißen und drei grünen Federn am Hut. Sie blieb dort. Ob sie ihre Heimat nicht noch einmal wiedersehen wolle, wurde sie vor ihrem Tode gefragt. Wo außer im Herzen ist Heimat?, fragte sie zurück. Und der Pfarrer, der das gefragt hatte, fiel vor ihr auf die Knie. Das werden wir nicht tun. Aber Respekt! Sie haben was! Und wer mit Ihnen eine Partnerschaft eingeht, wird bald spüren, dass Ihre Liebe über die bloße Zweisamkeit hinausreicht. Hoffen wir, dass er oder sie nicht eifersüchtig ist. Wir, ehrlich gesagt, sind es ein bisschen.

## Ein rotes, ein weißes, zwei grüne, ein oranges Bärchen
### Der Schmerz hat Sie veredelt!

O ja, Sie kennen die Liebe. Die strahlenden Anfänge. Das all-mähliche Verblassen. Die Dunkelheit. Sie kennen die einsamen Nächte. Davon erzählt diese Bärchen-Kombination. Als Sie schmerzhaft das erfahren haben, was der weise Buddha mal leichthin gesagt hat: Alles, was einen Anfang hat, hat auch ein Ende. Das ist so einleuchtend, dass es wehtut. Wissen Sie noch? Sie wissen. Rundherum gingen die Lichter aus. Es regnete, ha-gelte, schneite. Sie schnürten trotzdem die Schuhe und gingen los. Sie nahmen vielleicht sogar Sneakers, um notfalls vorzutäu-schen, Sie joggten lediglich durch diese Gegend, in der jemand Gewisses wohnte – jemand, der Sie verlassen hatte. Haben Sie Schutz gesucht unter einem Baum, an dem das Regenwasser runterlief? Und nach oben gestarrt zu jenem Fenster, das er-leuchtet war oder dunkel? Und wenn es hell war, haben Sie dann nach Schatten gespäht? War das Licht gedimmt? Sah es etwa nach flackernden Kerzen aus? Grausam. Oder war das Fenster dunkel, und Sie haben sich gefragt: Wo geschieht jetzt – was? Mit wem? Und Ihre Phantasie hat die schrecklichsten Bil-der gemalt. Und dann schnurrte ein Auto heran und hielt, und Sie haben sich in den gegenüberliegenden Eingang gedrückt. Schweigen wir davon. Als Sie gebückt und zusammenge-schrumpft nach Hause schlichen, haben Sie nicht begriffen, wieso andere Leute, die aus der Kneipe kamen, lachen konnten. Wie andere Leute unbeschwert und leichten Fußes durch diese Straße spazieren konnten, als sei es eine ganz gewöhnliche Straße. Ja, o ja, Sie kennen das alles. Sie kennen die Dunkelheit. Die Kombination, die Sie hier gezogen haben, erzählt davon.

Aber sie spricht auch davon, wie klug Sie geworden sind. Wie mitfühlend, wie weise der Schmerz Sie gemacht hat. Diese beiden grünen Bärchen hier zeugen von dem Wundgefühl damals, als Sie sich wie aufgeraut vorkamen, zeugen von Ihrer gelähmten Entschlusskraft, vom Gefühl des Ausgeliefertseins. Damals, ja, und die Erinnerung daran hat auch etwas. Aber heute wäre es anders. Sie würden kurz und intensiv fühlen – und wären gleich wieder durch damit. Davon spricht dieses rote Liebesbärchen der fröhlichen Action, dazu das weiße der klaren Intuition und das orange der kreativen Einfälle. Sie würden heute nicht mehr im Käfig trüber Gedanken hocken bleiben. Sie würden sich Arbeit schaffen. Ihre Hänger-Phase wäre rekordmäßig kurz. Sie würden früh aufstehen, ranklotzen, jeden Tag beim selben Rhythmus bleiben – das verkürzt Depri-Phasen. In den Tag reindämmern, unregelmäßig leben, das verlängert sie, gelegentlich bis ins Unendliche. Aber nicht bei Ihnen. Sie würden wirbeln. Ordnung schaffen. Ausordnen. Staub saugen. Liegengebliebenes abarbeiten. Aufgeschobenes erledigen. Das klärt nicht nur die Wohnung. Das klärt auch den Kopf. So schaffen Sie Platz für Neues. Für neue Projekte. Neues Leben. Neue Liebe. Ja, Sie sind weise geworden. Sie haben gewonnen an Weite und Offenheit. An Charakter. Ausstrahlung. Charisma. Der Schmerz hat Sie veredelt. Schön. Sie sind ein Juwel der Liebe geworden.

## Ein rotes, ein weißes, ein grünes, zwei orange Bärchen
Lang lebe Ihr Geheimnis!

Eigentlich eine schöne Kombination. Das rote Bärchen der fröhlichen Liebe, das grüne der Herzensvernunft, das weiße der Intuition. Und doch ist da eine Spannung in Ihnen. Eine innere Unruhe. Das zeigen die beiden orangen Bärchen. Da rumort eine leise Sorge wie ein Hintergrundrauschen. Manchmal übertönt vom Gang der Ereignisse – aber doch immer spürbar. Es gibt Leute mit dieser Kombination, die sehen ziemlich viel fern. Um sich abzulenken. Zu solchen faden Mitteln greifen Sie nicht. Oder jedenfalls nicht immer. Nein, Sie wollen wissen, was Sache ist. Um sich sicher zu fühlen, versuchen Sie, möglichst viel herauszufinden. Zum Beispiel über Ihren Partner. Sie würden gern mehr über ihn wissen. Sie wollen ihn oder sie nicht kontrollieren. Um Himmels willen, das ja nun bestimmt nicht! Obwohl – vielleicht doch. Eigentlich wäre es ganz gut, wenn Sie Bescheid wüssten. Nicht über alles. Aber über alles, was Sie angeht. Und was Sie angeht – das entscheiden Sie. Wissen Sie, welche Kombination Sie gezogen haben? Die berühmte Elsa-und-Lohengrin-Kombination. Als die beiden heirateten, bekamen sie vom König ein Wappen in diesen Farben: Rot, Weiß, Grün mit zwei goldorangen Streifen. Nun haben Sie dieses Wappen. Herzlichen Glückwunsch. Wissen Sie aber, dass die Liebe zwischen Elsa und Lohengrin nicht sonderlich lange hielt? Ja, dass diese Liebe nicht mal die Hochzeitsnacht überdauerte? Schade. Passen Sie auf: Lohengrin, der edle Ritter, hatte ein Geheimnis. Daraus bezog er seine Stärke. Es war das Geheimnis seiner Herkunft. Wer er eigentlich sei – danach sollte nicht gefragt werden. Das bat er zu respektieren. Würde er davon erzählen, müsse er gehen, erklärte er. Und so kam es. Als Elsa nicht anders konnte – und das war ja verständlich!, als sie also fragte und forschte und keine Ruhe gab, verriet er schließlich seine Herkunft: Er war Gralsritter. Und tschüss. Schade um die Liebe. Na und? Heißen Sie Elsa? Nein. Ist Ihr Partner Gralsritter? Auch nicht. Oder sind Sie der Gralsritter und Ihre Partnerin Elsa? Ebenfalls nicht. Also, was soll's? Ganz einfach: Diese Bärchen weisen Sie sanft darauf hin, dass Geheimnisse unbedingt zur Partnerschaft gehören. Und dass Sie – ja, Sie – gar nicht so genau wissen müssen, was Ihr Partner gerade macht und woran er denkt. Es würde ohnehin nichts nützen. Ihr Partner muss es auch nicht von Ihnen wissen. Sie brauchen nicht alles über die verblichenen Affären des anderen zu wissen. Und er nicht über Ihre. Die Zukunft lässt sich ohnehin nicht daraus berechnen. Geheimnisse erhöhen die Spannung. Geheimnisse erhalten den Zauber. Geheimnisse sind falsch, wenn dahinter die Furcht vor Auseinandersetzung steht oder die Angst vor Entdeckung. Dann kosten Geheimnisse Kraft. Sonst aber erhalten sie die Magie und die Erotik. Das wissen Sie im Grunde auch. Gut, dann wahren Sie ein paar Geheimnisse – und gönnen Sie Ihrem Partner auch ein paar. Sonst führen Sie bald ein ähnliches Gespräch wie die zwei Freundinnen: Hallo, Lisa! Was macht deine große Liebe? – Ach, das ist vorbei. – Vorbei? Oh. Wieso denn? – Wir haben geheiratet.

## Ein rotes, ein weißes, drei orange Bärchen

Sie lieben in einer fabelhaften Welt!

Oh, wie wunderbar. Und wie gut, dass Sie hier sind! Diese Bärchen-Kombination offenbart, dass Sie über eine geheime Liebesmagie verfügen. Über eine poetische Phantasie, die in uns allen den Liebesfunken entzündet. Noch hocken wir hier dumpf und klotzig, aber ein bisschen merken wir schon, dass es uns leichter ums Herz wird. Und das liegt daran, dass Sie unter uns sind. Ja, ja, genau Sie. Eigentlich hätten wir das auch nicht gedacht, dass Sie über so eine fabelhafte Zaubergabe verfügen. Aber die Bärchen lügen nie. Sie sind ein Glücksengel oder eine Glücksfee. Dreimal Orange zeigt Ihre enorme Kreativität, Ihren unerschöpflichen Einfallsreichtum, den Sie mit einer traumhaften Intuition verwirklichen – das zeigt das weiße Bärchen – und in dessen Kern – das zeigt nun das rote Bärchen – immer die Liebe steckt. Jeder Ihrer bisweilen bizarren Einfälle wird letzten Endes von Liebe gesteuert! Das ist ja wirklich erstaunlich. Wer Sie etwas näher kennt, weiß eigentlich, dass Sie durchaus auch boshafte Seiten haben können. Aber Sie sind offenbar nur böse zu bösen Leuten und lieb zu uns allen, die wir hier sind, zu uns Guten. Ja? Nun, Sie haben die sensationelle Kombination der Amélie gezogen. Sie kennen nicht Jean-Pierre Jeunot, den Regisseur? Wir auch nicht. Aber als er den Film «Die fabelhafte Welt der Amélie» entwarf, hat er erzählt, hatte er vor allem diese Farben vor Augen: viel sonniges warmes Orange, Tupfer von lichtem Weiß und pures Liebesrot. Und so ist der Film auch geworden. Er hat ihn extra nachkoloriert. Sie kennen den Film? Eigentlich ist das unnötig. Denn er handelt ohnehin von Ihnen. Von einem Wesen voller Poesie, scheinbar naiv, in Wahrheit

pfiffig, ein wenig rebellisch und melancholisch, voll bezaubern-
dem Charme, das allen Leuten auf federleichte Weise die Liebe
bringt. Allen außer sich selbst. Sie kennen das. Dass Sie anderen
gern zum Happy End verhelfen, mit Tricks, Spezialeffekten und
Beschwörungsformeln, da fällt Ihnen immer was ein. Dass Sie
sich selbst jedoch lieber im Schatten halten? Dass Sie Glück stiften, sonderbarerweise aber gleichzeitig hoffen, davon verschont
zu bleiben? Ja, das ist Ihnen vertraut. Sie experimentieren lieber
mit anderen Leuten – als sich selbst einem Liebesversuch auszusetzen, der Ihnen vielleicht zu nahe gehen könnte. Schicksal für
andere spielen, das macht Spaß. Sich selbst dem Schicksal aus-
setzen, das klingt irgendwie riskant. Nun, in Wirklichkeit ist es
nicht riskant, bestimmt nicht mit dieser Bärchen-Kombination.
Es ist jetzt Zeit, Fährten auszulegen, und Sie haben schon damit
begonnen. Fährten für eine Schnitzeljagd, auf denen die Liebe
zu Ihnen flitzt, treppauf, treppab, um viele Ecken und ein paar
Mal im Kreis, aber Sie können ihr nicht entgehen. Die wahre
Zeit der poetischen Überraschungen beginnt jetzt erst in Ihrem
Leben. Sie haben andere verwöhnt. Jetzt wird das Füllhorn lusti-
ger Glücksideen mal über Ihnen ausgeschüttet. Herrlich. Sie lieben in einer fabelhaften Welt!

## Ein rotes, vier grüne Bärchen
### Sie sitzen in der Grütze!

Vier grüne Bärchen! Das ist selten! Sie wissen, dass nach alter Orakeltradition die geraden Zahlen nicht so toll sind? Dass die so etwas wie Stagnation, Hemmung, Stillstand bedeuten? Na, wunderbar. Vier grüne Bärchen bedeuten: Sie stecken schlapperdick und grottentief im Sumpf. Voll in der Entengrütze. Daher das Grün. Nur Ihr rotes Näschen ragt noch heraus. Das bedeutet das rote Bärchen. Sie kriegen noch ein klitzekleines bisschen Luft, aber sonst ist nix los mit Ihnen. Was sollen wir nur mit Ihnen machen? Eine Pille verschreiben? Eine Spritze in den Hintern rammen? Oder reicht ein Tritt? Nein, Sie versuchen es vielleicht erst mal mit einem wissenschaftlich abgesegneten Liebes-Sandwich. Oder haben Sie nicht mal Appetit? Also hier, das ist Liebesnahrung: Sie bestreichen einen Toast oder ein Brötchen mit Frischkäse oder Hüttenkäse. Dessen Proteine ölen Ihre erregbaren Nervenbahnen, jedenfalls die letzten, die Ihnen noch verblieben sind. Darauf säbeln Sie Scheibchen einer Avocado. Deren Lecithin sorgt für die rasche Weiterleitung erotisierender Impulse. Damit Sie sie nicht verpassen, falls welche kommen. Nun Tomatenscheiben. Ja, das wussten Sie nicht: Die Tomate hieß früher Liebesapfel, weil ihr Lycopen sexuelle Hormone lockt. Aber ist bei Ihnen überhaupt noch was zu locken? Na klar. Noch ein bisschen Kresse obendrauf. Deren Spurenelemente liften Ihren abgründigen Energiepegel. Und ein wenig Salz als zellulären Wachmacher. Ach so, und natürlich eine Prise Pfeffer zum Schärfen Ihrer sechs bis sieben Sinne. Sieht harmlos aus – wirkt nachhaltig! Und notfalls füttern wir Sie. Oder können Sie in Ihrer Entengrütze nur noch per Strohhalm durch die Nase ernährt werden? Ist dann ein Lustdrink angemessen? Der besteht zum Beispiel aus Kokosnuss-Orange-Ananas plus Vanille. Kokos erweitert die Blutgefäße in wichtigen Regionen. Die Kombination mit Orange und Ananas steigert die sinnliche Sensibilität. Und das Aphrodisiakum Vanille bringt den lüsternen Kick. Wie klingt das? Sollen wir Ihnen das gleich mal mixen? Dreißig Milliliter Coconut Cream mit vierzig Milliliter Orangensaft und fünfzig Milliliter Ananassaft? Und dann eine extrastarke Schote echter Vanille? Nein, damit Sie überhaupt aktiv werden, müssen Sie uns das mixen. Und das rote Bärchen ist immerhin das Bärchen der Liebesenergie. Das gibt den Kick. Also machen wir mal ein paar erotisierende Klopfübungen. Los! Sie klopfen sich mit beiden Händen den Kopf: bei der Stirn beginnend, am Nacken endend. Dann mit beiden Händen auf die Schultern und abwärts via Brustkorb zum Bauch. Sie beugen sich nach vorn und klopfen den Rücken ab, so weit Sie ihn erreichen können. Jetzt mit der rechten Hand den linken Arm abwärts, von der Schulter zur Hand, erst die Oberseite, dann die Unterseite. Genauso mit der linken Hand den rechten Arm. Zum Schluss schütteln Sie sich locker aus. Danach sind Sie fit für alles und besonders für die Liebe. Nun hüpfen Sie raus aus der Entengrütze Ihrer gestockten Beziehungen. Und sind wieder voll da. Mensch, man hat ja kaum noch mit Ihnen gerechnet! Okay, Action!

## Ein rotes, drei grüne, ein oranges Bärchen
### Sie trauen der Vernunft des Herzens!

Oh, schade. Sie sind knapp an einer tränensäckigen Opferkombination vorbeigeschrammt! Fast wären Sie in der Entengrütze suppiger Melancholie versunken. Dann hätten wir noch gewinkt. Aber Sie versinken nicht. Dazu sind Sie viel zu lustig und zu aktiv. Die Bärchen-Kombination sagt es. Das dumpfe Absacken – aus Liebeskummer oder unerfüllter Sehnsucht oder aus Kontaktarmut oder Eifersucht –, das haben Sie hinter sich. Da war mal so eine Zeit. Ist gar nicht so lange her. Da hatte immer Ihr Partner Schuld. Oder Ihre Eltern, Ihre frühkindliche Prägung war schuld, dass Sie sich überhaupt so schrottige Partnerschaften ausgesucht hatten. Oder der Stand der Planeten, wenn es mit Ihrer Beziehung nicht so richtig klappte. Oder die Stellung der Möbel unter energetischen Gesichtspunkten, wenn es im Bett nicht so richtig klappte. Okay, jetzt lachen Sie selbst. Denn all diesen Mumpitz haben Sie hinter sich. Wie kommt das eigentlich? Können Sie uns mal ein paar Tipps geben? Wie kommt es, dass Sie sich in Beziehungen nicht mehr als Opfer fühlen? Was haben Sie gemacht? Viel Wasser getrunken, um den Fluss positiver Energie in Gang zu bringen? Viel Sport getrieben, um die Depri-Stoffe der Vergangenheit auszuschwitzen? Sind Sie jeden Morgen in eine Badewanne voll eiskaltem Wasser gestiegen, um die körpereigenen Glückshormone aufzuwecken? Verraten Sie uns Ihr Rezept! Haben Sie plötzlich angefangen, konzentriert zu arbeiten, weil Sie vorher immer unterfordert waren, und jetzt plötzlich strahlt Ihr Charisma? Sind Sie in ein völlig abwegiges Land gereist, um sich radikal fremden Eindrücken auszuliefern, auf dass Ihre Gehirnwindungen durchgespült würden, und dann sind Sie runderneuert zurückgekehrt? Was immer Sie getan haben: Sie haben eine charismatische Aura bekommen. Der Gedanke, dass Sie das Opfer Ihrer Partner sein könnten, flattert noch gelegentlich über Ihre innere Leinwand. Aber in Wirklichkeit sind Sie frei. Das wissen Sie. Das fühlen Sie. Die drei grünen Bärchen des ruhigen Vertrauens und der höchsten Vernunft, nämlich der Vernunft des Herzens, leiten Sie seelenruhig in die Bahn Ihrer großen Liebe. Schön, dass Sie noch das rote Bärchen der fröhlichen kleinen Liebeskicks gezogen haben. Das bedeutet, dass Sie gelegentlich sehr erfrischend frech sein können. Und das orange Bärchen der spielerischen, heiteren Flirts – das posaunt hinaus, dass es mit Ihnen niemals langweilig wird. Herrlich. Flirten Sie gelegentlich auch mit uns, wenn wir mit unserer Mütze am Rand Ihres Weges stehen und um eine winzige Portion Ihrer Huld bitten. Und wenn Sie ein Rezept haben, wie Sie es geschafft haben, so ganz dem Weg Ihres Herzens zu vertrauen, dann flüstern Sie es uns bitte zu.

### Ein rotes, zwei grüne, zwei orange Bärchen
Sie wollten sich durchmogeln!

Sie mogeln sich durch. Im Leben. Vor allem in der Liebe. Sie versuchen, möglichst locker durchzukommen, ohne etwas von sich zu zeigen. Zwei orange Bärchen, das bedeutet in dieser Kombination, dass Sie am liebsten ewig im warmen Frühlingswind des Flirts schweben würden. Sehr verständlich! Aber irgendwann wird sogar von Ihnen ein eindeutiges Bekenntnis gefordert. Gruselig, was? Und zweimal Grün, das bedeutet, dass Sie sich gern als Opfer fühlen, wenn jemand von Ihnen Klarheit verlangt. Hey, Sie! Die Kombination, die Sie gezogen haben, bedeutet: Jetzt ist Schluss damit! Wenn wir allerdings ganz genau hinsehen, müssen wir zugeben: Sie haben schon das Scheußlichste hinter sich. Denn dieses eine klitzekleine rote Bärchen besagt, dass Sie neuerdings Courage zeigen und Klartext reden. Auch in der Liebe. Ja, gerade dort. Woran liegt das nur? Das liegt daran, dass Sie auf die Schnauze geknallt sind mit Ihrer Durchmogelei. Sie sind verlassen worden. Ja, das sagen diese Bärchen. Und Sie haben daraus gelernt. Stimmt's? Oder steht Ihnen das erst noch bevor? Das wäre ja was! Aber nein, Sie haben es hinter sich. Dürfen wir behutsam daran erinnern? Damit wir auch unsere kleine Freude haben? Wie war das, als sie tagelang und nächtelang vergeblich auf einen Anruf hofften? Als Sie einsam in der Wohnung saßen und aus dem Fenster starrten? Und dann klingelte es an der Tür, und Sie öffneten, zitternd vor Hoffnung, und dann stand da nur der Mann von der Gebühreneinzugszentrale. Oh, Schmerz! Es ist noch nicht lange her. Sie starrten ungläubig auf den Stadtplan. Da, da, ja – genau in dieser Straße wohnte das geliebte Wesen, das Ihnen den Abschied gegeben hat! Teilnahmslose Autos fuhren durch diese Straße, ein Bus; U-Bahnen donnerten darunter hindurch – voller Menschen, denen Ihr Trennungsschmerz völlig egal war und denen dieses einzigartige, unendlich begehrenswerte Wesen in der Straße total gleichgültig war. Und Sie haben diese Alltagsleute beneidet um ihre Stumpfheit. Wie, haben Sie sich gefragt, kann ich es schaffen, dass mir diese Liebe genauso gleichgültig wird? Vor ein paar Jahren kannte ich diese Person noch nicht, da war es mir egal, wie kann ich diesen Zustand wiederherstellen? Damit dieses Bild nicht mehr alles andere überschattet?! Damit der Gedanke an diese Liebe mich nicht mehr völlig beherrscht?! Wie kann ich diesen Schmerz rausreißen aus meinem Körper? Ja, ja, so weit waren Sie. So tief haben Sie sich in den Schmerz verbohrt und der Schmerz in Sie. Und wenn nicht – dann haben Sie es noch vor sich. Und dann rufen Sie bitte an, damit wir Sie ordentlich bemitleiden können! Aber wir sehen es, es ist ja ganz deutlich – Sie haben genug gelitten. Genug erfahren. Genug gelernt. Deshalb hat Ihr Appeal jetzt so viel Tiefe. Deshalb ist Ihr Blick jetzt so klar. Sie haben den Mut, durch jede Tiefe zu gehen. Weil Sie gemerkt haben: Es zerstört Sie nicht. Es bringt Sie zum Wesentlichen. Haben Sie Lust, ein bisschen davon zu erzählen?

### Ein rotes, ein grünes, drei orange Bärchen
Sie machen die Liebe immer wieder neu!

Glückwunsch! Anerkennung! Und ein wenig Neid. Sie haben die ungewöhnliche Fähigkeit, einer Liebe immer wieder neuen Schwung zu geben. Egal, ob diese Liebe schon ein, zwei, drei, vier oder fünfzig Jahre währt. Das ist selten! Und es hat eigentlich einen Preis verdient. Sie haben diese schöne Kombination gezogen: das rote Bärchen der fröhlichen Liebesenergie, die drei orangen Bärchen immer neuer Einfälle und der spielerischen Leidenschaft und schließlich das grüne Bärchen des verlässlichen Vertrauens. Da kann nichts mehr schief gehen. Bei Ihnen wird die Liebe immer wieder auf «Anfang» gestellt. Im guten Sinne. Denn am Anfang offenbaren sich die besten Eigenschaften der Partner. Und Sie schaffen es, diese besten Eigenschaften immer wieder hervorzuholen. Das funktioniert am besten in außergewöhnlichen Situationen. Jeder kennt es ein bisschen aus dem Urlaub. In fremder Umgebung kommen Leichtigkeit, Phantasie und Experimentierlust wieder in Gang. Und mit Ihnen geht das ganz von selbst. Sie haben diese Originalität, die Energie und die Visionen. Am Anfang ist jede Beziehung mit gemeinsamen Zielen verbunden. Zusammenziehen. Kinder. Vielleicht ein Hausbau. Später geht es darum, immer wieder neue begeisternde Ziele zu entwerfen und anzusteuern. Sie schaffen das mühelos. Gemeinsame Ziele: Das können bei Ihnen große Feste sein. Der Besuch musikalischer Großereignisse wie Bayreuth oder Verona. Die Renovierung der Wohnung. Oder eines Resthofes auf dem Land. Ein Bergsteigerkurs. Gemeinsame politische Aktivität. Der Segelschein. Soziales Engagement. Tanzen. Sport. Ja, zum Beispiel auch Sport, Sie mit

Ihrem athletischen Edelkörper! Paare entdecken sich wieder neu, wenn sie einen gemeinsamen Sport anfangen. Das liegt erstens daran, dass sie sich im Sport physisch auseinander setzen können. Dass sie also aggressive Energie austoben können, die sich sonst in der Beziehung festgesetzt hätte. Und zweitens daran, dass sie ihren Körper fit machen, sich also selbst wieder sexy fühlen und sehen, wie der Partner attraktiver wird. Wie bitte? Das brauchen Sie nicht? Stimmt. Bei Ihnen kann es auch eine Theatergruppe sein. Ein Clownskurs. Oder, ganz gemütlich, ein gemeinsames Buch. Das schwedische Bestsellerpaar Sjöwall und Wahlöö verhalf der Leidenschaft mit gemeinsamem Krimischreiben – immer abwechselnd jeder ein Kapitel – zu neuen, ungeahnten Höhen. Und verdiente nebenbei noch Geld damit. Wäre das auch was für Sie? Mal sehen. Mit dieser Kombination ist alles drin. Nur keine Langeweile.

## Ein rotes, vier orange Bärchen
Vorsicht, Bauchlandung!

Oh, da geht etwas zu Ende. Viermal Orange. Sie würden also gern immer heiter sein. Würden am liebsten ewig von den Wolken des Charmes getragen werden. Würden gern immer weiter driften in den reizenden Frühlingswinden des Flirts. Aber das geht nicht. Orange ist die Farbe des heiteren Herzens, des spielerischen Kokettierens. Aber Sie wissen, dass gerade Zahlen im Orakel immer die Kehrseite zeigen? Die Kehrseite von spielerischem Charme weist auf Zweifel und Oberflächlichkeit hin. Sogar auf Selbsttäuschung. Aber damit ist Schluss. Dieses eine rote Bärchen hier zeigt, dass es mit dem Stadium des Flirtens ein Ende hat. Es ist wie das Ende einer Verliebtheit. Es dämmert langsam herauf wie ein grauer Morgen. Oder kommt plötzlich wie ein schreckhaftes Erwachen. Doch es kommt. Unausweichlich. Merken Sie das gerade? Es ist schon sonderbar, dass Sie diese Kombination gezogen haben. Also entweder, eine Verliebtheit verblasst gerade bei Ihnen. Oder Sie werden das bald erleben. Inzwischen haben Sie schon gehört, dass die Verliebtheitshormone nur in den ersten drei Monaten sprudeln. Bei jedem. Diese Erklärung finden Sie unromantisch. Richtig. Aber das ändert nichts daran, dass die Liebe nur in den ersten Monaten auf Wolken schwebt. Bei intelligenten Menschen währt diese Frist sogar noch etwas kürzer. In dieser köstlichen Anfangsphase besteht die Liebe aus Anbetung und Wunschlosigkeit, aus allumfassendem Verständnis und aus der Gewissheit, dass nichts Sie beide trennen kann. Sie erinnern sich sicher. Sie haben das schon mal erlebt. Danach setzt diese leicht distanzierte Betrachtungsweise ein. Wissen Sie noch? Kann ich das

Gekicher dieses Menschen wirklich aushalten?, haben Sie sich gefragt. Oder seine Art zu essen? Muss das eigentlich sein, dieses Geschmatze? Oder diese zeitlupenhafte Langsamkeit? Und ist er nicht doch etwas langweiliger, als ich gedacht habe? Ja, bestimmt. Schließlich hat der andere sich im anfänglichen Überschwang Eigenschaften zugelegt, die er in Wirklichkeit und auf Dauer gar nicht hat: Spontaneität, höfliche Umgangsformen, Toleranz, Großzügigkeit, Offenheit. Sie selbst haben sich auch möglichst positiv dargestellt. Jetzt allmählich schimmert die wahre Persönlichkeit durch. Sie wollen eigentlich gar nicht so viel tanzen gehen. Oder etwas mehr. Der andere ist ein Outdoor-Typ, während Sie die Kultur vorziehen. Oder umgekehrt. Der andere will abends in Ruhe seinen Wein trinken, Sie möchten möglichst viel unternehmen. Wie soll das gehen? Bisher war die Zukunft ein leichter Traum. Jetzt muss wohl darüber geredet werden. Und sogar ziemlich konkret. Klingt anstrengend. Und wozu ist diese schmerzhafte Bauchlandung gut? Ganz einfach: zur Prüfung, ob Sie es doch lieber beim Dreimonatsflirt belassen. Und tschüss sagen. Ohne Schuldgefühle. Ohne sich als Opfer vorzukommen. Zu diesem Zeitpunkt kann jeder seinen Irrtum noch leicht eingestehen. Und sollte es auch tun. Na, was fällt Ihnen dazu ein?

## Fünf gelbe Bärchen
### Glücklicher Diener! Glücklicher Boss!

Glücklicher Mensch! Sie kosten den ganzen Reichtum einer Liebesbeziehung aus! Sie haben die fünf goldgelben Bärchen der glücklichen Partnerschaft. Ihre Liebesbeziehung läuft reibungslos. Obwohl Sie so jung sind, haben Sie schon etwas Entscheidendes gelernt. Sie haben gelernt, wer der Boss ist. Falls Sie eine Frau sind, können Sie das Orakel jetzt zufrieden beiseite legen. Denn bei fünfmal Gelb sind Sie der Boss. Falls Sie ein Mann sind, müssen Sie zur Beruhigung noch ein paar Zeilen lesen. Denn Sie sind der Untertan. Und weil dies eine Glückskombination ist, sind Sie es gern. Nicht in allen Dingen. Die Fernbedienung für die Glotze behalten Sie gern in der Hand. Den Computer betrachten Sie ebenfalls als Ihre Domäne. Das Auto zum Teil, jedenfalls den Motorraum. Aber sonst? Selbstverständlich lassen Sie Ihre Partnerin über Ihre Kleidung entscheiden. Das ist das Geringste. Und Wohnungseinrichtung, Designermöbel: Das ist sowieso das Ding der Frau. Aber auch die Wohnung selbst wird sie aussuchen – falls sie irgendwann beschließt, dass es Zeit ist, zusammenzuziehen. Ein Mann bringt vielleicht Geld und Anregungen. Aber sie trifft die Entscheidung. Er will nur seinen Computer aufstellen. Sie denkt umfassend. Und so ist es überall. Ein Mann sieht sein Fach, seinen Job, seinen Sport. Alles andere überschaut sie besser. Und für alles andere hat sie das bessere Gespür. Für alles, was mit Leben zu tun hat. Für alles Körperliche. Alles Seelische. Für andere Menschen. Und ein kluger Mann – und falls Sie ein Mann sind, sind Sie bei fünf gelben Bärchen ziemlich klug – beugt sich dem Instinkt der Frau, ihrer Klugheit, ihrer Kompetenz. Allmählich räumt er ihr immer mehr Entscheidungsgewalt ein. Nicht offiziell. Offiziell bleibt er der Boss. Aber insgeheim und still und leise, bei einigen Paaren auch etwas lauter, ist sie es. Er gehorcht. Wenn die Frau die Entscheidung trifft, übernimmt sie ja auch die Verantwortung. Das ist entlastend. Doch er gehorcht auch aus schlechtem Gewissen. Weil er nicht richtig zuhört. Weil er untreue Gedanken hat. Weil er nicht häufig genug «Ich liebe dich» sagt. Er hat ganz einfach ein schlechtes Gewissen, weil er ein Mann ist. Und so ein Gewissen macht empfänglich für die Weisungen der Partnerin. Sie ist der bessere Mensch. Soll sie also sagen, was getan werden soll. Er ist es ja auch gar nicht anders gewohnt! Immerhin ist er schon als Kleinkind daran gewöhnt worden, dass eine Frau über ihn herrschte. Dass eine Frau für ihn plante. Dass eine Frau vernünftig war, während er Unsinn machte. Dass eine Frau ihm sagte, wann er ins Bett gehen sollte. Dass eine Frau ihn hereinrief, wenn er lange genug gespielt hatte. Das waren seine frühkindlichen, seine ersten Eindrücke. Und die ersten Eindrücke, jeder weiß es, prägen fürs Leben. Also wartet er sein Leben lang auf die Signale, die Richtlinien, die Befehle der Frau. Soll er damit hadern? Das wäre Energieverschwendung. Am besten, er ist dankbar dafür. Und zwar Ihnen, wenn Sie diese Kombination haben und zufällig eine Frau sind. Danke. Sie sind der Boss.

## Vier gelbe, ein weißes Bärchen
Sie sind Meister im Nahkampf!

Sie müssen ja herrlich streiten können! Wer mit Ihnen zusammen ist, bekommt eine Nahkampf-Ausbildung! Was für ein Genuss. Wie machen Sie das nur? Na, bei viermal Gelb haben Sie natürlich den Trick mit den Verallgemeinerungen drauf. Damit bringen Sie Drive ins Gespräch. Sätze wie: Das machst du immer! Das ist typisch! Nie tust du, was ich möchte! Es ist jedes Mal das Gleiche! Die bringen es. Sätze mit «immer», «jedes Mal», «nie» sind die schönste Form des Vorwurfs. Finden Sie auch? Genau. Die verleihen Ihrem Argument erst die entscheidende Zündkraft. Und vor allem lösen sie beim Partner sofort Protest aus. Sie zwingen zum Gegenangriff. «Findest du es eigentlich besonders höflich, dass du mich auf jeder Party stehen lässt?» – Wieso, das stimmt doch gar nicht! – «Es ist jedes Mal das Gleiche: Du schnappst dir ein Glas Sekt, klinkst dich irgendwo ein, und ich muss sehen, wie ich zurechtkomme!» – Quatsch, soll ich denn die ganze Zeit mit dir Händchen halten?! – «Ich möchte nur ein einziges Mal von dir beachtet werden!» So oder ähnlich geben Sie Feuer. Streit muss eskalieren, sonst lohnt ja der Aufwand nicht. Werden Sie also bitte nicht konkret und sprechen Sie nicht von sich, etwa: «Gestern auf der Party habe ich mich allein gefühlt.» Sonst würde Ihr Partner womöglich einsichtig werden, und der Streit wäre zu Ende. Das wäre schade. Nein, beschuldigen Sie ihn, und immer schön verallgemeinernd! Aber wem sagen wir das? Sie machen das ja vorbildlich. Und wenn Frieden droht, wechseln Sie einfach das Thema. Und schreiben Ihrem Partner schlechte Eigenschaften zu. Das macht auch Spaß. Sagen wir, er oder sie hat Lust, was Neues zu lernen. Motto: Ich würde gern mal einen japanischen Kochkurs machen. – Sie kontern: «Nur weil das jetzt so Mode ist?» – Na ja, wenn man es richtig lernt, kann das toll schmecken! – «Bei deinem Kochtalent sehe ich mich schon jeden Abend in die Pizzeria gehen.» – Du musst dich gerade beschweren! Du lässt sogar die Spaghetti anbrennen! – «Außerdem ist das teuer, das wäre wieder rausgeworfenes Geld.» – Bei deinem Geiz dürfte es sowieso nur Spiegeleier geben! – Egal, welche Rolle Sie einnehmen, es kommt vor allem darauf an, dem anderen schlechte Eigenschaften anzuhängen wie unverrückbare Charaktermerkmale. Also schieben Sie ihm Defekte unter wie Egoismus und Verantwortungslosigkeit oder Eitelkeit und Starrsinn, Besserwisserei, Faulheit und Ignoranz. Werfen Sie es ihm immer so vor, als sei es ein unabänderlicher Makel. Sonst wäre er nicht richtig gekränkt! Aber er soll ja wütend werden und zurückschießen. Wenn Sie statt einer Eigenschaft eine Verhaltensweise ansprechen würden, und möglichst noch in Ich-Form, wenn Sie also etwa statt «Du bist geizig» sagen würden: «Ich würde mich freuen, wenn wir etwas mehr Geld fürs Essen ausgeben würden» – dann würde statt eines Streites ein vernünftiges Gespräch entstehen. Das wäre ein Jammer. Aber Sie haben ja zu viermal Gelb noch das weiße Bärchen der Intuition. Sie wissen, wie Sie es machen müssen!

## Vier gelbe, ein grünes Bärchen
Sie sorgen für Nerventraining!

Oha. Bei Ihnen hat ein Gegner wenig Chancen. Und der Gegner ist meistens, na, wer? Genau – der Partner! Also auf ihn mit Schmackes! Viermal Gelb ist eine geniale Kombination für kalte Krieger. Sie hegen ein gesundes Misstrauen gegenüber jedem Lover, der die Verliebtheitsphase überstanden hat. Und dieses Misstrauen zeigt sich in herrlichen Streiten. Sagen wir mal, ein Besuch bei Ihren Eltern steht bevor. Ihr Partner grübelt, was man Ihrem Vater schenken soll. Sie gehen gar nicht erst drauf ein. Sie sagen: «Darüber brauchst du dir keine Gedanken zu machen. Ich weiß, dass dich das nicht interessiert.» Sehr gut! Das hat Biss! Ihr Partner sinniert vielleicht noch: Wir könnten ihm Wein mitbringen. Sie kontern: «Mein Vater ist kein Säufer, auch wenn du ihn dafür hältst.» – Das tue ich doch gar nicht! – «Ich weiß, dass du meine Eltern bescheuert findest, aber ich wäre dir dankbar, wenn du das heute mal nicht so raushängen lässt.» – Aber ich sehe sie ab und zu gern mal. – «Es tut mir Leid, dass du dich einen ganzen Abend langweilen musst, aber er hat nun mal Geburtstag.» – Meine Güte.– «Ja, sag doch gleich, dass du zu Hause bleiben willst!» So oder ähnlich machen Sie das. Und das machen Sie unnachahmlich gut. Sie sehen immer voraus, was Ihr Partner mal wieder verpatzen wird. Sie wissen immer, wie negativ er denkt. Und notfalls unterstellen Sie es ihm einfach. Das machen Sie glänzend. Schön sind auch Ihre Bemerkungen wie: «Aber das interessiert dich ja sowieso nicht» oder «Ich weiß ja, dass dich das nervt, aber …». Solche Sätze sind wichtig, damit sich der Partner zum Gegenangriff bereit macht. Super! So kurbeln Sie die Streitspirale an, die für eine gute Durchblutung so wichtig ist. Sie sorgen für exzellentes Nerventraining. Und halten auch die Gesichtsmuskulatur auf Trab. Wenn Sie mit Ihren Argumenten nicht ganz sicher sind, dann zitieren Sie Verbündete. Das können Bekannte sein: «Nikolaus sagt auch, dass du in letzter Zeit so verbissen wirkst!» Oder Verwandte: «Sogar deine Mutter hat dich kritisiert.» Eine schöne Unterstützung bietet auch ein Zeitungsartikel: «Du kannst jetzt überall lesen, dass es besser ist, sofort zu buchen, statt noch zu warten.» Und ganz klasse eignen sich «alle». Also: «Alle sagen, dass du mal zum Psychiater gehen solltest!» Das wirkt tief und nachhaltig. Ach, und es gibt ja auch noch die Ärzte: «Die Ärzte meinen, dass Leute wie du ganz auf Alkohol verzichten sollten.» Oder Fachleute: «Amerikanische Experten haben herausgefunden, dass es genau das ist, was du nicht tun solltest!» Eines muss klar sein: Ihre ganz persönlichen Ansichten sind ein allgemein gültiges Gesetz. Daran kann Ihr Partner nicht rütteln. Denn Sie stellen ja nicht nur das Gesetz auf, Sie sind auch der Richter. Das heißt viermal Gelb plus Grün. Das grüne Bärchen zeigt, dass Sie damit durchkommen. Dass Sie tatsächlich Vertrauen haben können. Weil Sie doch immer mit dem Herzen dabei sind. So einen lieben Richter wünscht man sich. Aber nun erzählen Sie doch mal, was für Strafen Sie so verhängen!

## Vier gelbe, ein oranges Bärchen
### Sie schwören Rache!

Oha, die Kriemhild-Kombination! Haben Sie eine Waffe dabei? Gibt es irgendjemanden hier, den Sie meucheln möchten? Jetzt gleich? Oder dürfen wir erst noch die Bedeutung Ihrer Kombination zu Gehör bringen? Also: In Ihnen steckt eine machtvolle Intensität. Ihren Gefühlen und Ihrer Leidenschaft sind nur die wenigsten gewachsen. Ihrer Eifersucht vielleicht überhaupt niemand. Und vor Ihrer Rache sind unwürdige Liebhaber schon in Wüsten und auf kahle Berge geflohen und jämmerlich verdorrt. Ja, viermal Gelb ist eine kriegerische Kombination. Sie lieben Streit und lange Diskussionen, um es mal milde auszudrücken. Ruhe und Harmonie finden Sie lähmend. Und zum Glück findet sich ja auch immer ein Anlass für Pech und Schwefel und Feuer und Schwert. Und diese Dramatik kann ja manchmal auch sehr schön sein! Wenn sie nicht zu lange dauert. Sie erinnern sich an die sagenhafte Kriemhild? Die Frau, die mit ihrem Blick hypnotisieren konnte? Genau wie Sie? Die Frau mit den vier goldgelben Schwertern im Wappen? Sie war eine der größten Liebenden des Mittelalters. Und vielleicht die größte Rächerin aller Zeiten. Sie war abgründig in ihrer Leidenschaft. Und kompromisslos in ihrer Loyalität. Sie hatte Feuer. Ihre Augen flammten. Triebhaft und eifersüchtig sei sie gewesen, heißt es in den alten Chroniken. Auf jeden Fall war sie eine Liebende, die mit dem Schwert umzugehen wusste, was für etliche Kreaturen in ihrer Umgebung tödlich endete. Eigentlich müssen wir Ihnen das gar nicht erzählen. Denn in Ihren Adern pocht das Blut der Kriemhild und ihres kriegerischen Volkes, der Nibelungen. Sie haben diese Leidenschaft, diesen hartnäckigen, kämpferischen Willen. Unter Ihrer betörenden Liebe – aber das bleibt natürlich unter uns – verbirgt sich eine kompromisslose Herrschsucht. Warten Sie ab, was die Ereignisse der allernächsten Zeit ans Licht bringen! Kriemhild probierte es am Anfang mit Liebreiz und versuchte mit Wohlverhalten und Kompromissen durchs Liebesleben zu kommen. Aber irgendwann ging das nicht mehr. Und demnächst geht das auch bei Ihnen nicht mehr. Macht ja nichts. Denn gerade, wenn Sie gefordert werden, wissen Sie, was zu tun ist. Wenn flüchtige Partner Reißaus nehmen wollen, wachsen Sie zu Ihrer wahren Größe. Sie werden nicht gleich das Schwert zücken, das nicht, obwohl Sie glänzend damit umgehen könnten. Nein, Sie werden sich auf Ihre innere Stärke besinnen. Und dann werden die Funken sprühen. In diesem orangen Bärchen hier blitzt schon Ihre Kreativität dabei auf. Auch Ihr Witz. Sie werden jetzt in kurzer Zeit mehr Liebe, Leidenschaft – und auch das Gegenteil – erfahren als andere im ganzen Leben. Und am Ende werden Sie darüber lachen können. Oder ein Buch schreiben. Kriemhilds Liebe und Kriemhilds Rache liegen mehr als tausend Jahre zurück. Man erzählt heute noch davon. Wir sorgen gern dafür, dass man auch von Ihnen erzählt. Denn Sie liefern spannenden Stoff. Und wenn Sie gleich jetzt davon erzählen wollen, fänden wir das ganz toll. Wir sind auch ganz brav. Und sind übrigens völlig Ihrer Meinung. Bitte, tun Sie uns nichts! Erzählen Sie lieber!

### Drei gelbe, zwei weiße Bärchen
Bitte ein Autogramm!

Zweimal Weiß: Sie haben Lust am Spiel, am glitzernden Reizen, Tarnen, Täuschen. Und dreimal Gelb: Sie wollen damit gewinnen. Und Sie werden gewinnen. Schon dass Sie diese Kombination gezogen haben, zeigt Ihren Stil. Sie müssen Anbeter und Verehrerinnen haben. Zu Recht. Und vermutlich war das immer schon so. Bereits im Kinderwagen. Sie müssen mit verführerischem Charme auf die Welt gekommen sein. Doch erst jetzt, in dieser Phase Ihres Lebens, erblüht dieser Charme zur Unwiderstehlichkeit. Niemand muss Sie noch das Flirten lehren. Wenn Sie auf Ihre Weise jemandem in die Augen sehen, tut der oder die fast alles für Sie. Schön, was? Ja. Hat aber auch einen Nachteil. Sie haben sich schnell daran gewöhnt zu gefallen und sind maßlos irritiert, wenn das nicht klappt. Damit nur jeder Sie mag – und das zeigen die zwei weißen Bärchen –, gehen Sie so viele Kompromisse ein, dass bisweilen Ihre eigene Persönlichkeit zu verschwinden droht. Macht ja nichts. Die anderen merken das gar nicht. Denen haben Sie ja den Kopf verdreht. Sie haben schauspielerische Begabung. Sie sind jetzt der Typ, der als Superstar gesucht wird oder in Soaps mitspielen könnte; der alle Herzen bricht und selbst boshafte Schwiegermütter zum Schmelzen bringt. Eigentlich könnten Sie sofort in die Branche der Heiratsschwindler einsteigen. Aber das wollen Sie gar nicht. Wäre viel zu viel Aufwand. Sie wollen einfach nur locker durchkommen. Und mit dieser Bärchen-Kombination klappt das sogar. Sie schlendern lässig durch die Welt der Liebe und sammeln Punkte der Bewunderung. So schräg Sie sich geben mögen, so schrottig Sie sich anziehen, Sie können gar nichts machen: Sie bleiben der Blickfang. Ihr Appeal setzt sich durch. Nach Ihnen drehen sich die Köpfe um. An guten Tagen könnten Sie jeden Superstar der Welt verführen. Aber so richtig verführen wollen Sie vielleicht gar nicht. Wenn jemand Ihnen wirklich verfällt, machen Sie charmant einen Rückzieher. Flirt und Spiel sollten nach Ihrer Ansicht ewig dauern. Sie kommen ungern konkret zur Sache. Zu einem Rendezvous sind Sie noch leicht zu bewegen. Zu einer Nacht schwer. Sie brauchen Hindernisse. Jemanden, der Ihnen nachläuft, werden Sie nicht in Ihren Liebestempel lassen, selbst bei Reichtum, Ruhm und Schönheit. Mit der bloßen Bereitschaft zum Niederknien und zur Hingabe hat dieser Mensch sein Soll bereits schon erfüllt. Doch der originelle Typ, der Ihnen ausweicht, der Sie kaum beachtet, Sie höflich, aber kühl behandelt, der oder die lässt Sie nicht ruhen. Da setzen Sie alles ein aus Ihrer Wundertüte an Lockmitteln. Und auf zauberische Weise gewinnen Sie. Tja, was machen wir mit Ihnen? Ein bisschen müssen wir ja die anderen vor Ihnen warnen. Sie sind vor allem dazu da, bewundert zu werden. Wer mehr will, braucht einen langen Atem und viel Beharrlichkeit. Und weiß am Ende trotzdem nicht genau, woran er ist. Am besten, wir fotografieren Sie und rahmen Sie ein. So jemanden wie Sie trifft man ja nicht jeden Tag. Ach, und wenn wir ein Autogramm haben könnten?

### Drei gelbe, ein weißes, ein grünes Bärchen
#### Jetzt geht's ab!

Ah, Sie wissen, was Sie wollen! Jedenfalls ab jetzt! Die drei gelben Bärchen der zielstrebigen Leidenschaft zeigen Ihre Power, das weiße Ihre Intuition und das grüne Ihr tiefes Vertrauen in die Liebe. Eigentlich hatten Sie das immer schon. Nur war es vorübergehend verschüttet. Wenn wir uns nicht täuschen, hatten Sie bereits im Kindergarten Sexappeal und haben in der Schule die Youngsters vom anderen Geschlecht zittern lassen. Bei drei gelben Bärchen sind Sie vermutlich früh in die Pubertät gekommen und haben ohne übertriebene Scheu Erfahrungen gesammelt. Von Routine, Konventionen oder Tabus halten Sie jedenfalls nichts. Sie leben Ihre Liebe aus, wie Sie es für richtig halten. Zumindest ab jetzt. Denn jetzt haben Sie ja diese Kombination gezogen. Das wird lustig! Ein Hoch auf Ihr körperliches Selbstbewusstsein, auf Ihr Temperament, auf Ihre vibrierende Ungeduld! Andere nehmen das als funkelnde erotische Ausstrahlung wahr. Bei Liebhabern mit diesen Bärchen sind die Bewegungen oft eher eckig als geschmeidig und eher heftig als behutsam. Das sind die äußeren Symptome einer Eigenschaft, die Ihnen tatsächlich ab und zu in die Quere kommt: mangelnde Anpassungsfähigkeit. Sich auf die Wünsche eines Partners einzulassen fällt Ihnen schwerer als anderen. Sie wollen nicht passiv sein. Ein eifriger Therapeut könnte sogar behaupten, Sie müssten lernen, sich fallen zu lassen. Eine Veränderung in Richtung Weichheit und Offenheit werde Ihre Liebesfähigkeit erhöhen. Die Bärchen wissen: Ihre Liebesfähigkeit ist schon hoch genug. Bei dieser Kombination ist eher gelegentliches Bremsen angesagt. Irrtümlich glauben Sie, Sie werden eher von Ihrem Verstand als von Ihren Gefühlen bestimmt. Deshalb schätzen Sie es beim Flirten, wenn jemand Ihren Intellekt anspricht – womöglich mit dem Besuch eines Theaterstücks oder einer Kunstausstellung. Das finden Sie edel. Er oder sie sollte nur pünktlich sein. Sie warten nämlich nicht gern. Wenn Ihr Flirt dann behauptet, Sie seien im Innersten hauchzart und weichherzig, sind Sie fast schon verführt und gewonnen. Von da an allerdings übernehmen Sie die Führung. Passen Sie auf, wie es nach dieser Kombination abgeht: Dank Ihrer Impulsivität werden Sie schnell zu begeistern sein und direkt auf Ihr Ziel losgehen. Sie werden weder ein besonderes Ambiente brauchen noch einen vertrauten Ort, noch lange Gewöhnungsphasen. Sie möchten jetzt Abenteuer erleben, vielleicht kurze, auf jeden Fall intensive. Sie werden nicht spröde spielen oder sich aus Taktik zieren. Nein, Sie werden jetzt etwas Unmissverständliches und Forderndes offenbaren, das manchen Partner bereits früh schlottern lässt. Zu Recht. Denn Sie werden dominant sein. Bei drei gelben Bärchen blüht Ihr Stolz auf. Da erleben Sie das Liebesspiel als Kräftemessen und sehen den Partner gern unterliegen. Schöne Aussichten! Und irgendwie beruhigend, dass Sie auch noch das grüne und weiße Bärchen haben, die auf ein Faible für Poesie hindeuten, auf duftige Träume, auf Leichtigkeit und Harmonie, Hingabe und Verschmelzung. Hmmm.

## Drei gelbe, ein weißes, ein oranges Bärchen
Sie lieben königlich!

Verbeugung! Huldigung! Knicks! Das sind herrscherliche Farben, in denen diese Bärchen zu Ihnen gekommen sind. Genau aus diesen Farbanteilen setzte sich früher das Gold der Kaiserkronen zusammen. Und heute glitzert so die Krone königlicher Liebhaber. Und die gebührt offenbar Ihnen. Ja, stimmt, Sie strahlen so etwas Edles aus. Vermutlich haben Sie Fans gehabt, so weit Sie zurückdenken können. Und Sie brauchen das. Sie gefallen sich darin, von einem Hofstaat bewundert zu werden, stimmt's? Doch Sie lassen nur wenige an sich heran. Sie fürchten sich, Schwäche zu zeigen. Oft nehmen Sie deshalb als Liebhaber viel jüngere Partner, die das Anbeten noch nicht verlernt haben. Das Bedürfnis zu repräsentieren bestimmt Ihr Liebesleben. Jedenfalls ab jetzt. In dieser Phase Ihres Lebens. Denn jetzt haben Sie ja die Bärchen gezogen. Sie setzen sich lieber in Szene. Warum auch nicht? Macht ja Spaß. Und wozu haben Sie Ihr prächtiges schauspielerisches Talent? Sie flirten gern und mit einigem Aufwand. Man soll Sie beachten und respektieren. Wer Ihnen plump kommt, hat keine Chancen. Sie sind wählerisch und bei aufdringlichen Existenzen schnell pikiert. Wer sich entzieht, sobald Sie Interesse zeigen, hat bessere Karten. Dann kommen Sie sich vor wie ein geschmeidiges Raubtier auf der Suche nach Beute. Wer zur Beute werden darf – das bestimmen Sie. Sie erwarten von einem Flirtpartner, dass er oder sie sich nach kurzem Kampf ergibt. Widerstand reizt Sie eine Zeit lang, Verklemmtheit nie. Die Liebe ist für Sie ein vitales Spiel. Und Sie sind sich Ihres Appeals so sicher, dass auch Ihr Lover zu großer Form aufläuft. Also Scheinwerfer an, es gibt nichts zu verstecken. Sie zeigen sich gern, man soll Sie bewundern. Und bitte sehr – wir tun das! Ach, Moment, dürfen wir kurz einen Blick in Ihr köngliches Schlafzimmer werfen? Weil es so viel Spaß macht? Weil Sie doch die animalische Intensität Ihrer Lust so lieben und sich ausleben möchten in einem feurigen Spiel! Dürfen wir mal sehen, nur ganz kurz, wie Sie Ihre Krallen zeigen? Wie Sie sich scheinbar hingeben, fauchen, sich wieder entziehen – wie eine Katze, die mit einer Maus spielt, bevor sie sie frisst? Das dürfen wir nicht? Schade. Dann verraten wir hier etwas: Wenn Sie gewonnen haben, ist das Spiel nicht mehr interessant für Sie. Dann halten Sie nach Neuem Ausschau. Zu einem Exlover gibt es keine Rückkehr. Und bei allem Respekt vor Ihrer königlichen Liebe: Das sollte gesagt werden. Die Bärchen sagen es. Und die Bärchen wissen sogar von Ihren Träumen. Von Ihren Harems-Phantasien. Von stürmischer Liebe in einer schwankenden Sänfte. Oder in den Dämpfen römischer Bäder. Von Leidenschaft auf dem Thron. Und in einer reich verzierten Kutsche. Im goldenen Salon unter dem Applaus der Bewunderer, zu denen natürlich auch wir gehören. Ja, wir klatschen Beifall und jubeln mit den Massen, wenn Sie auf den Huldigungsbalkon treten und Ihnen ein Lover nach dem anderen vorgelegt wird, zum wollüstigen Fraß. Guten Appetit und fröhliche Verdauung!

## Drei gelbe, zwei grüne Bärchen
### Sie sehen hinaus in den Regen!

Na, Sie lassen sich manchmal hängen? Versacken im Fernsehsessel, drücken lediglich ein Kissen an sich und küssen nur noch die Fernbedienung? Oder stehen Sie am Fenster und sehen dem Regen zu und sind der bemitleidenswerteste Mensch auf der Welt? Kommt das häufiger vor? Nein. Eigentlich nicht mehr. Nicht mit drei gelben Bärchen. Die beiden grünen, die weisen auf dieses trübsinnige Abhängen hin. Früher müssen Sie sich bei Liebeskummer völlig in sich selbst verkrochen haben. Aber das ist vorbei. Diese drei goldgelben Bärchen zeigen, dass Sie lernen, gerade in der Liebe, dass Sie wachsen und sich entfalten, gerade weil Sie Kummer gehabt haben. Sie sehen klarer. Zum Beispiel haben Sie bei Ihrem letzten Liebeskummer gelernt, auf wen Sie sich verlassen können. Sie haben gemerkt: Es gibt Freunde, die finden es richtig aufbauend, wenn es Ihnen schlecht geht. Da gibt es mindestens eine Person, die fühlt sich sauwohl, wenn sie aus überlegener Position Mitleid spenden kann. Eklig, so was. Die Qualität von anderen, die Sie vielleicht unterschätzt hatten, haben Sie erst im Kummer entdeckt. Die alte Kirche kannte vierzehn Nothelfer. Also vierzehn Heilige, die Ihnen vielleicht unbekannt sind. Macht nichts. Für Sie ist es sinnvoll, dass Sie sich selbst eine Liste von vierzehn Nothelfern machen. Von Freunden, die Ihnen früher geholfen haben, die Sie aufgebaut haben, die Sie unterstützen und die sich nicht an Ihrem Unglück weiden. So eine Liste muss in guten Zeiten angelegt werden. In schlechten fallen einem die Namen nicht ein. Sie haben gelernt – auch das gehört zu dieser tiefsinnigen Bärchen-Konstellation –, bei Krisen und Niederlagen eine Fehler-

165

analyse zu machen. Denn natürlich haben auch Sie Fehler gemacht. Und die Wiederholung von Fehlern lässt sich nur ausschließen, wenn sie rot angestrichen und bewusst gemacht werden. Immer schriftlich. Weil nur das sich einprägt. Na, das wissen Sie ja alles. Und Sie haben gelernt, sich zu bedanken. Nicht nur bei den Leuten, die Ihnen im Liebeskummer geholfen haben. Denen haben Sie ein Geschenk gemacht. Manche von denen haben Sie eingeladen. Nicht nur das. Sie haben auch gelernt, sich zu bedanken bei dem Expartner, der Sie vor die Tür gesetzt hat. Und das zeigt Ihre wirkliche Größe. Sie haben gelernt, einen Dankesbrief zu schreiben an den Mann oder die Frau. Sie haben sich ins Gedächtnis gerufen, was er oder sie Ihnen gegeben hat, was Ihnen die Beziehung gebracht hat. Das hat die Gedanken auf die freundlichen Aspekte der Sache gelenkt. Und haben Sie den Brief abgeschickt? Das können Sie. Müssen Sie aber nicht. Es geht ja vor allem darum, dass Sie sich selbst der Bereicherung bewusst werden. Oder haben Sie überhaupt keinen geschrieben? Haben Sie lieber am Regenfenster gestanden? Na? Macht auch nichts. Die Melancholie, auf die diese beiden grünen Bärchen hinweisen, wird durch die drei gelben vergoldet. Gerade weil Sie Trauriges erlebt haben, entfaltet sich Ihre Liebe zu immer schönerer Blüte.

## Drei gelbe, ein grünes, ein oranges Bärchen
### Sie dressieren jeden Partner!

Eine leuchtende Schatzgräber-Kombination! Eigentlich wollen die Bärchen Ihnen sagen, dass Sie den Schatz in Ihrem eigenen Inneren erschließen sollen. Aber stattdessen graben Sie Ihren Schatz an! Gemeint ist: Sie quetschen Ihren Partner aus! Stimmt's? Na, kommen Sie. Bei dem humorvollen orangen Bärchen können wir doch offen miteinander reden. Es hört ja keiner zu. Also: Sie richten Ihren Partner ab. Sie erziehen ihn. Oder versuchen es zumindest. Mit Ihnen zusammen zu sein bedeutet, sich einer Dressur zu unterwerfen! Ja, genau! Das ist bei dieser Kombination so! Und Sie machen das ja auch nicht mit der Peitsche. Solange der Partner gehorcht, sind Sie freundlich. Sie erziehen mit Liebe. Mit ein bisschen Aufmerksamkeit. Wenn Sie einmal am Tag den Satz «Ich liebe dich» einigermaßen überzeugend rüberbringen, dann tut Ihr Partner vieles, wenn nicht alles, für Sie. Und Sie erziehen durch Lob. Das machen Sie ganz schlau. Ja, ja, wir haben mal reingesehen bei Ihnen. Sie loben das, was lobenswert ist. Aber noch viel mehr loben Sie das, was Sie erst erreichen wollen. Nach dem Motto: «Du räumst immer so super die Küche auf!», oder: «Du kannst wirklich gut kochen.» Natürlich werden Sie dabei nicht zu dreist. Also, «Keiner kann so gut den Müll runterbringen wie du» – das sagen Sie denn doch nicht. Dann wären Sie ja durchschaut. Aber Sie wollen nicht durchschaubar sein. Denn ein weiterer Dressurtrick von Ihnen ist Ihre Unberechenbarkeit. Das haben Sie nämlich mitgekriegt, dass Ihren Partner das zwar ärgert, aber dass er dadurch auch bei der Stange bleibt: dadurch, dass Sie manchmal unkalkulierbar sind. Ihr Partner möchte das Rätsel, das Sie ihm aufgeben, immer wieder lösen. Bitte sehr. Ab und zu leben Sie einfach das chaotische Kind aus, das in Ihnen steckt, schon ist er irritiert und möchte lieb sein. Und wenn Sie mal ein bisschen gemein sind, dann dressieren Sie ihn auch durch Entzug. Ja, Sie entziehen sich. Nicht immer. Aber wenn Ihr Partner Nähe haben will, dann können Sie sich ganz gut verweigern. Sie spielen damit, Sie gehen auf Distanz, und dann füttern Sie ihn mit Nähe, genau wie der Wärter im Zoo die Kegelrobbe füttert. Natürlich nur, wenn das brave Tier richtig springt. Oh, Sie machen das gut! Sie sind zur Herrschaft in einer Beziehung geboren! Natürlich dienen Sie auch in mancher Hinsicht, bei dem liebevoll zugewandten grünen Bärchen ist das klar. Also, Sie gönnen auch Ihrem Partner das Gefühl, das Sagen zu haben – aber natürlich immer da, wo es Ihnen ohnehin egal ist! Sie sind genial! Dafür sagen Sie ihm in anderen Dingen manchmal unverblümt, wo es langgeht. Denn auch harte Direktheit gehört manchmal zur Dressur. Ganz klar, Sie sind zur Herrschaft geboren. Auch wir würden uns Ihrem Thron nur kriechend nähern. Ihre leuchtende Aura würde uns sonst ohnehin verbrennen. Ach, übrigens Aura: An Ihrer starken erotischen Ausstrahlung ist zu erkennen, dass Sie auch dieses Gebiet für Ihre Herrschaft einsetzen. Aber das soll hier nicht schriftlich veröffentlicht werden. Das erzählen Sie uns jetzt mal brühwarm, okay?

### Drei gelbe, zwei orange Bärchen
Ihr Erlebnishunger ist groß!

Eine eigenwillige, etwas exzentrische und immer antiautoritäre Kombination. Kann es sein, dass abgelegte Liebhaber Ihnen Rücksichtslosigkeit nachsagen? Bekanntes und Herkömmliches interessiert Sie nämlich nicht lange. Nicht mehr mit diesen Bärchen. Da wollen Sie weiter, zu neuen Inspirationen, und wer Sie festnageln will, wird wenig Vergnügen haben. Sie fordern einiges. Sie haben eine geheime Liste von Wünschen. Das zeigen die drei gelben Bärchen. Aber in der Kombination mit zwei orangen werden Sie dabei schnell unzufrieden und ändern dann ruckartig Ihre Richtung. Natürlich ohne je Ihren Charme zu verlieren. Das ist ja das Gemeine. Therapeuten raten Menschen mit dieser Kombination, sich über ihre tiefsten und wahren Wünsche klar zu werden. Wir meinen: Genießen Sie einfach. Ihre Liebe entwickelt sich jetzt wie ein sanfter Südwind. Wie ein schwereloser Tanz. Ihr Appeal flattert an begierigen Liebhabern vorüber. Die haschen danach und können nichts festhalten. In dieser Phase Ihres Lebens entziehen Sie sich jedem Zugriff. Sie sind jetzt auf spielerische Liebeleien aus, nicht auf brünstige Leidenschaft. Dass jemand Sie besitzen will, missfällt Ihnen. Die Liebe bietet sich auf einmal dar wie ein großes Büffet. Das Angebot ist lockend bunt und vielfältig. Und Sie sind eingeladen, herumzuprobieren. Sie staunen und kosten. Lassen halb geleerte Teller stehen, um von etwas anderem zu naschen. Nippen hier, schlecken dort. Und wenn wir tatsächlich nur von Speisen reden würden, nicht von Partnern, wäre das ganz unproblematisch. So aber stiften Sie Verwirrung in den Herzen. Stürzen fest verbandelte Menschen in ernsten Zwiespalt. Und rauben Träumern den Schlaf. Ihre erotische Ausstrahlung wird jetzt so munter und so sprunghaft, so unbekümmert und leicht, dass verliebte Augenzeugen ganz schwermütig werden. Dass Sie gar nichts Ernstes wollen, lässt ehemals ruhige Menschen rasend werden. Und Sie? Sie springen einfach weiter. Natürlich kommen Stunden, da wollen Sie sanft gestreichelt werden. Vorhänge im Abendwind, schwebende Leichtigkeit, eine vorbeiwehende Melodie. Es genügen ein paar hauchzarte Berührungen, und schon schwingen Sie sich weit in die Höhe. Aber für wie lange? Diese Bärchen-Kombination verheißt Funksignale aus vielen Richtungen. Bedeutet Mehrfachbelichtung. Experimentierlust. Kündigt eine Freiheit im Herumprobieren an, die anständigen Menschen wie uns die Schamröte ins Gesicht treibt. Ihr Erlebnishunger ist groß, und Ihre moralischen Grenzen sind weit geöffnet. So fliegen Sie durch die Länder der Abenteuer, ohne sich je ganz auszuliefern. Eine Gartenbank. Eine nächtliche Schaukel. Ein Pool. Dann ein Fest, Kostüme, Masken, Schauspielerei. Stallknecht und Prinzessin. Sklavin und fremder Herrscher. Schüler und Lehrerin. Unschuldiges Bürgermädchen in den Fängen einer Räuberbande. Die Schöne und das Biest und umgekehrt. Wovon reden wir eigentlich? Na, nun spielen Sie mal nicht die Unschuld. Gefühlsmäßig bleiben Sie bei den kommenden Abenteuern im Innersten unberührt. Ihr Herz steht nicht in Flammen. Aber alles andere. Wir sowieso.

## Zwei gelbe, drei weiße Bärchen
Ihre Sicherung knallt durch!

Hmm. Diese drei weißen Bärchen verheißen eine wunderbare intuitive Begabung – und die zwei gelben Bärchen leicht exzentrische Neigungen. Da sind wir gespannt. Sie auch? Schön. Zunächst dreimal Weiß: Sie sind fein und sensibel. Zu Ihrer Liebe gehört immer unmittelbares Mitempfinden. Oft fühlen Sie besser, was Ihren Partner bewegt, als er oder sie selber. Zu dieser Sensibilität gehört auch ein wenig Furcht. Aber so verwundbar, wie Sie zuweilen wirken, sind Sie gar nicht. Mit diesen Bärchen beherrschen Sie die Kunst der flexiblen Anpassung, der Nachgiebigkeit, auch des Hinhaltens. Sie sind viel beweglicher und viel engagierter, als ein oberflächlicher Betrachter ahnt. Ja, Sie sind so beweglich, dass Sie nie so ganz zu greifen sind. Bodenständige Partner könnten in dieser Liebesphase gelegentlich an Ihnen verzweifeln. Randexistenzen hingegen fühlen sich angezogen. Und auch Sie sind auf einmal von schrägen Vögeln fasziniert. Bislang mögen Sie vorsichtig, besonnen, zuweilen misstrauisch gewesen sein. Das spielt jetzt keine Rolle mehr. Zweimal Gelb in der Kombination mit dreimal Weiß bedeutet: Bei Ihnen brennt eine Sicherung durch. Ja, genau, es knallt im Elektrokasten Ihrer Gefühle! Heh – und das tut Ihnen gut! Und vielen fiebernden Lovern auch! Sonst wollten Sie ja immer genau wissen, was ansteht. Jetzt, mit der dreimal weißen Intuition, vertrauen Sie einfach darauf, dass die Ereignisse Sie irgendwohin werfen. Und dass dann alles von selbst passiert. Und genau so ist es auch! Sie sind selbst verblüfft, was Ihnen auf einmal Spaß macht. Sonderlinge und exzentrische Liebeswesen finden auf einmal Ihre Aufmerksamkeit. So genannte Problemfälle üben eine erotische Anziehungskraft auf Sie aus. Und tatsächlich werden in Ihrer Gegenwart aus Bettlern Könige oder aus Aschenputteln Prinzessinnen, aus Abstürzlern Aufsteiger, und erotische Flops entfalten sich zu Genies der Liebeskunst. Wie machen Sie das nur? Haben Sie das erotisch-therapeutische Meisterdiplom? Ja, das verdienen Sie zumindest. Vielen erscheinen Sie jetzt geradezu als Erlösung, als Inkarnation heilender Zuwendung, als Eros oder Liebesgöttin. Na, übertreiben wir nicht. Sicher ist, dass Sie mit Ihrem erotischen Appeal die verschlossensten und unzugänglichsten Menschen um den Finger wickeln können. Und es gibt Leute in Ihrem Freundeskreis, die sind Ihnen für kleine Vermittlerdienste dankbar. Ach, übrigens, falls Sie gerade beruflich auf der Suche sind: Liebesberatung im Radio oder Fernsehen wäre jetzt genau Ihr Job. Aber Sie haben ja kaum Zeit. Sie wollen ja erst mal selbst genießen! Und diese neue Phase lädt tatsächlich zum Experimentieren ein. Wir dürfen da nur vorsichtige Andeutungen machen. Kerzen und schimmernde Gläser, zerfließende Konturen im Dämmerlicht, Tücher, Kissen, ein Fell auf dem Boden. Erregende Düfte, verführerische Wäsche, schillernde Flüssigkeiten. Ein Bad, ein Wasserbett, Schampus. Die Liebe als Fest. Als Lustspiel. Das ist jetzt dran. Und wenn Sie bisher gedacht haben, Sie seien kontrolliert, werden Sie sich jetzt selber wundern. Na, schweigen wir davon. Sie werden ja laut genug sein!

## Zwei gelbe, zwei weiße, ein grünes Bärchen
### Willkommen in Metropolis!

Oh, Sie sind ja was ganz Besonderes. Das ist unübersehbar. Komisch, und trotzdem übersehen es so viele Leute. Sie haben eine enorme erotische Ausstrahlung. Kein Zweifel. Und dennoch kommt es vor, dass die anderen das nicht bemerken. Ja, ja, das ist leider häufig so bei zweimal Gelb, zweimal Weiß. Da werden Ihre enormen Liebesqualitäten übersehen. Und mehr noch: Sie selbst übersehen solche Qualitäten bei anderen. Ausgerechnet da, wo es darauf ankommt. Sie bemerken nicht einmal, wer auf Sie erotische Anziehungskraft hat! Sie schnallen selbst kaum, auf wen Sie fliegen? Sie wissen gar nicht, wen Sie lieben, wen Sie haben wollen? Geht das überhaupt? Ja, bei Ihnen geht das, Sie leicht verwirrtes Wesen! Wissen Sie, welche Kombination Sie gezogen haben? Die Clark-Kent-und-Lois-Lane-Kombination! Wow! Sie kennen Lois Lane, die in «Metropolis» als Reporterin beim *Daily Planet* arbeitet? Und die sich immer lustig macht über ihren Kollegen Clark Kent? Weil sie gar nicht schnallt, dass dieser Clark Kent identisch ist mit dem ruhmreichen Superman, den sie von fern sehnsüchtig verehrt? Gehen wir nicht ins Detail. Sie sind genau dieser reizende Typ Mensch, der die Liebe in der Ferne ortet und gar nicht merkt, dass sie hier gleich nebenan zu haben ist. Dass sie im Grunde genommen schon da ist. Sie übersehen das Offensichtliche. Und wie in einer Widerspiegelung übersehen andere das Offensichtliche bei Ihnen. Zweimal Gelb steht für die großen, nie ganz erreichten Ziele in der Liebe, es zeigt auch den Widerstand an, der sich vielleicht in fremder Missgunst zeigt. Und zweimal Weiß zeigt die Anfälligkeit für Täuschungen und Irrwege. In vorbildlicher

Verkennung der Wirklichkeit leben Sie an der Liebe vorbei. Es ist ja nicht so, dass Sie Lois Lane sind und jemand anderes Clark Kent oder umgekehrt. Nein, viel einfacher, Sie vereinigen die wesentliche Eigenschaft der beiden: das Verbergen der Wahrheit voreinander, das Verbergen der Liebe. Aber jetzt ist Schluss. Sie haben keine Lust mehr auf Versteckspiele. Das ist offensichtlich. Denn Sie haben ja auch noch das grüne Bärchen gezogen! Also das Bärchen der geradlinigen Liebe, der vertrauensvollen Zweisamkeit, der ruhigen Herzenswärme, die endlich in Ihr lang verwirrtes Liebesleben einkehrt! Na, herzlichen Glückwunsch! Wissen Sie, dass Superman alias Clark Kent und Lois Lane schließlich doch die Karten auf den Tisch gelegt und sogar geheiratet haben? Allerdings erst in Folge 85, nach über fünfzig Jahren gemeinsamer Bürotätigkeit. Na, da können Sie nur milde lächeln. Weil Sie klüger sind. Unter anderem dank dieser lieben Bärchen. Gut, dann danken wir den Bärchen, und vor allem danken wir Ihnen für Ihre Bereitschaft, sich jetzt gleich das Superman-Cape anzuziehen und zwei, drei Runden ums Haus zu fliegen. Alles klar?

### Zwei gelbe, zwei weiße, ein oranges Bärchen
#### Ihr Partner ist gut genug!

Ach ja. Erinnern Sie sich noch? Wie es anfing? Sie haben gedacht: Jetzt wird alles gut! Ist noch gar nicht so lange her. Jedem Anfang wohnt ein Zauber inne. Und Ihr Anfang war besonders toll. Diese Energie, die Sie gespürt haben. Diese Power, die Sie auf einmal hatten! Sie dachten, das müsse immer so weitergehen. Alle Probleme waren gelöst. Es waren überhaupt keine mehr da. Es war, als hätte es nie welche gegeben! Alles wird gut!, haben Sie gedacht und vielleicht auch gesagt. Und die anderen, wir zum Beispiel, haben Ihrem Jauchzen zugehört und mit einem Anflug von Neid gelächelt. So wird es bleiben!, haben Sie gejubelt. Ich werde nie mehr traurig sein, nie mehr allein sein! Toll, haben wir gesagt und aus dem Fenster gesehen. Na ja. Ist ja doch schon eine Weile her. Und wie das so ist mit großen Visionen und hochfliegenden Plänen: Irgendwann crashen die. Sie haben das erlebt. Sonst hätten Sie diese Kombination nicht gezogen – aus den zwei gelben Bärchen der überzogenen Liebesziele und den zwei weißen der frommen Illusionen. Und Sie haben immer noch hohe Erwartungen. Zwar glauben Sie nicht an den Himmel auf Erden. Das nun nicht. Sie meinen, vernünftig geworden zu sein und die Liebe mittlerweile ohne Verklärung zu sehen. Viel Glück! Wenn der Kitzel einer neuen Flamme Sie anrührt – und dieses orange Bärchen spricht für so einen Kitzel! –, wenn die Nervenbahnen prickeln und die Säfte sprudeln, dann füllt sich Ihr Herz mit Hoffnungen und Wünschen. Warum auch nicht! Aber es gibt da so Erwartungen, die Sie aus der Kindheit mitbringen. Erwartungen, die aus ein paar Defiziten des Lebens entstanden sind. Geheime Erwartungen, die Sie kaum Ihrem Partner eingestehen und vielleicht nicht einmal sich selbst. Doch diese Erwartungen sind lebendig. In Ihnen. Und ohne dass Sie es wollen, überfordern Sie sich damit. Und Ihren Partner dazu. Diese Bärchen-Kombination lässt daran keinen Zweifel. Sie werden also Ihren Partner dafür verantwortlich machen, dass er Ihre Hoffnungen nicht erfüllt. Erinnern Sie sich an das letzte Mal? Dieser Mensch hat einfach nicht gehalten, was ich mir von ihm versprochen habe, haben Sie gesagt. Und zugleich hat Sie der Zweifel beschlichen. Sie haben sich selbst ein bisschen schuldig gefühlt, weil es nicht so geklappt hat. In einer dunklen Stunde haben Sie sogar gedacht: Ich bin nicht gut genug für die wahre Liebe. Nun, Sie sind nicht nur gut genug. Sie haben die wahre Liebe schon. Sie schlummert auf dem Grunde Ihres Herzens. Und wissen Sie, was garantiert ist? Dass diese Liebe zum Vorschein kommt. Ganz und gar. Nicht zufällig haben Sie das orange Bärchen der aufgehenden Sonne gezogen. Diese wahre Liebe wird geweckt. Jetzt. Und auf einmal fällt es Ihnen leicht, Ihre Erwartungen sausen zu lassen. Weil Hoffnungen und Erwartungen Ihrer Liebe nur im Wege standen. Das schnallen Sie auf einmal. Und es ist alles ganz einfach. Und Ihr Lover, Partner, Spiegelbild ist gar nicht so schlecht! Ja, sogar besser als gut genug!

## Zwei gelbe, ein weißes, zwei grüne Bärchen
Sie haben große Erwartungen!

Ach je. Ach ja. Wir verstehen Sie. Sie haben ja Recht. Und trotzdem ist irgendwie der Wurm drin. Sie haben Sehnsüchte. Und Sie glauben, dass die Liebe diese Sehnsüchte erfüllen wird. Sie haben Ängste. Und Sie hoffen, dass diese Ängste Ihnen in der Liebe genommen werden. Sie hungern nach Gefühl, Sie hungern nach Sicherheit, dürsten nach Frieden. Und Sie erwarten, dass Sie in der Liebe damit versorgt werden. Sie haben schlechte Erfahrungen gemacht. Und Sie wollen, dass die Liebe Sie dafür entschädigt. Ja! All das ist verständlich! Sie haben Recht! Doch solange Sie hoffen und erwarten, schwächen und lähmen Sie sich selbst. Das verkünden die beiden grünen Bärchen der Passivität und die beiden gelben des fruchtlosen Bemühens. Und das Weiße seufzt dazu. Sie – ja, Sie tief fühlendes Wesen –, Sie glauben, ein Partner werde sich aus Liebe ändern. Doch Sie müssen damit rechnen, dass die Fehler, die Sie am Anfang bei ihm kennen lernen, für immer bleiben und sich sogar verstärken! Er oder sie mag Ihnen zuliebe eine Gewohnheit aufgeben; irgendwann setzt sich diese Gewohnheit aber wieder durch. Sie wünschen sich, von Ihrem Partner bedingungslos geliebt zu werden. Bedingungslos – also möglichst ohne dass Sie sich selbst ändern müssen. Und auch damit haben Sie eigentlich Recht. Sie wollen nicht lange erklären müssen, was Sie wollen. Ihr Partner soll es intuitiv wissen. Ist das etwa zu viel verlangt? Na ja. Es ist ein Wunsch, ein tiefes Verlangen, das Sie aus allerfrühester Kindheit mitbringen. Damals, ganz am Anfang, da wurden Sie geliebt, ohne Voraussetzungen zu erfüllen. Tja. So wird es nicht wieder sein. Sie müssen Ihre Wünsche aussprechen, müssen über Ihre Bedingungen und Ihre Grenzen reden. Ihr Partner übrigens auch. Und Sie müssen diese Bedingungen und Grenzen miteinander austesten. Auch gegeneinander. Die magische Verbundenheit, die verschworene Gemeinschaft, die Sie sich erträumen, die gibt es nicht. Sie haben das schon mitgekriegt. Oft bemerken Sie sogar das Trennende stärker als das Verbindende. Sie sind keine unzertrennliche Einheit, wenngleich das in alten Eheformeln noch beschworen wird, sondern Sie sind zwei unterschiedliche Individuen mit unterschiedlichen, oft gegensätzlichen Anliegen. Aber genau das ist die Stärke der Liebespartnerschaft: Sie entwickelt sich in Reibereien, in Machtproben, in Streit und Versöhnung, im Kompromiss. Die Gemeinschaft, die am Anfang da zu sein scheint, ist ein Traum, eine Illusion. Die Gemeinschaft aber, die in Jahren entsteht, die ist erprobt, belastbar und stabil. Sie werden das alles im Trial-and-Error-

Verfahren rauskriegen. Schöner Trost, was? Das weiße Bärchen immerhin besagt, dass Sie sich auf eine immer klarere Intuition verlassen können. Na bitte. Jemand wie Sie kann ja auch letzten Endes nur glücklich werden.

## Zwei gelbe, ein weißes, ein grünes, ein oranges Bärchen
### Sie machen den Urlaubstest!

Ah, eine Test-Kombination! Sie haben – das zeigt das orange Bärchen – einen spielerischen Zugang zur Liebe. Sie sind, zeigt Grün, gut geerdet. Sie haben dabei, zeigt Weiß, eine gute Intuition. Aber, zweimal Gelb, so ganz und gar trauen Sie Ihrem Partner nicht. Sie testen ihn. Selbst wenn Sie frisch verliebt sind und eigentlich auf Wolken schweben sollten, wollen Sie wissen, woran Sie wirklich sind. Sie checken Ihren Lover. Sie wollen keine Pleite erleben. Klar. Sie haben aus früheren Crashs Ihre Schlüsse gezogen. Wie steht es mit Ihrer jetzigen Liebe? Sind Sie schon gemeinsam in den Urlaub gefahren? Früher stellte eine Braut erst auf der Hochzeitsreise fest, dass der Angetraute im Basston schnarchte. Und der gute Mann merkte zu spät, dass sie morgens mindestens eine Stunde im Bad benötigte und anschließend genauso lange vor dem Kleiderschrank stand. Inzwischen ist dieser Test ohne Ehevertrag möglich. Und mitunter ist es ein Härtetest. Sie wissen Bescheid? Klar. Ihnen braucht man das nicht zu erklären. Der erste gemeinsame Urlaub soll ja das pure Glück sein. Gerade deshalb wird er zum Knackpunkt. Uneingestanden setzt man sich unter Erfolgsdruck. Beide möchten sich amüsieren und jeden Abend etwas unternehmen. Wollen immer gute Laune vorzeigen. Da sind Klippen mit großer Fallhöhe eingebaut. Das Zusammensein auf kleinem Raum stellt besondere Anforderungen an die Toleranz. Da zeigt sich auf einmal die Wahrheit. Ist der andere wirklich so spontan, so höflich, so großzügig und offen, wie es in der Werbephase den Anschein hatte? Der Urlaub legt es offen. Die fremden Betten rauben bisweilen den Schlaf – und zeigen so, wie der andere sich unausgeruht verhält. Die vergebliche Suche nach einem Restaurant entlarvt, wie weit Lässigkeit und Optimismus noch mit leerem Magen reichen. Und eine Phase schlechten Wetters stellt die Stimmung auf die Probe. Sie haben das alles schon hinter sich? Bei dieser Bärchen-Kombination sieht es danach aus, dass Sie es demnächst wieder vor sich haben. Und wie steht es mit dem Reiseprogramm? Lieber alte Kathedralen anstaunen oder im Café relaxen? Wer bestimmt übrigens darüber? Und dann gibt es noch eine Extraprüfung: die Urlaubskasse. Schweigen wir davon. Der erste gemeinsame Urlaub enthüllt das Verhalten in ungewohnter Umgebung und unter besonderen Belastungen. Selbst wenn beide sich für diese begrenzte Zeit zusammenreißen, zeigen sich Geiz und Großzügigkeit, Dominanzstreben und Toleranz. Außerdem offenbaren sich die Grenzen der Belastbarkeit – und ob die Partner hier einander helfen oder stören. Schön, so ein Test, der wie Ferien aussieht. Schön zum Aussortieren. Sie haben schon eine Menge aussortiert, verraten uns die Bärchen. Und Sie sind gerade wieder dabei!

## Zwei gelbe, ein weißes, zwei orange Bärchen
Die Indizien sind eindeutig!

Die Farben des Othello. Die Farben der Eifersucht. Sie wissen Bescheid? Wir auch. Sie sind nicht übertrieben eifersüchtig. Das nicht. Aber wenn die Indizien sich häufen, dann bestimmt. So war das ja bei Ihrem Urahn Othello. Ein mitgehörtes Gespräch, ein verräterischer Gegenstand, Hinweise von besten Freunden. Bei zwei gelben und zwei orangen Bärchen ist das Misstrauen rasch geweckt. Was sind das für Notizen? Wer war das am Telefon? Wieso die Verspätung? Schnell reimen Sie sich etwas zusammen. Ein paar Anhaltspunkte genügen, und Ihre Phantasie schießt ins Kraut. Es sind nicht die Fakten, die Sie quälen. Es sind die Vorstellungen. Der Blick, der nur Ihnen gehörte, sieht jetzt liebevoll jemand anderen an. Die Hände, von denen Sie gestreichelt wurden, fahren durch fremdes Haar. Das Lachen gilt jemand anderem. Die geflüsterten Worte. Sind es dieselben Worte? Dieselben Spiele? Oder zeigt Ihr Partner anderswo ganz andere Seiten? Sind da Kontinente von Humor, Begeisterung, Zärtlichkeiten, die Sie nie entdeckt haben und die jemand anderes leichthändig erschließt? Wie ist das möglich? Sie sind doch einzigartig! Sind Sie austauschbar? Nicht gut genug? Quälende Gedanken. Aber nur mal so nebenbei: Wohin gehen Ihre eigenen Phantasien? Bei zwei gelben, zwei orangen Bärchen sind Sie, zumindest in Ihren Tagträumen, vielleicht auch nicht so eindeutig auf Ihren Partner ausgerichtet? Kann es sein, dass Sie untreu werden? Zumindest im Traum? Mit Personen, über die Sie sich am Morgen wundern? Kann es sein, dass Ihr Begehren sogar bei klarem Bewusstsein zuweilen anderswohin flattert? Aber nein. Natürlich nicht. Das sind ja völlig verquere Ideen.

Entschuldigung. Doch mal angenommen, Sie hätten Ihren jetzigen Partner nicht kennen gelernt. Oder die Person, mit der Sie zusammen sein wollen, gäbe es gar nicht. Wäre es möglich, dass Sie mit jemand anderem vorlieb nähmen? Und sogar glückliche Stunden erleben? Womöglich Sex haben? Schluss jetzt. So viel Blödsinn auf einmal kann ja keiner aushalten. Nein, Sie sind völlig klar. Klar wie Othello. Und Ihre Eifersucht, wenn Sie denn auftaucht, ist völlig berechtigt. Es ist der Schmerz, dass Sie den anderen nicht besitzen können. Dass Sie Sicherheit nie wirklich haben können. Dass Sie verglichen werden und beim Vergleich vielleicht schlechter abschneiden. Dass sich für Ihren Partner Länder öffnen, wohin Sie ihn nie begleiten können. Sie werden in Ihre Grenzen zurückgeworfen, Ihr Partner schweift aus. Womöglich redet er auch noch abfällig über Sie. Sie waren nur eine von vielen Möglichkeiten, und vielleicht nicht die beste. Grausam. Aber ist es überhaupt so? Bei Othello waren die Indizien ganz klar. Deshalb brachte er seine große Liebe sicherheitshalber um. Und anschließend sich selbst. Dass er sich getäuscht hatte, erfuhr er zu spät. Ihm fehlte etwas, was Sie zum Glück haben: das weiße Bärchen der liebevollen Intuition. Bei Othello wissen nur die Zuschauer die ganze Zeit, was Sache ist, und schütteln überlegen den Kopf. Aber erzählen Sie doch mal! Wir wollen auch mal überlegen den Kopf schütteln!

## Zwei gelbe, drei grüne Bärchen
### Sie bleiben und genießen!

Die drei grünen Bärchen der Herzenswärme und der Zweisamkeit. Sehr schön. Und die zwei gelben der Eifersucht. Nicht ganz so schön. Darf aber vorkommen. Zwei gelbe sind nicht so machtvoll wie drei grüne. Bei Ihnen gewinnt nach viel lebhaftem Konflikt die Partnerschaft. In der Weisheit Ihres Herzens haben Sie bereits begriffen: Krisenmanagement ist klüger als Trennung. Die Beziehung zu beenden, wenn der Partner anstrengend wird, führt zu keiner Lösung, sondern entweder zum Single-Kater oder zur nächsten krisenhaften Beziehung. Drei grüne Bärchen sprechen für eine lang andauernde Beziehung. Und zeigen, dass sich der Einsatz dafür lohnt. Ihr Einsatz. Für Sie. Sie packen es. Und es lohnt sich. Immer leben Paare länger. Sie überleben Singles um durchschnittlich sechs Jahre. Vielleicht, weil sie vernünftiger leben und sich gegenseitig bei ungesunden Exzessen bremsen, also bei Alkohol, Zigaretten, Schlafentzug. Vielleicht auch, weil sie günstiger leben. Finanziell. Jede Trennung ist mit einer finanziellen Schlechterstellung verbunden. Paare machen häufiger und länger Urlaub. Gehen öfter essen. Leben in angenehmeren Wohnungen und fahren komfortablere Autos. Sie können sich einfach mehr leisten. Und sie sind glücklicher. Der Euphorieschub, von dem frisch gebackene Singles erzählen («endlich frei»), endet nach kurzfristigem Aktionismus (Motto: «Ich entwickele mich») meist in Leere und Einsamkeit. Auf dem Zufriedenheitsindex erreichen feste Paare mit Abstand die besseren Werte. Da kann man nichts machen. Das ist einfach so. Und Sie mit Ihren drei grünen Bärchen, Sie haben eine hervorragende Begabung für eine feste Partnerschaft! Da können Sie sich gern ein bisschen Eifersucht leisten oder sie ertragen. Das gehört zur Reibung. Das bringt Funken. Das stärkt. Wissen Sie ja. Leute in einer Partnerschaft haben die stärkere Persönlichkeit, die klarere Identität, den größeren Stolz. Selbst im Streit trägt noch das Gefühl, gemeinsam etwas aufgebaut zu haben, das Wir-Gefühl. Bei einer Trennung werden gemeinsame Erinnerungen gekappt. Ein Teil des Lebens geht verloren. Die Trauer bleibt, der Groll bleibt, das Bedauern bleibt. Unterdessen lachen die festen Partner. Singles sind nie sicher, ob ihre Witze ankommen. Paare genießen mehr. Singles sind Fastfood-Kunden. Singles werden bei Musik schneller nervös, haben weniger übrig für Natur und Landschaft, umgeben sich mit Kultur oder Luxus nur zum Zeittotschlagen oder zum Status-Liften. Zum Genießen gehört innere Ruhe. Und die haben nun mal eher feste Partner. Sie leben behaglicher. Wenn sie abends nach Hause kommen, ist Licht in der Wohnung. Jemand erwartet einen, womöglich mit einem Abendessen. Nicht mit einer Tiefkühlpizza. Tja, wem sagen wir das? Die Anwesenheit des anderen wärmt. Feste Paare schlafen besser, weil die Gegenwart des anderen beruhigt. Und sie haben den besseren Sex. Weil sie sich nicht dauernd fragen müssen: Ist es sicher? Bin ich gut? Sie können spielerischer sein. Warum sagen die Bärchen Ihnen das alles? Na, das wissen Sie ganz gut. Plaudern Sie doch ruhig mal ein wenig!

## Zwei gelbe, zwei grüne, ein oranges Bärchen
### Sie erholen sich total!

Zweimal Gelb, zweimal Grün, das heißt traditionell: Ärgernisse bei gleichzeitiger Tatenlosigkeit. Das klingt gut, das klingt viel versprechend. Sie möchten also ein bisschen streiten? Um Leben in Ihre Beziehung zu bringen? Ausgezeichnete Idee! Aber Sie kommen im Alltag zu selten zum Streit? Tja. Dann fahren Sie doch mal in den Urlaub. Schon bei der Abreise, wenn Sie Koffer schleppen und sich in langen Schlangen einreihen müssen, sollte sich ein bisschen Zündstoff ergeben. Sie können einander auch abfragen: Hast du daran gedacht, die Kellertür zuzuschließen? Hast du den Herd ausgemacht? Die Kerzen gelöscht? Da müsste es schon knistern. Der Urlaubsort ist meistens nicht halb so attraktiv wie im Prospekt, vom Wetter und den anderen Touris ganz zu schweigen. Jetzt können Sie die gespannte Atmosphäre eskalieren lassen: Wenn du den halben Tag verschläfst, brauchen wir uns nicht zu wundern, wenn wir nichts zu sehen kriegen! Warum willst du ausgerechnet diese Gasse fotografieren, das wird doch sowieso nichts! Kannst du dich nicht wenigstens jetzt mal vernünftig ernähren? Willst du in dem Aufzug ins Boot steigen? – Es ist wichtig, den Streit-Akku immer von neuem aufzuladen. Allzu leicht schleicht sich sonst einförmige Harmonie ein. Brauchen Sie Anregungen? Wenn Sie ein Mann sind, treiben Sie Ihre Gefährtin stets zur Eile an. Sie braucht sich nicht auch noch im Urlaub zu schminken oder Einkäufe zu erledigen. Und delegieren Sie Verantwortung. Übertragen Sie Ihrer Frau die Verantwortung für all die Misslichkeiten, die in der Fremde unweigerlich auftreten. Verschlossene Museumstüren, verspätete Flüge, schmutziger Strand, irgendwie hat sie bestimmt dazu beigetragen. Vermutlich ist sie auch am schlechten Wetter nicht ganz unschuldig. – Wenn Sie eine Frau sind, nutzen Sie die Schwächen Ihres Partners, die in der ungewohnten Umgebung deutlicher zutage treten. So ganz sicher wird er mit dem Leihwagen schon nicht sein. Na, fragen Sie, kommst du nicht zurecht? Weisen Sie lobend auf den Experten in der Reisegruppe hin, der viel besser Bescheid weiß als Ihr Mann. Oder entlarven Sie seine Unkenntnis mit Hilfe des Reiseführers. Vor allem lassen Sie ihn nicht entwischen. Er entzieht sich zu Hause oft genug. Jetzt soll er sich stellen. Sie wollen nichts anderes als einen besseren Partner aus ihm machen. Der Urlaub bietet die beste Gelegenheit. Erziehen Sie ihn, am besten vor Zuschauern, etwa vor der Reisegruppe, sonst gräbt es sich nicht tief genug in sein Gedächtnis. Er wird es besonders schätzen, wenn Sie abends in froher Runde über den Tisch rufen: Jetzt hast du aber genug getrunken! Das nur als Tipp. Sie haben ja das kreative orange Bärchen. Da sind Ihrem Einfallsreichtum keine Grenzen gesetzt, wenn Sie Funken in eine erloschene Beziehung bringen wollen. Und wenn Sie erst die Betten auseinander gerückt haben und sich schweigend am Frühstückstisch gegenübersitzen, wenn Sie auf getrennten Straßenseiten vom Strand nach Hause gehen und frühere Rückflugmöglichkeiten studieren, dann spüren Sie wieder das Leben. Dann wissen Sie: Es hat sich gelohnt.

## Zwei gelbe, ein grünes, zwei orange Bärchen
Vorsicht, Lügendetektor!

Liebende, die diese Kombination ziehen, beschwindeln ihre Partner. Vor allem aber sich selbst. Ja, nun ist es raus. Tut uns Leid. Ist aber so. Und ist ja auch gar nicht so irre ungewöhnlich. Ein bisschen schwindeln, das gehört zur Selbstdarstellung. Besonders in der Werbephase. Ist doch klar, dass man sich nicht von allen Seiten und mit jeder Tiefe und jedem Abgrund zeigt. Sie wissen doch selbst kaum, wer Sie sind. Wie sollen Sie es da jemand anderem erklären? Völlig verständlich, dass Sie sich im anfänglichen Überschwang Eigenschaften zugelegt haben, die sich auf Dauer gar nicht so durchhalten lassen. Diese ewig frische Spontaneität, die tollen Umgangsformen, die Belastbarkeit, die Toleranz, die Großzügigkeit! So haben Sie sich mal dargestellt, möglichst positiv. Und jetzt allmählich schimmert Ihre wahre Persönlichkeit durch. Ist ja nicht schlimm. Wahrscheinlich ist Ihre ungeschminkte Persönlichkeit interessanter als die hippe Fassade. Jedenfalls ist jetzt eine Zeit gekommen, in der Sie sozusagen an einen Lügendetektor angeschlossen werden. Es gibt kein Entkommen. Bei jungen Paaren ist das häufig beim Zusammenziehen der Fall. Je kleiner die Wohnung, desto knalliger platzt die Wahrheit heraus. Die romantische Leidenschaft, von der Ihre Großeltern erzählten: zu zweit überglücklich auf zehn Quadratmetern, hat allenfalls unter Nachkriegsbedingungen funktioniert. Sogar auf hundertfünfzig Quadratmetern kommt es zur Krise. Es ist unwahrscheinlich, dass Sie beide sich darum reißen, den Müll runterzubringen und das Klo zu putzen. Dass Sie überhaupt beide den gleichen Geschmack und den gleichen Ordnungssinn haben. Am Anfang scheint die Einigung selbstverständlich. Dann zeigt sich: Er möchte es eigentlich wie bei seiner Mutter haben. Oder sie mag keine Flusen auf dem Sofa. Er ist ein Pedant, nur nicht bei sich selbst. Oder ein Chaot, dem Unordnung angeblich nichts ausmacht. Der eigentliche Knackpunkt besteht in der Einengung des Freiraums. Unterschiedliche Gewohnheiten prallen aufeinander. Dahinter stehen unterschiedliche Lebenseinstellungen. Wie kommen die unter einen Hut? Nur durch Kompromisse. Und die bedeuten Organisation, Absprachen, Einschränkung. Wer erledigt was? Wer geht wann allein aus? Und wie ist das mit den Finanzen? Mit der Verfügungsgewalt über Konten? Was wird geteilt? Na, herzlichen Glückwunsch. Aus irgendeinem Grund kommt dieser Test jetzt auf Sie zu. Die Bärchen sagen das. Und es ist ja auch gut: Der Test zeigt auch, dass Liebe mit Arbeit verbunden ist. Und dass Liebe gefestigt wird durch klare Absprachen. Durch gemeinsame Organisation. Durch die Bereitschaft, Macht zu teilen. Darüber muss geredet werden, vermutlich nicht nur einmal, sondern immer wieder. Und nicht mit dem Ziel, den anderen zu besiegen, sondern Einigung zu erzielen. Mit diesem Test beginnt die Erkenntnis: Partnerschaft ist ein lebenslanges Gespräch. Na, heute schon mit dem Lover geredet? Ohne zu schwindeln?

## Zwei gelbe, drei orange Bärchen
### Sie sind ein Rumpelstilzchen der Liebe!

Heh! Sehen Sie das selbst? Den goldenen Schimmer, der diese Bärchen überläuft? Was für ein prunkvoller Glanz! Sie haben nichts Geringeres gezogen als die viel gesuchte Stroh-zu-Gold-Kombination! Mit diesen kreativen Liebesbärchen müssten Sie in der Lage sein, Stroh zu Gold zu spinnen! Es ist ein Jammer, dass wir gerade kein Stroh dabeihaben. Sie natürlich, Sie haben ja immer Stroh dabei. Reichlich sogar. Wenn Sie all das Stroh in Ihrem Kopf zu Gold spinnen würden, bräuchten Sie sich keine Sorgen mehr zu machen. Aber das geht jetzt natürlich nicht. Und nun mal im Ernst: Das ist eine kreative, aber auch leicht verkniffene Kombination. Zwei gelbe Bärchen bedeuten, dass Ihnen in der Liebe Eifersucht und Misstrauen alles andere als unbekannt sind. Sie haben die drei orangen Bärchen der spielerischen heiteren Liebe. Das ist schön. Besonders in der Werbephase. Aber Sie können mit gezielter Verkniffenheit auch eine heitere Liebschaft ruinieren. Ein Rumpelstilzchen sind Sie. Ja, Sie haben die echte Rumpelstilzchen-Kombination! Okay, in Ihnen steckt eine Menge Power. Wenn man sich vorstellt, wie Sie nachts am Waldrand ums Feuer hüpfen, das hat etwas Erotisches. Da steckt eine knallige Wattzahl dahinter, das ist Libido-Energie, lustvolle Kraft. Sie haben Charisma. Sie stehen unter Strom. Sie sind leidenschaftlich und triebhaft. Und vielleicht hängt es damit zusammen, dass Sie insgeheim so scheußlich eifersüchtig sind. Irgendwo muss sie ja hin, die Energie. Sie empfinden mit einer Intensität, die milderen Menschen fremd ist. Und diese Intensität flößt mittelmäßigen Partnern Furcht ein. Schon mal gemerkt? Aber Mittelmaß ist ohnehin nichts für Sie.

Sie brauchen Extreme, um sich lebendig zu fühlen. Auch nachts. Sie sind heftig, hartnäckig, kämpferisch, oft herrschsüchtig. Stimmt's? Stimmt. Ihre Rumpelstilzchen-Bärchen lassen keinen Zweifel zu. Bei vier gelben Bärchen ist das Vertrauen begrenzt und der Stolz leicht verletzbar. Sie passen auf in der Liebe. Sie lassen sich nichts entgehen. Ihre Augen können stechen, Ihre Fragen bohren. Das mag anstrengend sein, selbst für gutmütige Partner. Aber Sie können nun mal nicht oberflächlich bleiben. Sie sind einfach abgründig. Sie durchschauen viele und sind selbst kaum auszuloten. «Ach, wie gut, dass niemand weiß», denken Sie oft, «wie es in meinem Inneren aussieht!» Na ja, aber das ist die längste Zeit so gewesen! Denn wir wissen es ja jetzt. Wir kennen Ihren Namen, Sie Rumpelstilzchen. Aber nun kommt noch etwas Erleichterndes: Sie haben ja diese drei orangen Bärchen der sonnigen Liebe. Die hatte das echte Rumpelstilzchen leider nicht. Das riss sich, als es durchschaut war, vor lauter Wut selbst in zwei Stücke. Sie sind ebenfalls durchschaut, aber Sie nehmen es mit Humor. Sie haben die erotische Power von Rumpelstilzchen und den kreativen Witz der Königstochter. Das ist ja wirklich was. Da dürfen Sie auch mal eifersüchtig sein. So, und da wir jetzt am Ende so nett zu Ihnen gewesen sind, spinnen Sie mal etwas Stroh zu Gold, okay? Wir haben nämlich auch ein bisschen davon im Kopf.

### Ein gelbes, vier weiße Bärchen
Sie stürzen ins Nichts!

Sie haben eine der seltensten Kombinationen des Gummibär-chen-Orakels gezogen! Und eine der katastrophalsten! Es geht abwärts. Und zwar rapide. Nichts mehr zu machen. Am Ende wird Ihnen nichts bleiben: keine Liebe, keine Partnerschaft, kein Kuss, keine Umarmung, keine Streicheleinheit. Nicht mal mehr ein Lover, der Sie tritt. Gar nichts! Wow! Das ist wirklich mal was Neues! Na? Oder ist Ihnen das gar nicht so neu? Kennen Sie das schon? Dass alles flöten geht? Wenn wir den Bärchen trauen dürfen – und nichts ist vertrauenswürdiger als fünf Gummibärchen –, dann kennen Sie das. Dann sind Sie schon lange auf der Loser-Straße. Beinahe haben Sie sich schon dran gewöhnt, dass Sie alles verlieren. Oder alles loswerden. Denn das Verlieren hat auch Positives. Am Ende sind Sie vielleicht eines der glücklichsten Liebewesen, die es gibt! Mal schauen. Vier weiße Bärchen zeigen eine radikale Fehleinschätzung an. Weiß ist die Farbe der geistigen, sogar der spirituellen Liebe, der intuitiv richtigen Partnerwahl. Aber dass Sie eine gerade Anzahl weißer Bärchen gezogen haben, die höchste gerade Zahl, die im Orakel möglich ist – das zeigt an, dass Sie sich bisher nur der Kehrseite der geistigen Liebe gewidmet haben: der Selbsttäu-schung. Und die Kehrseite des intuitiven Handelns ist Ihnen ebenfalls vertraut: das konsequente Ausschlagen aller guten Empfehlungen. Wenn einer aus Erfahrungen gar nichts lernt, dann sind Sie das. Sie machen es immer genau gleich. Und also machen Sie es immer schlimmer. Was uns nur stutzig macht, ist dieses eine kleine goldgelbe Bärchen, das wie ein Augenzwin-kern funkelt. Ja, haben Sie ein Glück! Dieses kleine gelbe Bärchen ist in der Lage, die ganze sturzdämliche Bedeutung der vier weißen ins Glückbringende umzuhebeln. Sie verlieren alles im Spiel. Und gewinnen in der Liebe. Denn mit einmal Gelb, viermal Weiß haben Sie nichts Geringeres gezogen als die berühmte Hans-im-Glück-Kombination! Erleichterung! Das ist super! Hans im Glück tauschte seinen Goldklumpen gegen ein Pferd, das Pferd gegen eine Kuh, die Kuh gegen ein Schwein, das Schwein gegen eine Gans, die Gans gegen einen Mühlstein und den Mühlstein gegen gar nichts. Genau das machen Sie in der Liebe. Sie steigen aus einer guten Partnerschaft aus, weil eine neue, scheinbar leichtere winkt. Und die läuft prompt schlechter. Also nehmen Sie eine gute Gelegenheit zum Absprung und springen anderswo auf – und siehe da, es läuft noch schlechter! Entweder Sie haben diesen Prozess schon hinter sich oder sind mittendrin oder noch ganz am Anfang. Eines ist klar: Am Ende dieser Tauschaktionen haben Sie gar nichts mehr. Aber dann, plötzlich, von allen verlassen, mitten im Nichts, funkelt Sie das goldene Glück an: die Entdeckung, dass Sie Liebe nicht brauchen, nicht von anderen. Sondern dass Sie selbst genug Liebe haben. Ja, dass Sie von Liebe umgeben sind. So eine Entdeckung kann man überhaupt nur machen, wenn alles andere untergegangen ist. Mitten in der dunklen Nacht der Seele. Na ja, wir sagen es hier jetzt schon. Und tatsächlich funkeln Sie ja auch schon so golden! Toll! Sind Sie etwa erleuchtet?

## Ein gelbes, drei weiße, ein grünes Bärchen
### Sie öffnen die Räume der Seele!

Es muss ja herrlich sein, mit Ihnen zusammenzuleben! Oder?
Na, Genaueres erzählen Sie uns vielleicht später. Die Bärchen
hier jedenfalls – die schwärmen von Ihnen. Sie haben die drei
weißen Bärchen des Einfühlungsvermögens und der liebevollen Intuition! Dazu das grüne Bärchen des Vertrauens. Und das
gelbe Bärchen der partnerschaftlichen Entfaltung. Bei Ihnen erblühen Leidenschaft und Liebe. Weil Sie was dafür tun. Denn
beide können wachsen, immer weiter, da gibt es kein Ende. Das
spüren Sie. Und zum Glück haben Sie das Feingefühl, eine Partnerschaft behutsam zu vertiefen. Das hatten Sie immer. Aber
jetzt, sagen die Bärchen, jetzt kommt es erst so richtig zur Entfaltung. Mühelos finden Sie den Zugang zu anderen. Das können Sie zum Flirten benutzen. Und um die Räume der Seele zu
öffnen. Auch wenn ein Partner keine Blöße zeigen mag und sich
verbarrikadiert – Sie finden den Weg zu seinem Herzen. Sie
lösen, Sie entspannen den anderen. Sie geben ihm oder ihr das
Gefühl, dass Schwächen liebenswert machen. Das Erzählen von
der Kindheit zum Beispiel öffnet die Tür: Fühltest du dich schon
damals hübsch?, fragen Sie. Oder fühltest du dich benachteiligt?
Was hat dir nicht an dir selbst gefallen, und worauf warst du
stolz? Sie erzählen auch von sich selbst, und der andere fasst
Mut. Wie bist du mit Verlusten umgegangen?, forschen Sie. Hat
deine Mutter dich getröstet? Oder wolltest du nicht getröstet
werden? Denn es gibt Menschen, die mit Kummer besser allein
zurechtkommen. Das fühlen und akzeptieren Sie. Denn Ihr
Herz ist weit. Sie unterstützen den anderen. Sie ermutigen ihn,
seine empfindsame Seite zu zeigen. Es ist nicht bedrängend für

ihn, von weit zurückliegenden Erlebnissen zu sprechen. Doch während er von Versteckspielen, Schatzkisten, Murmeln, Ferien erzählt, kommt seine Zärtlichkeit zum Vorschein, seine Leidenschaft. Von dort führt ein gerader Weg zu den jetzigen Gefühlen und der jetzigen Liebesbeziehung. Die Kindheit ist prägend für die Seele. Über den scheinbaren Umweg durch die Gefühle von damals gelangen Sie direkt in die Gefühle der Gegenwart. Kannst du dich an besondere Lehrer erinnern?, fragen Sie. An Menschen, die dich fasziniert haben? Und was an Ihnen fandest du so bewundernswert? Das Gespräch über besondere Menschen zeigt, welche Eigenschaften und Fähigkeiten Ihr Partner entwickeln möchte. So wecken Sie seine Begeisterungsfähigkeit, seinen Enthusiasmus. Und all das wird auch in Ihnen berührt und inspiriert. Sie haben die Gabe, über Blicke und Gespräche in kurzer Zeit tiefer zu gelangen und das Herz mehr zu berühren, als es anderen Partnern in vielen Jahren gelingt. Sie öffnen die Räume der Seele. Und aus denen strahlt die Liebe. So, und jetzt Rolle rückwärts in den Alltag von gestern und vorgestern. Wie war es denn da, mit Ihnen zusammenzuleben?

## Ein gelbes, drei weiße, ein oranges Bärchen
### Sie lassen die Augen leuchten!

Bei drei weißen Bärchen brauchen wir Ihnen kaum zu sagen, was los ist. Sie wissen es selbst. Sie spüren es. Sie haben telepathische Antennen. Wer mit Ihnen zusammen ist, muss sich nicht ausgiebig äußern. Sie wissen, was in ihm vorgeht. Trotzdem möchten Sie es gelegentlich auch in seinen Worten hören. Möchten, dass der andere sich Ihnen öffnet. Vielleicht traut er sich nicht. Aber Sie haben das orange Bärchen des humorvollen Herzens und das gelbe der liebevollen Unterstützung. Damit können Sie die zugeknöpftesten Leute zum Sprechen bringen. Sie machen das sehr behutsam. Sie fragen nach Erinnerungen. Wie warst du als Kind?, forschen Sie. Denn Sie wissen: Das Grundgefühl der Kindheit ist ein Schlüssel zur Seele des Partners. Wie war es in der Klasse mit den anderen?, erkundigen Sie sich. Warst du gern in Gruppen? Welche Rolle hast du da gespielt? Und natürlich erzählen Sie jetzt auch von sich selbst. Erstaunlich, was dabei zur Sprache kommt. Wie unmittelbar Sie zur Empfindsamkeit des anderen gelangen – und natürlich auch zu Ihrer eigenen Empfindsamkeit. Was Sie von seinen Träumen, seinen Beziehungen erfahren – und was Sie dabei über sich selbst erfahren. Gab es Menschen, mit denen du dich aussprechen konntest?, fragen Sie. Gab es jemanden, der dich enttäuscht hat? Und der dich angenehm überrascht hat? Sie wissen: Im Kindergarten und während der Schulzeit werden Rollen ausprobiert. Diejenige, mit der ein Kind am besten durchkommt, wird es auch später beibehalten. Mit einem bestimmten Verhalten hat es Erfolg; den Rest verbirgt es. Die Frage nach seinen damaligen Rollen macht es Ihrem Partner möglich, auch über das zu sprechen, was er lieber verborgen hält. Oft ist es seine sensible, zarte Seite. Sie kommt zum Vorschein, wenn er sich an Enttäuschungen und Überraschungen mit anderen Menschen erinnert. Seine Augen leuchten, wenn er davon erzählt. Er erzählt, wie er Beziehungen erlebt hat, was er von ihnen erwartet und was er selbst gibt. Schon sind Sie in einem Gespräch, das die Tiefen der Seele berührt. So etwas schaffen nur wenige. Sie gehören dazu. Konntest du Freunde nach Hause bringen, oder warst du mehr bei den anderen?, fragen Sie. Und was glaubst du: Welches Bild hatten die anderen von dir? Was würden sie rückblickend über dich sagen? Erstaunlich, wie sich Ihr Partner Ihnen öffnet. Selbst einen Flirt machen Sie so zu einem der interessantesten Gespräche, die je geführt wurden. Es ist Ihre natürliche Gabe, einen Partner zu unterstützen – und damit sich selbst. Sie ermutigen andere, sich zu öffnen. Wenden sich zu. Sind liebevoll nah. Ja, das ist Ihnen angeboren. Aber, die Bärchen zeigen es, erst jetzt kommt dieses Talent zum Vorschein: diese Begabung des Herzens, an andere Herzen zu rühren. Dafür müssen Sie sich nichts zurechtlegen. Sie machen das intuitiv. Es geschieht einfach. Es geht von selbst. Wie Ihr wundervolles Leben. Wie die Liebe.

# Ein gelbes, zwei weiße, zwei grüne Bärchen
Vorsicht, Familie!

Na, wem fühlen Sie sich ausgeliefert? Ihrem Partner? Ihren Eltern? Ihren Schwiegereltern? Wer stört? Keiner? Na, kommen Sie. Wir sind unter uns. Menschen, die diese Bärchen-Kombination ziehen, haben häufig irgendeinen Test vor sich. Einen Stolperstein für die Liebe. Was ist es bei Ihnen? Was steht an? Das letzte Zusammentreffen mit der Familie Ihres Partners vor der unvermeidlichen Trennung? Oder das erste Treffen mit der Familie? Irgendwann muss es ja stattfinden. Sie wissen: die gehemmte Vorstellungsarie. Das Beäugen. Die vorteilhafte Selbstdarstellung vor wachsamen Augen. Sie machen das nicht schlecht. Aber wer der Familie des Partners vorgestellt wird, ist ungefähr so entspannt wie ein Kandidat vor der Prüfungskommission. Mit einem Unterschied: Nicht nur die familiäre Prüfungskommission beurteilt den Kandidaten. Der Kandidat überlegt auch, ob er mit dieser Prüfungskommission leben will. Die Eltern einer Frau wollen nicht nur wissen, ob dieser neue Mann genug verdient. Er selbst fragt sich an so einem Nachmittag bang: Wird sie am Ende genauso wie ihre Mutter? Und seine Eltern wollen bei der Vorstellung der Frau zwar wissen, ob sie schon mal verheiratet war und ob sie einigermaßen patent ist. Doch auch sie stellt etwas fest: Er ist offenbar ein Muttersöhnchen. Er grübelt: Bekomme ich sie jemals los von dieser engen Familie? Und sie: Wird er im Zweifelsfall auf seine Mama hören? Die schwerhörige Tante kommt mit der peinlichen Frage: Und wann heiratet ihr? Und ihre Eltern bieten womöglich an: Wenn ihr heiratet, könnt ihr bei uns mit einziehen. Auf jeden Fall äußert sich die Familie, notfalls durch Schweigen, und es ist manchmal schwer, sich ihren Argumenten zu entziehen. Muss das eigentlich sein? Na ja. Es dient der Klärung. Die Familie artikuliert manchmal Befürchtungen, die die Partner selbst unterdrückt haben. Sie zum Beispiel, ja, genau Sie, Sie haben mit zwei weißen Bärchen gerne mal den Kopf in den Wolken. Es ist ganz gut, wenn Sie sich die Einschätzung von jemand anderem auch anhören. Und noch etwas zeigt sich bei so einem Spießrutenlauf durch die Familie: Ihr Partner ist nicht frei. Er ist in einem Geflecht. Da regiert jemand mit. Mindestens in seinem Kopf. Da sind beladene Beziehungen. Und die werden in der Partnerschaft zum Tragen kommen. Wollen Sie sie mittragen? Eines ist klar: Es ist kein Zufall, dass Sie diese Bärchen-Kombination gezogen haben. Ein Test der familiären Art steht bevor. Und wir wünschen Ihnen das Glück, das das gelbe Bärchen verheißt. Es ist das Bärchen der partnerschaftlichen Entfaltung, der unterstützenden Liebe, der zielstrebigen Leidenschaft, die durch keinen Querschuss zu stoppen ist. Viel Spaß!

### Ein gelbes, zwei weiße, ein grünes, ein oranges Bärchen
Sie können warten!

Zwei weiße Bärchen. Sie sind also empfindsam und zart be-
saitet. Deshalb haben Sie sich – das erkennt man an Grün und
Gelb – einen analysierenden Verstand zugelegt. Sie gehen mit
Vorsicht durch die Welt. Auf einige Bewerber wirkt das aufreizend keusch und tugendhaft. Andere halten Sie für frech. Denn
Sie lassen sich nichts vormachen und kommentieren Dumm-
heiten mit spitzer Zunge. Wenn es um Kritik geht, sind Sie kreativ, sagt das orange Bärchen. Doch das erste Opfer der Kritik sind
meist Sie selbst. Obwohl Sie charmant sind und gut aussehen,
halten Sie sich oft nicht für liebenswert. Es gibt Leute, die das
ausnutzen. Ausgewählte Exemplare des anderen Geschlechtes
zum Beispiel. Sie haben Erfahrung? Die haben Sie. Sonst hätten
Sie nicht diese Kombination gezogen. Immerhin können Sie die
anderen warten lassen. Bereits in der Schule, wo Sie einen frechen Schnabel hatten, haben Sie schäkernde Flirter schmoren
lassen. Eingebildete Verführungskünstler haben Sie immer mit
unvergleichlicher Ironie ins Leere laufen lassen. Sie können
necken und dabei doch verhalten bleiben, reizen und gleich
wieder in Deckung gehen. Kurz: Sie können Liebhaber zur
Verzweiflung treiben. Sex halten Sie für etwas ganz Natürliches
und verstehen überhaupt nicht, warum manche Leute so viel
Aufhebens davon machen. Sie selbst können auch ganz gut
ohne auskommen. Zumal Sie ein bisschen Furcht davor haben.
Denn eines ist bei dieser Bärchen-Kombination nicht so leicht:
sich hinzugeben. Da haben Sie Schwierigkeiten. Da kommt
Ihnen Ihr Verstand immer wieder kontrollierend in die Quere.
Wie Sie das Problem loswerden? Mit der Zeit von ganz allein. Sie

können es eigentlich jetzt schon vergessen. Bislang haben Sie oft ewig erwogen, ob diese Person, die da dauernd anruft, Ihre Zuwendung oder Ihr Vertrauen wirklich verdient hat. Oder ob Sie sich da nicht auf Unberechenbares einlassen. Jetzt beginnt eine Phase, in der Sie sich plötzlich mit Vergnügen überrumpeln lassen. Und zwar von phantasievollen Liebenden. Originelle Wesen machen Ihnen Eindruck, denn Sie haben ein zartes Faible für Romantik. Champagner sollte dabei sein, damit Ihr Verstand sich zur Ruhe legt. Und dann geht es ab. Wenn Sie selbst verführen wollen, merken die anderen das bisweilen nicht. So cool können Sie bleiben, während es innen lodert und brennt. Zurzeit – das dürfen wir hier wohl verraten – beschäftigt sich Ihre Phantasie mit konkreten Personen. Mit charmanten Erscheinungen aus dem Kreis der Bekannten, Kommilitonen, Kollegen. Die spuken durch Ihre Träume. Und in diesen Träumen geht es zurzeit so lustvoll zu, dass Sie den betreffenden Personen bei der nächsten Begegnung befangen gegenübertreten. Ein bisschen Scham ist dabei. Fast haben Sie das Gefühl, Sie müssten bestraft werden. Und in Ihren Träumen findet das tatsächlich statt! Nach Herzenslust unanständig sein und dann die Strafe dafür empfangen: Das bringt Sie zur Ekstase. Oh, stopp! Jetzt haben die Bärchen eigentlich schon zu viel verraten. Jetzt erzählen Sie mal weiter!

# Ein gelbes, zwei weiße, zwei orange Bärchen
## Sie machen es auf Lateinisch!

Oh, das ist eine anfällige Kombination! Sie wissen, dass gerade Zahlen nach alter Orakeltradition immer die Kehrseite der Farbsymbolik andeuten. Zweimal Weiß: Das sind Wolkenschlösser, die über den Himmel Ihrer Sehnsucht treiben, herrliche Illusionen. Und zweimal Orange: Sie würden am liebsten ewig im Frühlingswind schwereloser Liebeleien driften. Sie sind jetzt allerlei Abenteuern zugeneigt, sind verführbar und, neutral formuliert, ziemlich weltoffen. In dieser kribbeligen Phase erwacht Ihre Begeisterungsfähigkeit. Ihre Leidenschaftlichkeit kocht hoch. Und man kann nicht behaupten, dass Sie diese Energien unter Kontrolle haben. Zwar sind diese Eigenschaften in Ihnen angelegt. Doch erst jetzt werden sie aktiviert. Deshalb haben Sie genau jetzt die Bärchen von Francesca und Paolo gezogen. Häh? Von wem? Ja, genau. Auf alten Abbildungen sind die beiden stets mit zwei Orangenblüten und zwei Orangenfrüchten zu sehen. Zweimal Weiß, zweimal Orange. Wie bei Ihnen. Und wer waren die beiden? Es waren rauschhafte Liebhaber. Sie ahnen, was das ist, und binnen kurzer Zeit werden Sie es wissen. Die schöne Francesca lebte vor etwas mehr als siebenhundert Jahren. Sie heiratete den Herzog von Rimini. Dieser Edelmann besaß eigentlich nur einen Vorzug: Er hatte einen jungen und gut gebauten Bruder. Der hieß Paolo. Und Paolo gab Francesca Nachhilfeunterricht in Latein. Oder umgekehrt, er sollte Nachhilfestunden von ihr bekommen. Man weiß es nicht genau, weil die beiden nie eine Prüfung ablegten. Sie kamen nicht sonderlich weit. Sie übersetzten die Ritterromanze zwischen dem edlen Lanzelot und der Königin Guinevere. Und als sie zu der Stelle kamen, wo Lanzelot zur verheirateten Königin aufs Zimmer schleicht, hörten sie auf zu lesen. Und taten genau das, was im Buch geschildert wurde. Was das mit Ihnen zu tun hat? Na ja, vermutlich will demnächst jemand Latein mit Ihnen lernen. Um sich vorzubereiten, könnten Sie schon mal ein paar Vokabeln büffeln. Aber dann sollten Sie ein bisschen aufpassen. Denn Paolo und Francesca wurden ertappt. Mitten beim Konjugieren und Deklinieren. Und wurden erstochen. Der Ehemann von Francesca hatte wohl nichts übrig für Latein. Heutzutage weiß man die alten Sprachen wieder zu schätzen. Besonders Sie. Sie haben ein Faible für die schönen Künste. Und Sie haben Lust auf ein Abenteuer. Ja, es brodelt in Ihnen. Um Ihr heißes Herz züngeln Flammen. Sie wollen Kitzel, Wirbel, Heldentaten. Natürlich nur mit Ihrem gegenwärtigen Partner, besonders wenn er jetzt gerade mithört oder mitliest. Das gelbe Bärchen der partnerschaftlichen Entfaltung verspricht uns: Es kommen auch wieder ruhigere Phasen. Aber jetzt ist erst mal das Aufblühen Ihrer dramatischen Liebesbegabung dran. Es muss Ihnen nur jemand eine schöne Liebesgeschichte erzählen oder ein Gedicht widmen oder ein Lied vorsingen, schon spüren Sie die ganze Schwindel erregende Kraft Ihrer Leidenschaft. Bitte konjugieren Sie: amo, amas, amat ...

### Ein gelbes, ein weißes, drei grüne Bärchen
Ihre Liebe bleibt frisch!

Drei grüne Bärchen und Weiß und Gelb: eine wunderbar frische Farbkombination. Und tatsächlich, wer diese Bärchen zieht, hat das seltene Talent, eine Liebe frisch zu erhalten. Über viele, viele Jahre. Hätten Sie sich kaum zugetraut, was? Drei grüne Bärchen bedeuten: Sie verfügen über die höchste Vernunft, über die Vernunft des Herzens. Spätestens ab jetzt – denn jetzt haben Sie ja diese Kombination gezogen – können Sie, was viele Leute nie können werden: nämlich Ihrem Herzen trauen. Hundertprozentig. Obendrein haben Sie das weiße Bärchen der liebevollen Inspiration, was nichts anderes heißt, als dass Ihnen immer was Neues einfällt, aus Liebe und für die Liebe. Und das gelbe Bärchen der partnerschaftlichen Entfaltung zeigt, dass die Zweisamkeit im Alltag bei Ihnen nicht grau zusammenschrumpft, sondern wächst und blüht. Ist ja scheußlich, wie gut Sie sind! Aber daran ist nichts zu ändern. Leute mit dieser Kombination haben eine intuitive Begabung, selbst unter dem Staub langer Beziehungsjahre immer wieder unverbrauchte Gefühle zu entdecken. Leute wie Sie kommen auch als Ehepartner auf die Idee, immer mal wieder unverheiratet zu spielen. Dann tun Sie so, als würden Sie sich gerade erst kennen lernen. Das kribbelt. Oder Sie packen alte Fotos aus. Oder reisen an alte Orte, an die Orte der eigenen Kindheit und an diejenigen des Partners, den Spielplatz, den Kindergarten, die Schule, den Saal der Tanzstunde, den Platz des ersten Kusses, der ersten Begegnung mit dem jetzigen Partner. Mit Ihrem spirituellen weißen Bärchen wissen Sie: Das sind Orte der Initiation. Da begann etwas. Da tauchen Bilder auf. Da kommen Sie ins Gefühl, ins Wesentliche. Kann auch sein, dass Ihnen einfällt, ein Wochenende lang so simpel wie möglich zu leben. Wie Ihre Urgroßmutter. Ohne Komfort. Ohne Elektrizität. In der Einfachheit fallen die aufgeschichteten Gewohnheiten weg. Die Liebe darunter ist frisch. Und Sie stellen Ihrem Partner immer mal wieder inspirierende Fragen. Fragen, die ihn unmittelbar zu seinem Enthusiasmus führen. Welche Streiche hast du früher gespielt? Musstest du Mutproben bestehen? Auf was für Entdeckungsreisen bist du gegangen? Was Ihr Partner von frühen Wagnissen und Abenteuern erzählt und was Ihnen selbst dazu einfällt, lässt das Herz pochen und die Augen leuchten. Die Frische, die Leidenschaft ist immer da. Und die Freiheit ist nicht irgendwo anders, sondern hier, in der Begegnung Ihrer beider Herzen. Nun – wem sagen wir das. Sie wissen das alles. Intuitiv. Die Gedanken, die wir uns über die Liebe machen, mögen sehr kompliziert sein. Die Liebe selbst ist ganz einfach. Und Sie, mit Ihrer Herzensweisheit, haben das begriffen. Eigentlich wussten Sie es immer schon. Aber Sie mussten erst mal ein paar Umwege gehen, um es erneut herauszufinden. Und falls Sie aus Spaß wieder mal ein paar Umwege gehen wollen – wir sehen Ihnen gerne dabei zu.

## Ein gelbes, ein weißes, zwei grüne, ein oranges Bärchen
### Beanspruchen Sie einen Raum für sich!

Eigentlich eine schöne Kombination. Aber wahren Sie Ihre Grenzen. Hüten Sie Ihre Geheimnisse. Wer zweimal Grün zieht, gibt in der Partnerschaft häufiger nach, als es gut ist für die Liebe. Oder gibt zu viel von seinem Terrain preis. Gummibärchen-Forscher haben herausgefunden, dass es sich hier um die so genannte Melusine-Kombination handelt. Genau diese Farben wurden der geheimnisvollen Melusine zugeschrieben, einer sagenhaften Gestalt von magischer Verführungskraft. Das klingt schon mal nicht schlecht. Man sagte, sie sei das Kind einer Fee. Das lassen Sie auch noch durchgehen, oder? Genau wie Melusine jedenfalls bleiben Sie einem Partner, Mann oder Frau, immer ein Rätsel. Und das ist gut. Etwas ist in Ihnen verborgen, das die anderen nicht ruhen lässt. Und Sie brauchen diesen unantastbaren Raum – in sich selbst und ganz greifbar in einer Wohnung, in einer Partnerschaft. Jetzt sind die Melusine-Bärchen zu Ihnen gekommen, weil Sie aufgefordert sind, den Raum für sich in Anspruch zu nehmen. Ihr Geheimnis zu wahren. Respekt einzufordern. Melusine hat im nebelhaften Mittelalter gelebt. Es heißt, ein Ritter Raimund von Lusignan sei ihr im Wald begegnet. Und obwohl sie eher einem Naturwesen glich als einem Mädchen von angemessener Herkunft, habe er sich sofort verliebt und sie heiraten wollen. Sie stimmte zu und erbat nur eines: dass sie einmal in der Woche, am Samstag, sich unangetastet zurückziehen dürfe. Ohne dass ihr Partner ihr nachspioniere. Die Ehe wurde glücklich, mit Kindern, Burgen, Städtegründungen. Bis Raimund das wöchentliche Geheimnis seiner Frau nicht länger aushalten wollte. Er nahm den Schlüssel. Schlich in ihre Gemächer. Spähte ins Bad. Und entsetzte sich. Melusine hatte den Unterkörper eines Fisches angenommen. Sie spürte die Entdeckung, floh in derselben Stunde, und den Ritter verließ das Glück. Also wahren Sie Ihr Geheimnis! Es ist gleichgültig, ob Sie sich wie Melusine den Samstag für die wöchentliche Rückkehr zu Ihren Wurzeln auswählen. Oder ob Sie jeden Morgen und jeden Abend eine Stunde für sich beanspruchen. Wichtig ist vor allem, dass Sie in Ihrer Partnerschaft ein unantastbares Terrain für sich behalten. Nicht um dem anderen etwas vorzuenthalten. Sondern um Kraft zu schöpfen. Um sich auf sich selbst zu besinnen. Um Unabhängigkeit zu wahren. Sie brauchen einen Raum, in dem Sie Ihre eigene Atmosphäre schaffen. In dem Sie sich entziehen können. Das kommt auch Ihrem Partner zugute. Ihr eigener Raum erfrischt Sie. Und dass Sie vor den anderen etwas verbergen können, wahrt Ihre Eigenart. Es stärkt Ihre Persönlichkeit. Schaffen Sie sich Ihren privaten, persönlichen Bezirk. Dazu gehören abschließbare Schubladen. Eine abschließbare Tür. Nehmen Sie sich Zeit für sich allein. Freiheit für sich allein. Nehmen Sie sich das Recht zu schweigen. All das tut Ihnen gut. Und allen anderen. Das Glück bleibt bei dem, der Ihre Eigenständigkeit respektiert. Denn Sie haben die Gene der Melusine. Essen Sie eigentlich gern Fisch?

## Ein gelbes, ein weißes, ein grünes, zwei orange Bärchen
### Sie wachsen im Wir-Gefühl!

Sie haben das weiße Bärchen der liebevollen Intuition gezogen, dazu das grüne der ruhigen Herzenswärme, schließlich das gelbe der partnerschaftlichen Entfaltung. Was sollte da schief gehen? Sie handeln besonnen, denken unbestechlich klar – und fühlen tief. Aus diesen Zutaten wachsen wahre Liebe und dauerhafte Leidenschaft. Gesegnet der Partner, dem diese Leidenschaft vergönnt ist! Möge er oder sie Ihre Gunst zu schätzen wissen. Diese Sache mit der Partnerschaft in den guten und schlechten Zeiten: Die muss Ihnen niemand erklären. Sie sind loyal. Sie übernehmen Verantwortung. Sie geben nicht auf, wenn es hart kommt. Oft fühlen Sie sich gerade in Krisen lebendig, weil Sie dann an Ihre wahren Energien herankommen. Sie können durchs Feuer gehen. Und können dabei sogar noch jemanden auf den Schultern tragen. Und das tun Sie. Sie unterstützen Ihren Partner. Auch, indem Sie ihn mal zur Rede stellen, wenn Sie mit etwas nicht einverstanden sind. Sie ermutigen ihn, über seine eigenen Gefühle zu reden. Sie mobilisieren Stärken und Begabungen in ihm, die ihm selbst kaum bekannt waren. Zwar ist ihm das Teilen und Mitteilen etwas weniger wichtig als Ihnen. Er ist etwas mehr auf Abgrenzung aus als Sie. Doch daraus wiederum lernen Sie. Denn das ist Ihre wesentliche Stärke: sich zu wandeln und zu erneuern. Lediglich die beiden orangen Bärchen machen uns stutzig. Sie wissen ja, dass gerade Zahlen in einem Orakel immer etwas Bedenkliches haben. Zweimal Orange bedeutet häufig, dass seelische Problemzonen ausgeklammert werden. Das macht auch nichts. In dieser Gesamtkombination scheinen die Problemzonen am ehesten draußen zu liegen: Eltern oder Schwiegereltern finden etwas zu mäkeln oder Freunde mischen sich ein, Neider wollen Ihnen etwas einreden. Aber Sie sind mittlerweile zu stark, um den Einflüsterungen anderer nachzugeben. Sie und Ihr Lover entwickeln sich unaufhaltsam weiter in dieser Partnerschaft. Jeder auf seine Art, doch auf einer gemeinsamen Basis. Weil Partnerschaft bei Ihnen Austausch bedeutet. Weil die Beziehung für Sie ein lebendiges Gespräch ist. Und wenn sie das bisher nicht war, werden Sie merken, dass sie sich jetzt dazu entwickelt. Hinter jeder Schwäche, die Sie im Augenblick noch bei Ihrem Partner sehen, werden Sie binnen kurzem die Stärke entdeckt haben. Genauso er bei Ihnen. Klar, Sie werden sich auch immer noch gelegentlich übereinander ärgern. Doch Sie werden in jedem Konflikt die Entwicklungschance erkennen. Es wird immer Punkte geben, die Ihnen an Ihrem Partner ein bisschen fremd bleiben. Doch in jedem Missverständnis und in jeder Krise werden Sie die Herausforderung sehen, an der Sie wachsen. Der gegenseitigen Inspiration sind keine Grenzen gesetzt. So wird das Wir-Gefühl zunehmen, während Sie sich zugleich beide zu kraftvollen, eigenständigen Persönlichkeiten entwickeln. Tja. Was kann man da machen? Laden Sie uns doch mal ein! Vielleicht können wir ein bisschen stören!

### Ein gelbes, ein weißes, drei orange Bärchen
Willkommen im Karneval der Träumer!

Eine kreative, träumerische, wundersame Kombination! Sie
sind beim Theater? Oder denken sich Filme aus? Sie leben mehr
in Dichtung oder Musik und in farbigen Geschichten als auf
dem Boden grauer Wirklichkeit? Klar, das tun Sie. Das ist unausweichlich bei dieser seltenen Kombination. Wer Sie liebt,
muss sich darauf gefasst machen, dass es manchmal nichts zu
essen gibt. Dass Sie aber zum Ausgleich wunderbare Bilder oder
Melodien in die Küche zaubern können. Und oft reicht das sogar
zum Sattwerden. So überzeugend ist Ihre Phantasie und so un-
erschöpflich Ihre träumerische Kraft. Auf jeden Fall reicht es
zum Lieben! Ihre Phantasie ist so magisch, so bezwingend, Sie
können so schöne Worte und Gesten daraus zaubern, dass Sie
andere Menschen nicht nur inspirieren, sondern auch verführen können. Und wenn Sie das bisher noch nicht gemerkt haben sollten, ist es gut, dass wir es Ihnen hier mal sagen. Danken
Sie den Bärchen. Wir danken auch. Denn diese Kombination
ist zugleich eine Warnung. An alle, die Ihrer heiteren, spielerischen Verführungskunst erliegen könnten. So richtig hundertprozentig Verlass ist nämlich nicht auf Sie. Nein, nein, Sie sind
nicht gerade das treueste Wesen auf diesem Planeten! Dazu sind
Sie einfach zu phantasievoll. Zu aufnahmefähig, zu beeinfluss-
bar. Drei heitere orange Liebesspielbärchen bedeuten nun mal
auch, dass Sie nicht nur zaubern können, sondern dass Sie auch
leicht verzaubert werden können. Dass Sie ein bisschen anfällig
sind für flirtige Jonglierkunst und erotische Spielerei. Es kann
sogar sein, dass Sie sich beim Lieben in die Gefilde magischer
Illusionen verlieren. Und hinterher sagen: Ich weiß auch nicht,

wie das kam. Ich kann nichts dafür! Na, macht ja nichts. Man verzeiht Ihnen beinahe alles. Der ruhmreiche Pariser Poet Jacques Prévert hatte genau dieselben Farben wie Sie. Seine Dichterwerkstatt am Montmartre stattete er ganz in Orange aus, mit ein paar Tupfern Gelb und Weiß daran. Sein Meisterwerk ist übrigens der Film «Die Kinder des Olymp». Den kennen Sie wahrscheinlich nicht, weil Sie so betörend jung sind. Aber dieser Film erzählt Ihr Leben. Träumer und Pantomimen, Schönheiten und Edelleute, Gentleman-Verbrecher und Artisten werden in einem Karneval der Liebe durcheinander gewirbelt. Alle lieben, leiden, seufzen, träumen, und alles geschieht poetisch. Selbst die Schwermut hat eine hauchzarte Leichtigkeit. Und so ist das auch in Ihrem Leben. Spätestens ab jetzt. Was andere für Realität halten, wofür andere kämpfen und die Ellenbogen ausfahren, hat für Sie keine Anziehungskraft. Zu sehr schon ist Ihr Herz berührt. Äußerlich mag es gelegentlich scheinen, dass Sie auf Absicherung aus sind. Doch im Grunde ist das vorbei. Sie selbst sind Träumer und Pantomime, Schönheit und Edelherz, Gentleman-Ganove und Artist. Und der Karneval der Liebe hat gerade erst begonnen!

### Ein gelbes, vier grüne Bärchen
Sie klopfen die Liebe wach!

Sie stecken im Morast. Im Schlamm. Bei Ihnen bewegt sich absolut nichts. Die erotische Energie ist zum Erliegen gekommen. Ihr Appeal auf den Nullpunkt gesunken. Die Ausstrahlung ist erloschen. Vier grüne Bärchen bedeuten Stillstand. Es geht nicht vorwärts bei Ihnen. Noch nicht mal rückwärts. Okay. Und jetzt sehen wir mal, ob wir noch was bewegen können. Es könnte gerade noch möglich sein. Diese Bärchenkombination ist wie ein Notruf in letzter Sekunde. Das aktive gelbe Bärchen könnte Sie rausholen. Denn damit haben Sie die Farben der Internationalen Erotischen Klopfmasseure gezogen. Was ist das denn? Ja, genau. Das klären wir sofort. Also, Sie schütteln sich jetzt erst mal. Sonst schütteln wir Sie. Sie stellen sich hin, mit gebeugten Knien und schlenkernden Armen. Und schütteln sich. Sechzig Sekunden lang, locker, nicht heftig. Das erschüttert Ihre Energieblockaden. Sie merken schon, da kommt was in Fluss. Und nun klopfen Sie Ihren Körper ab. Sonst klopfen wir Sie. Mit flachen Händen. Vom Scheitel bis zu den Füßen. Immer neunmal. Gern kräftig. Als Erstes neunmal mit beiden Händen auf den Kopf. Das haben Sie verdient. Sehen Sie, jetzt erwacht Ihre libidinöse Energie. Nun klopfen Sie die Arme ab: neunmal den linken von der Schulter bis zur Hand, erst die Oberseite, dann die Unterseite. Dann den rechten Arm genauso. Jetzt mit beiden Händen vom Schlüsselbein bis kurz unter den Bauchnabel neun lässige Schläge. Dann den Rücken, so weit es geht, vom Schulterblatt bis zum Kreuz. Sollen wir helfen? Nun noch die Beine. Rechtes Bein mit beiden Händen vom Schritt bis zum Knöchel. Linkes Bein. Und fertig. Ja, jetzt kehrt das Feuer zurück. Sie haben nämlich mal eben und ganz lässig die erotischen Meridiane wachgeklopft. Darf es noch prickelnder werden? Dann legen Sie die Hände auf den Rücken, ungefähr in Höhe der Nieren. Und nun kreisen Sie kaum merklich mit den Hüften. Sieht gut aus. Und belebt ein paar sehr interessante Energiezentren. Haben Sie etwa noch Lust, sich um sich selbst zu drehen? Im Stehen? Mit ausgebreiteten Armen? Neunmal linksherum schleudert die Schlaffheit ins All oder rüber zu uns. Neunmal rechtsherum holt pure Power rein in Ihr System. Und wir sitzen dann da wie ausgelutscht. Aber wir gönnen es Ihnen. Wenn Sie mitgemacht haben, haben Sie jetzt Ihre erotische Ausstrahlung bereits um hundert Prozent erhöht. Jetzt könnten Sie zum Schluss noch eine energetische Schaltzentrale wachklopfen. Aber das kommt uns fast übertrieben vor. Diese Schaltzentrale liegt in der Mitte der Brust, hinter dem oberen Teil des Brustbeins. Wollen Sie? Dann schließen Sie eine Hand locker zur Faust und klopfen Sie unterhalb des Halses auf Ihr Brustbein, neunmal, und holen dabei tief Luft. Jetzt aber Schluss. Sie sind jetzt gefährlich erotisiert. Das werden Sie noch heute Abend merken. Wenn Sie mitgemacht haben. Wenn nicht, freuen wir uns auch. Denn dann bleiben Sie der Plumpsack, der Sie bis heute waren. Und solche Säcke brauchen wir, um uns vorteilhaft davon abzuheben. Danke.

### Ein gelbes, drei grüne, ein oranges Bärchen
Sie schaffen eine positive Stimmung!

Eine kreative, fruchtbare, liebevolle Kombination. Sie müssen ein Genie der partnerschaftlichen Unterstützung sein. Eine psychologische Naturbegabung mit positiver Ausstrahlung. Haben Sie das schon gemerkt? Die anderen auch? Nun, spätestens ab heute zeigen sich diese Talente. Menschen mit dieser seltenen Kombination können andere zum Reden und zum Zuhören bewegen, zum Austausch, zur Verbundenheit, zur Lösung aller Probleme. Was Ihnen zum Beispiel gut liegt und was wunderbar heilsam ist für jede Partnerschaft, ist das positive Verstärken. Das wirkt Wunder im Umgang mit einem Kind. Zum Beispiel, wenn Sie sagen: Du kannst doch so toll aufräumen! Aber es wirkt auch Wunder beim Partner. Etwa wenn Sie sagen: Du kannst so gut zuhören. Oder: Ich finde, du stellst die richtigen Fragen, das hilft mir weiter. Das Lob bringt genau die positive Eigenschaft ans Licht, die Sie fördern wollen. Sie sagen zum Beispiel: Du bist manchmal unglaublich einfühlsam, du kannst dich gut in andere Leute reinversetzen. Und Sie wissen: Wer gelobt wird, bemüht sich, dem Lob gerecht zu werden. Aber Sie wenden das nicht als Trick an. Sondern aus Liebe. Um die Verbindung, die Gemeinsamkeit zu stärken. Es gibt Leute, die meckern oder beklagen sich, wenn sie von ihrem Partner was wollen. Solche Leute kennen Sie auch. Ja, es hat sogar Zeiten gegeben, da gehörten Sie selbst dazu. Nur haben Sie gemerkt, dass das Jammern und Klagen nichts bringt. Dem anderen sowieso nicht, aber leider auch Ihnen nicht. Inzwischen schaffen Sie wie von selbst eine wohltuende Stimmung. Bei drei grünen Bärchen geht das gar nicht anders. Sie können sich noch so große Mühe geben –, wenn Sie meckern wollen, kommt das wie pures Lob zum Vorschein. Ich fand es gut, wie du gestern den Streit mit Philipp geregelt hast!, sagen Sie. Und schon fühlt Ihr Partner sich beachtet, ernst genommen und verstanden. Und es ist ja auch nicht gelogen. Sie erkennen nur etwas an, was Sie früher vielleicht nicht erwähnt hätten. Jetzt erwähnen Sie es. Das war souverän, wie du den Schlotterbecks abgesagt hast!, loben Sie. Oder so ähnlich. Das ist eine freundliche Würdigung Ihres Partners. Sie rufen ihm ein Erfolgserlebnis in Erinnerung. Und im Gegenzug ist er bereit, sich zu öffnen, etwas aufzunehmen, zuzuhören. Im Grunde sind das erstklassige Führungsqualitäten, die da in Ihnen schlummern. Aber mit dieser heilerisch begabten Kombination sind Sie nicht scharf auf eine große Karriere. Sie wollen einfach glücklich sein. Zum Beispiel in der Liebe. Und genau das können Sie. Nichts steht dem mehr im Wege.

## Ein gelbes, zwei grüne, zwei orange Bärchen
### Sie Pechvogel und Trutschtante!

Mein Gott, sind Sie trutschig! Zeigen Sie sich mal. Und Pech haben Sie auch noch. Ist ja herrlich! Also, bleiben Sie bei uns. So was haben wir gern um uns, so was wie Sie. Sie wissen doch: An anderer Menschen Leid sich zu erfreuen hilft das eigene Glück erneuen. Das Wort stammt von einem der erfolgreichsten Unternehmer der Neuzeit, von Dagobert Duck. Aber Sie haben nicht die Dagobert-Duck-Kombination gezogen. Das nun wirklich nicht. Der Mann widmete sich ja ausschließlich dem Geld. Und Sie, ja Sie!, Sie haben ein zutiefst liebendes Herz. Nur so ist es zu erklären, dass Sie die Donald-und-Daisy-Kombination gezogen haben. Herzlichen Glückwunsch! Donald Duck ist Ihnen bekannt? Und Sie wissen, dass er Daisy zum Jubiläum des Kennenlernens ein herrliches Kleid geschenkt hat? Ein gelbes mit zwei großen grünen und zwei großen orangen Flecken drauf? Und nun sehen Sie sich mal Ihre Bärchen-Kombination an. Gelb, zweimal Grün, zweimal Orange. Damit sind Sie mittendrin in einer der längsten Beziehungen unserer hastigen Epoche. Ja, Sie haben die Begabung, eine Beziehung lange, endlos lange, am Laufen zu halten. Besonders eine Beziehung, in der es nie richtig zur Sache geht. Denn Sie wissen ja, die Liebe zwischen Donald und Daisy bleibt unerfüllt. Kennen Sie das? O ja. Das kennen Sie. Und Sie wissen inzwischen auch: Die unerfüllten sind oft zugleich die schönsten Liebesgeschichten. Und trotzdem wollen Sie mehr. Na, dann sehen wir mal auf die Farbbedeutung! Zweimal Orange: Das bedeutet, dass Sie gern herumschnattern, aber wenn Sie auf Widerstand stoßen, dass Sie versuchen, sich irgendwie durchzumogeln. Und zweimal

Grün bedeutet eine entengrützige Tatenlosigkeit in der Hoffnung, alle unangenehmen Situationen möchten von selbst vorübergehen. Aber das geschieht nicht. Im Gegenteil. Durch Ihre Haltung ziehen Sie magisch Pech und Fettnäpfchen an. Und obendrein erleichtert es anderen, Sie auszunutzen. Schon mal gemerkt? Na, eben. Und wo bleibt die Liebe? Ganz einfach. Wenn Sie so weitermachen, werden Sie irgendwann das Gefühl haben, Sie seien übrig geblieben. So wie Donald und Daisy. An denen sind alle Leidenschaften vorübergezogen. Ein Pechvogel und eine Trutschtante. Und beides steckt in Ihnen. Tja, aber jetzt geht's ja aufwärts. Gerade Zahlen – zum Beispiel die Zwei, zweimal Grün, zweimal Orange – bedeuten nach alter Orakeltradition Hemmungen und Widerstand. Aber ungerade Zahlen bedeuten, dass etwas in Bewegung kommt. Und Sie haben eine ungerade Zahl! Sie haben genau ein gelbes Bärchen! Das ist nicht viel, aber das ist wunderbar! Das bedeutet, dass Ihnen das Ziel Ihrer Liebe unmissverständlich klar wird. Dass Sie sich nichts mehr vormachen lassen. Heh – mit dieser Kombination geschieht es noch heute oder morgen oder jedenfalls innerhalb von sieben Tagen: Sie sehen klar, und Sie machen was draus! So. Aber jetzt, nur für uns, machen Sie mal den Donald-und-Daisy-Watschelgang vor, okay? Bitte! Einmal! Dann sind Sie's auch los!

### Ein gelbes, ein grünes, drei orange Bärchen
Mit Ihnen wird es nie langweilig!

Was für eine herrlich einfallsreiche Kombination! Sie haben die Farben der Ideen, der Kreativität und der Phantasie gezogen! Mit Ihnen wird es also nie langweilig! Gut zu wissen. Wenn man nicht aufpasst, muss man mit Ihnen womöglich auf einem Floß den Yukon runterpaddeln oder ganz und gar unflache Berge erklettern oder mit schwankendem Boot in die Hochsee stechen. Ja, Sie haben ein abenteuerliches Herz. Und Sie haben irgendwie mitgekriegt, dass gemeinsam bestandene Gefahren ein Paar noch fester zusammenschmieden. Vielleicht müssen es nicht unbedingt Gefahren sein? Und nicht zwangsläufig die Wildnis? In Ihnen steckt so ein Hang zum einfachen Leben und zum ungeschminkten Lieben. Luxus, okay. Aber ein Wochenende auf einer Hütte, so simpel wie möglich, wie anno Urgroßmutter, ohne Komfort, ohne Elektrizität, das finden Sie zur Abwechslung ziemlich aufreizend. Weil in der Einfachheit die aufgeschichteten Gewohnheiten wegfallen. Die Liebe darunter ist leidenschaftlich und frisch. Das spüren Sie. Und es kann vorkommen, dass Sie zur kleinen Auffrischung zwischendurch überraschende Geschenke mitbringen. Oder dass Sie ungeplant zu einer Reise an zärtliche Orte aufbrechen. Vielleicht an die Orte der eigenen Kindheit und an diejenigen Ihres Partners: Zu zweit sehen Sie den Spielplatz, den Kindergarten, die Schule wieder, den Platz des Baumhauses oder den Keller verbotener Spiele, den Saal der Tanzstunde, einen oft gegangenen Weg, den Platz des ersten Kusses oder der ersten Begegnung mit dem jetzigen Partner. Das sind Orte der Initiation. Da begann etwas. Da tauchen Bilder auf. Da kommen Sie ins Gefühl, ins Wesentliche.

Für so etwas haben Sie ein Talent. Sie haben die drei orangen Bärchen der spielerischen, heiteren Liebe gezogen, die drei Bärchen der zärtlichen Einfälle. Dazu das gelbe Bärchen des schöpferischen Lustgewinns. Und das heißt: Sie tun richtig was für die Beziehung. Und schließlich das grüne Bärchen der verlässlichen Herzenswärme. Bei aller Liebeslust sind Sie nicht flatterhaft. Auf die Vernunft Ihres Herzens ist Verlass. Jedenfalls ab jetzt ist das alles so. Denn heute haben Sie ja diese originellen Bärchen gezogen. Die Liebestalente, die Ihnen angeboren sind, werden also spätestens jetzt hellwach. Mal sehen, ob Sie heute Nacht schlafen können. Oder gleich aufbrechen ins Unbekannte. Ach ja, und falls wir uns mal am Yukon begegnen, dann wandern wir mal ein paar Kilometer landeinwärts, okay? Denn da liegt das Tal der wilden Gummibären! Das passt zu Ihnen und Ihren Ideen!

## Ein gelbes, vier orange Bärchen
### Sie sind Fallensteller!

Sie sind ein Trickser. Sie inszenieren Affären mit Notausgang. Bauen Fallgruben. Zum Beispiel, wenn Sie jemanden zu Hause abholen, zum ersten Mal. Da kommen Sie glatt zu früh! Gemeiner Trick! Sie haben schon hoffnungsvolle Lover ausflippen sehen, weil das Haar noch feucht war und das Zimmer unaufgeräumt. Sie bekamen nicht die Illusion, sondern die Realität zu sehen. Schuftig, aber gut! Und dann Ihre durchtriebenen Komplimente! Sie loben die Schuhe Ihres Date-Partners und belauern die Reaktion. Wenn er oder sie jetzt erzählt, wo die Schuhe her sind, wie lange die Suche dauerte und welche Designer noch super sind, dann wissen Sie: Diese Liebe würde anstrengend werden. Und kostspielig. Gestrichen. Oder gehen Sie noch essen? Ja, aber aus purer Bosheit nicht fein, sondern deftig. Studiert Ihr Date mit aufgerissenen Augen die Karte, pickt dann verzweifelt mit der Gabel auf dem Teller und sortiert das Ungesunde an den Rand? Dann wissen Sie: Dieser Mensch ist um sein Wohlergehen besorgt. Ist nicht sinnlich. Ade. Oder Sie bezahlen die Rechnung nicht. Zumindest nicht sofort. Und beobachten Ihr Date. Bietet er oder sie an, die Hälfte zu übernehmen? Oder wandert der Blick angestrengt durchs Lokal, bis Sie die Scheine hinblättern? Dann ist es ein Wesen von der teuren Sorte. Das wollen Sie nicht. Aber was wollen Sie eigentlich? Sie wollen immer nur checken. Weil Ihnen das Fallenbauen so viel Spaß macht. Aber eins können wir bei dieser Kombination sicher sagen: Auch Sie selbst fallen mal rein. Auf die Liebe. Und das gelbe Bärchen sagt: Bald! Und wenn's dann richtig «Plumps» gemacht hat, nanu, dann sind Sie glücklich!

**Fünf weiße Bärchen**
Sie strömen einfach über!

Dürfen wir Ihre Lotosfüße küssen? Dürfen wir uns in Ihre Aura begeben? Einen Blick erhaschen? Fünf weiße Bärchen! Das ist ganz, ganz selten! Sie haben tief im Inneren eine Liebeserfahrung gemacht, die sonst nur Gurus oder Zen-Meistern oder spirituellen Weisheitslehrern zuteil wird: die Erfahrung, dass Sie selbst die Quelle von Liebe und von Frieden sind. Sie suchen nicht mehr nach Liebe irgendwo draußen wie wir Tölpel. Sie wissen, dass in Ihnen selbst eine viel größere Liebe ist, als Sie jemals irgendwo anders finden könnten. Wir knicken ein vor Ihrer Meisterschaft. Im Gegensatz zu uns Dumpfbacken haben Sie durchschaut: Es gibt absolut nichts, was Sie von außen brauchen. Deshalb haben Sie diese einmalige Ausstrahlung von Liebe und Frieden. Sie fließen über davon! Da müssen wir erst mal durchatmen. So was wie Sie kommt ganz selten vor! Sie haben gemerkt: Die Liebe, die auf andere gerichtet ist, ist eine Liebe, die etwas will. Die sich ausmalt, wie es sein sollte, und beleidigt ist, wenn es nicht so ist. Erfüllung durch solch wankelmütige Beziehungen suchen Sie längst nicht mehr. Sie fürchten sich nicht mehr vor dem Verlust solcher wechselhafter Zuwendung. Sie wissen inzwischen, dass Liebe genau das ist, was Sie im tiefsten Inneren selbst sind. Und wenn Sie jetzt lieben, strömen Sie einfach über. Sie können gar nicht anders! Glückwunsch! Bewunderung! Neid! Wir Dummköpfe haben Beziehungen wie löcherige Siebe. Da kann unser Partner noch so viel Liebe reingießen, sie ist gleich wieder weg. Sie hingegen fließen einfach über. Oh, herrliche Begegnung. Danke, dass Sie da sind. So. Und das nächste Mal ziehen Sie bitte ein paar boshaftere Bärchen.

## Vier weiße, ein grünes Bärchen
Sie bauen Märchenschlösser!

Oh, Sie sind romantisch! So romantisch, dass es schon ein bisschen verrückt ist! Ihr Herz ist voller abwegiger Träume, von denen Sie die wichtigsten nicht einmal zu äußern wagen. So sonderbar kommen diese Träume Ihnen selbst vor. Tatsächlich reicht Ihre Sehnsucht weit über das Gewöhnliche hinaus und übrigens auch weit über das Bezahlbare. Wissen Sie, wie man diese äußerst seltene Bärchen-Kombination nennt? Die König-Ludwig-Kombination! Gemeint ist König Ludwig II. von Bayern. Sie wissen schon: der empfindsame Gentleman, der sich Märchenschlösser bauen ließ, der Kunstwelten mehr liebte als die Wirklichkeit, der sich von vier weißen Schwänen oder vier weißen Gummibärchen in seine Seegrotten ziehen ließ und der seine Verlobung aufkündigte, weil sie doch nur in eine Ehe gemündet wäre: «Zum Heiraten habe ich keine Zeit, das soll mein Bruder machen.» Mit diesen Worten stürzte er die Porträtbüste seiner Braut aus dem Fenster. So viel zur Partnerschaft. Na? Sie haben sich erkannt in Ihrer früheren Inkarnation? Ja, ja, *Sie* waren Ludwig. Am Schluss hat man Sie für verrückt erklärt und entmündigt, damit Sie nicht noch mehr Geld in Opern und dergleichen Schnickschnack verpuffen ließen. Und wie machen Sie es jetzt, heute, in diesem Leben? Vier weiße Schwanenbärchen! Weiß ist die Farbe der freiheitlichen Leidenschaft, der inspirierenden Liebe, der Liebe, die über sich selbst hinausweist. Aber viermal Weiß – die gefürchtete gerade Zahl – ist die glatte Kehrseite davon: Der Geist ist zwar da, aber in Form von Selbsttäuschung, Augenwischerei und Illusion, verbunden mit dem konsequenten Ausschlagen aller guten Ratschläge. Sie lieben die edle Einsamkeit wie einst Ludwig. Aber warum? Weil Ihnen da kein scharfsinniger Partner dreinreden kann. Sie messen die Realität einer Beziehung an Ihren hochfliegenden Träumen, und natürlich schneidet die Realität dabei schlechter ab. Würde es Ihnen etwas nützen, wenn Sie Märchenschlösser bauen könnten? Wenn Sie alles Geld des Landes Bayern bekämen, um Ihr Privatleben nach Ihren Vorstellungen zu gestalten, vom Frühstück bis zu den Abenteuern der Nacht? Überhaupt nicht. Während alle seine Wünsche erfüllt wurden, fühlte sich der König immer einsamer. Weil das Glück niemals von außen kommt. Und auch die Liebe nicht. Ludwig mit seinen vier weißen Bärchen verharrte in dieser Illusion. Sie nicht. Denn Sie haben noch ein grünes Bärchen gezogen. Das Bärchen der vertrauensvollen Liebe. Dieses grüne Bärchen bedeutet: Sie können sich auf den Weg Ihres Herzens verlassen. Sosehr Sie auch die Wirklichkeit nach Ihren Vorstellungen formen wollen – tief im Inneren wissen Sie, dass das gar nicht nötig ist. Sie merken, dass Sie selbst die Quelle der Liebe und des Glücks sind. Der König versteifte sich immer mehr auf seine Träume und wurde immer empfindlicher. Sie hingegen werden immer lockerer. Und der Vernunft Ihres Herzens folgend, schaffen Sie es, dass aus romantischen Illusionen romantische Wirklichkeit wird.

## Vier weiße, ein oranges Bärchen
Träumen Sie weiter!

Vier träumerische weiße Bärchen! Da brauchen Sie sich um die Realität einer Beziehung nicht zu kümmern. Sie bleiben ohnehin in Ihren Träumen. Sogar Ihre erste Liebe ist da noch sehr lebendig in Ihrem Bewusstsein. In Ihrem Herzen. Die Liebe, die Ihre Seele ins Schwingen brachte und zum ersten Mal den ganzen Körper erfasste. Sie ließ die Welt leuchten. Da war das Gefühl, zum ersten Mal begehrt zu werden. Angebetet und in den Himmel gehoben zu werden. Das war unvergleichlich mit allem, was Sie bis dahin erlebt haben. Alles war groß und weit und neu. Ihr Vertrauen in dieses Gefühl war unerschütterlich – bis es vorüberging. Das zweite oder dritte Gefühl dieser Art konnte niemals ganz heranreichen an die Intensität des ersten Males. Die Erfahrung macht nicht nur klüger – sie dämpft auch. Aber Sie haben ja noch mehr Stoff zum Träumen. Es gibt da diese unerreichbare Liebe bei Ihnen. Diese Liebe, die niemals enttäuschen kann, weil sie im Idealen bleibt. Sie ist aus Vorstellungen gebaut. Kein Alltag, keine Banalität kann an ihr kratzen. Da ist nur stilles Sehnen, sanftes Bedauern, romantische Wehmut. Wenn die Umstände anders wären … wenn ich anders wäre … wenn nichts dazwischenstände. Es wäre die ideale Liebe! Klar, hier würden Sie alles richtig machen. Hier würde alles wie von selbst gehen. Es könnte niemals so banal und trübsinnig enden wie das, was Sie zuletzt erlebt haben. Unerreichbarkeit und Sehnsucht gehören zusammen. Und daran ist nichts falsch. Träumen Sie weiter. Und dann haben Sie doch auch noch Ihre herrliche vergangene Liebe. Die ist in der Erinnerung zum großen Glück gewachsen. Da war es doch! Wie ist es nur verloren gegangen? Es war das Beste, was Sie hatten! Warum haben Sie es aufs Spiel gesetzt? Die Diskussionen, der Streit, die Wut sind vergessen und verblasst. Jetzt scheint es, als hätte es damals nichts gegeben, was nicht zu schaffen gewesen wäre. Wie leicht hätte man verzeihen und nachgeben können! Ach ja. In einer wohligen Mischung aus Sehnsucht und Reue kultivieren Sie diese vergangene Liebe. Natürlich kann sie ein Hindernis für eine neue Liebe sein, wenn es bei der Idealisierung bleibt. Aber auch ein Lernprogramm: Die Fehler, die Sie damals gemacht haben, werden Sie nicht wieder machen. Heh, und sagen Sie mal, gibt es da nicht auch eine heimliche Liebe bei Ihnen? Dieses augenzwinkernde orange Bärchen macht uns stutzig! Na? Was ist da los? Ist da nicht so eine Liebe, die ausschließlich Ihnen und niemand anderem gehört? Ja, ja! Nach außen spielen Sie Teilnahmslosigkeit. Drinnen explodiert ein Vulkan. Diese Liebe ist risikoreich, gefährlich – und genau deshalb so grandios. Ihre Gefühle steigern sich angesichts der Gefahr. Da wird Liebe zur Ekstase. Bleiben Sie dabei. Wäre die Heimlichkeit vorüber, würde das Gefühl seine Intensität verlieren. Käme diese Liebe ans Licht, würde sie verblassen. Sie würde zum Alltag werden. Und genau das wollen Sie nicht. Na, dann bleiben Sie kreativ in Gedanken – und träumen Sie weiter!

## Drei weiße, zwei grüne Bärchen
Sie frühstücken bei Tiffany!

Übermut und Schwermut treffen sich bei Ihnen. Sie haben die
drei weißen Bärchen der Leichtigkeit und die beiden grünen der
Melancholie. Wir können es ja auch an Ihnen sehen: Sie haben
verträumten Charme und eine geheimnisvolle Anmut. Und Sie
sind mit diesen Bärchen wie geschaffen für heitere und wehmü-
tige Großstadtromanzen. Denn Sie haben nichts Geringeres gezogen als die berühmte Tiffany-Kombination. «Frühstück bei
Tiffany»: Sie erinnern sich vage? Ein erfolgloser Schriftsteller
und eine kapriziöse Schönheit verwandeln New York in eine
Stadt der Verliebten. Und genau das können Sie auch. Mit jeder
Stadt. Die Liebe zwischen Audrey Hepburn und George Peppard
im Film ist verspielt und exzentrisch, humorvoll und ergreifend
und jedenfalls immer bezaubernd. Und das ist genau die Art
Liebe, die Ihnen eingeboren ist. Daran erinnern die Bärchen.
Und sie zeigen, dass Sie – ja, Sie – jetzt diese unkonventionelle,
romantische Liebe zu leben beginnen. Wollen Sie vielleicht
gleich morgen den Plastikring aus einer Wundertüte zwecks
Gravur zum Juwelier tragen? Im Film geschieht das. Ihnen
könnte auch so etwas einfallen. Denn wer drei weiße Bärchen
zieht, der verlässt die ausgetretenen Pfade. Stimmt's? Stimmt.
Sie bürsten auch Ihren Partner gern gegen den Strich. Sie lieben
die Funken, die bei Reibung entstehen. Und Sie leben das Gewöhnliche gern auf ungewöhnliche Weise. Das tut der Liebe
gut. Mag es auch erst Überwindung kosten, bald törnt es an. Sie
haben Witz. Sie haben Stil. Sie sind intelligent. Und ein bisschen geheimnisvoll. Und wer sich in Sie verliebt – das sind übrigens mehr, als Sie glauben! –, traut sich nicht so leicht ran. An-

dere spüren intuitiv, dass bei Ihnen die Überraschungen auch mal sonderbar ausfallen. Dass es bei Ihnen – Tiffany lässt grüßen – zu komischen Verwicklungen kommt. Und vor allem spüren vorsichtige Naturen, dass Ihr Leben unstete Züge trägt. Dass Sie etwas verbergen, aus Ihrer Vergangenheit, was Sie manchmal eigenartig verletzlich macht. Auf die heiteren drei weißen Liebesbärchen fällt der Schatten der beiden grünen. Das heißt, Ihre ansteckende Unbekümmertheit, die Leichtigkeit Ihres Flirts, das unwiderstehliche Knistern Ihrer Verliebtheit wird abgedunkelt von einer versteckten Melancholie. Wie sieht das aus? Sitzen Sie abends am Fenster und singen in sanfter Sehnsucht vom «Moon River»? Oder patschen Sie im Regen durch Pfützen, in denen sich Wolkenkratzer spiegeln? Auch wenn Sie zurzeit gerade keines von beiden tun – Sie könnten es. Es passt perfekt zu Ihnen. Diese zarte Wehmut gibt Ihrer Leichtigkeit die Tiefe. Mit Ihnen kann man zugleich humorvolle und ergreifende Romanzen erleben, verspielte und zugleich intensive Affären. Ihre Augen sind klar. Und bergen doch eine anziehende Rätselhaftigkeit. Schön, Sie zu sehen!

## Drei weiße, ein grünes, ein oranges Bärchen
### Sie sind heiter, flirtig, frei!

Mit diesen drei weißen Bärchen können Sie auf den Grund der Seele sehen. Sie haben Antennen für die feinsten Schwingungen der Gefühle. Ihnen öffnet man sich gern. Und jetzt, verrät das orange Bärchen, kommt Ihr schöpferischer Umgang mit der Sensibilität richtig zum Vorschein. Und dazu das grüne Bärchen des Vertrauens. Mit dieser zartfühlenden Kombination haben Sie Zugang zu den zartesten Seiten Ihres Partners. Zu dem, was Psychologen das Innere Kind nennen. Forschen Sie mal danach. Fragen Sie, und fragen Sie es auch sich selbst: Hattest du irgendwann mal das Gefühl, erwachsen zu sein? Oder nur erwachsen zu spielen? Es ist lustig, über diesen seltsamen Zwiespalt zu sprechen. Meinst du, es gibt so etwas wie eine innere Wahrheit?, fragen Sie. Auf die man sich verlassen kann? Und verlässt du dich darauf? Das ermutigt Ihren Partner, sich zu öffnen. Sie fragen: Hast du deine Ziele irgendwann ganz bewusst geändert? Ihr Partner hat Träume. Wo gleichen sich die Träume des Partners mit Ihren eigenen? Ihrer beider Visionen zu entdecken und zu verwirklichen ist das Ziel. Worauf möchtest du einmal stolz sein?, fragen Sie. Und sogar: Wenn du nur noch ein Jahr Zeit hättest – was würdest du gerne noch kennen lernen? Sie können sich diese Aufrichtigkeit leisten. Andere brauchen dazu noch ein paar Inkarnationen. Sie jedoch wissen: Ohne Aufrichtigkeit kann eine Partnerschaft nie frei und leicht sein. Und: Zur Liebe wird nichts Sie befähigen als nur die Wahrheit. Ist das schwierig? Nein. Ihr Weg ist leicht und mühelos. Sehen Sie sich die Farben an: Es ist ein heiterer, flirtiger Weg. Gerade weil Sie stets mit dem Herzen dabei sind. Schön, Sie zu sehen.

## Drei weiße, zwei orange Bärchen
Die Liebe ist ein Ferientag!

Heh, es wird lustig! Menschen, die diese Kombination ziehen, befinden sich auffallend häufig in Dreiecksbeziehungen. Aber nicht auf problematische, sondern auf muntere Art. Gummibärchen-Forscher nennen es die «Jules-und-Jim»-Kombination. Das bezieht sich auf einen charmanten Film, in dem zwei Freunde, eben Jules und Jim, dieselbe Frau lieben. Alle drei trudeln durch alle Launen und Richtungswechsel der Leidenschaft. Verzaubert von einer scheinbar endlosen Ferienstimmung, geben sie sich den unberechenbaren Strömungen der Liebe hin, sensibel, wach, innerlich unruhig. Beschreibt das nicht ziemlich gut Ihr eigenes Liebesgefühl? Ihre subtile erotische Stimmung? Wer sich mit Ihnen einlässt, muss beweglich bleiben. Sie bieten eine flatterhafte Sprunghaftigkeit, einen zuweilen verantwortungslosen Wankelmut. Und das sind nur die Kehrseiten Ihrer sinnlichen Empfänglichkeit und geistigen Sensibilität. Ihrer faszinierenden Anziehungskraft. Hören Sie den Dialog, mit dem der Film «Jules und Jim» beginnt. «Du hast gesagt: Ich liebe dich. Ich habe gesagt: Warte. Beinahe hätte ich gesagt: Nimm mich! Doch du hast gesagt: Geh!» So ist die Liebe. Ihre Liebe. Das eine wird ausgesprochen. Das andere nur beinahe. Schon kommt es zu Missverständnissen. Zur Kränkung. Trennung. Dann zur raschen Versöhnung. Zum Überschwang. Und auf ein Neues. So geht das Spiel. Ihr Spiel. Einmal hin. Und einmal her. Rundherum, das ist nicht schwer. Mit wem? Na, mal sehen! Eines ist jedenfalls klar in der neuen Phase Ihres Lebens: Die leichte, spielerische Seite der Liebe überwiegt. Die Ferienseite der Liebe. Also segeln Sie los. Einen Anker brauchen Sie vorläufig nicht.

## Zwei weiße, drei grüne Bärchen
Danke im Namen Ihres Partners!

Eine schöne Partnerschafts-Kombination. Wäre schade, wenn
Sie Single bleiben. Sind Sie es? Sollten Sie nicht sein. Jeder andere. Nicht Sie. Denn dreimal Grün: Sie haben und sind eine er-
holsame Kraft. Sie können einem hektischen Partner Ruhe geben, einem kreativen Chaoten Klarheit verschaffen und einem
verzettelten Forscher die Richtung zeigen. Sie besitzen ordnende, heilende Fähigkeiten. Allerdings haben Sie auch weiße
Bärchen. Die weisen auf eine Mischung aus Empfindlichkeit
und Selbsttäuschung hin, auf Ihre Sehnsucht, der Wirklichkeit
gelegentlich zu entfliehen. Konkret sieht das so aus, dass Sie
sich immer mal wieder trennen wollen. Die Bärchen raten ab.
Die Probleme, wenn es denn wirklich welche sind, würden ja
doch wiederkommen. Beim nächsten Partner wird keineswegs
alles besser. Es wird oft nicht einmal anders. Sie würden bald
vor den gleichen Schwierigkeiten stehen. Schon mal erlebt? Sie
ahnen es zumindest. Da können Sie sich den Umstand sparen.
Zumal eine Trennung das Selbstbewusstsein schwächt. Selbst
wenn Sie auf eigenen Wunsch eine Beziehung beenden, werden
Sie das Gefühl haben, gescheitert zu sein und versagt zu haben.
Egal, was Sie laut hinausposaunen, im Stillen werfen Sie sich
vor, Kummer verursacht und Eltern oder Schwiegereltern enttäuscht zu haben. Sie müssten sich rechtfertigen, würden
heuchlerisch bemitleidet, bekämen gute Ratschläge, fühlten
sich von den Eltern unter Druck gesetzt, wären Gegenstand
des Klatsches. Und natürlich müssten Sie wieder von vorn anfangen. Müssten wieder werben, locken, hinhalten, taktieren.
Müssten von neuem Ihre Lebensgeschichte erklären, Erwartun-

gen formulieren, Wünsche vortragen und Kompromisse erarbeiten. Haben Sie dazu Lust? Unter uns gesagt, bei drei grünen Bärchen würde es Ihnen nicht einmal schwer fallen. Sie könnten sich eine Trennung leisten. Sie haben die Stehauf-Kondition. Haben die Herzenswärme. Die innere Stärke. Aber irgendwann wird die bloße Wiederholung anstrengend. Und es dauert zu lange, das Gefühl von Gemeinsamkeit und Sicherheit wiederherzustellen. Bis zu einer neuen Liebe wären Sie als Single überall das fünfte Rad am Wagen. Die Lippenbekenntnisse nach einer Trennung – «wir lassen dich nicht im Stich» – halten ja doch nicht. Singles dürfen nicht zur Party, zu der auch der Ex kommt. Die Freunde entscheiden sich für einen von beiden. Der Rest schweigt. Und dann der lästige Alltagskram, die Neuregelung der Versicherung und der Krankenkasse. Der Autokauf. Die Steuererklärung. Der Behördenkrieg. Der neue Heizkessel. Selbst Kleinigkeiten fordern Entscheidungen, die zu zweit leichter zu treffen sind. Niemand zeigt Anteilnahme und Mitgefühl. Niemand federt die Wut ab. Niemand sagt: Du wirkst abgespannt, ruh dich doch ein bisschen aus. Stattdessen ziehen pünktlich zum Wochenende die Wolken der Depression auf. Na, danke. Okay, aber solche Gedanken flattern gelegentlich wie schwarze Vögel durch Ihr sonniges Gemüt. Nun – egal, wie Sie es machen, Sie machen es richtig. Bei drei grünen Bärchen. Sie machen es gut. Auch für andere. Danke schon mal im Namen Ihres Partners.

## Zwei weiße, zwei grüne, ein oranges Bärchen
### Sie werden sich trennen!

Grün und Weiß und ein wenig Orange in der Mitte: Das ist die Blüte des Schneeglöckchens. Eine empfindliche Blüte, aus Reinheit gewachsen, hauchzart und weich, aber widerstandsfähig. Das sind Sie. Sie haben gelernt, Ihre Empfindsamkeit hinter frechen Bemerkungen zu verbergen. Ihre Gefühle erschienen Ihnen selbst so herausfordernd, dass Sie lieber distanziert geblieben sind. Sie haben eine abgespeckte Form der Liebe akzeptiert. Und gegen die Gefahren der Leidenschaft haben Sie ein System der Selbstkontrolle errichtet. Das wird jetzt ausgehebelt. Dieses orange Bärchen des verwandelnden Ausbruchs kündigt an: Sie fliegen auf jemanden, der völlig anders tickt als Sie und der mit reichlich Temperament Ihre Bedenken beiseite fegt. Was Sie im Grunde immer schon wollten – einfach lockerlassen und völlig befreit lieben –, genau das geht auf einmal. Vielleicht noch nicht heute Abend. Immerhin haben Sie ja noch Ihren leisen Widerstand und Ihre Empfindlichkeit. Nicht zu vergessen das Geflecht Ihrer Gewohnheiten. Aber Sie sind dabei, sich zu häuten. Ja, Sie erneuern sich. Und Sie stellen Fragen. Zum Beispiel, ob Ihre Partnerschaft Ihnen noch entspricht. Und ob Sie sich nicht anders entscheiden müssten, wenn Sie ganz ehrlich wären zu sich selbst. Sie sind gerade dabei, ganz ehrlich zu sich selbst zu werden. Ihr Schicksal in die eigene Hand zu nehmen. Sie haben in letzter Zeit viel nachgedacht. Sie sind Ihrem Partner dankbar für vieles. Doch Sie können nicht übersehen, dass es mit den Tugenden einer guten Beziehung – Gemeinschaftsgefühl, Vertrauen, Offenheit – nicht mehr so weit her ist. Sie können sich vorstellen, dass Ihr Partner sich ändert. Aber Sie können sich auch vorstellen, dass Sie nicht mehr lange darauf warten wollen. Wie würden Sie sich entscheiden, wenn Sie keine Angst hätten? Was würden Sie sich in drei Jahren wünschen, heute getan zu haben? Kurze Bedenkpause. Eines ist bei dieser Bärchen-Kombination garantiert: Ihre Partnerschaft wird in drei Jahren ganz gewiss nicht mehr so sein wie heute. Sie wird vermutlich nicht mehr existieren. Und wenn, dann wird sie entschieden anders aussehen. Dann muss sie anders aussehen, damit Sie sich darin wohl fühlen. Sie werden sich trennen – vermutlich von Ihrem Partner. Mindestens aber von der Art Beziehung, die Sie heute mit ihm oder ihr führen. Weil diese Schmalspur-Liebe Ihnen nicht mehr gemäß ist. Es hat eine Zeit gegeben, in der Sie nicht wagten, zu Ihren Wünschen zu stehen. In der Sie nicht einmal wagten, Zumutungen abzulehnen. In der Sie sich Konflikte nicht zutrauten. In jener Zeit war Ihre jetzige Partnerschaft angemessen. Und war gut für Ihre Entwicklung. In wenigen Jahren werden Sie Mühe haben, sich an diese Zeit zu erinnern. Heben Sie sich also ein paar Fotos auf. In ein paar Jahren werden Sie froh sein, dass es die jetzige Krise gegeben hat. Weil Sie dadurch frei und mutig und aufrichtig geworden sind. Genau wie Ihre Liebe.

## Zwei weiße, ein grünes, zwei orange Bärchen
### Sie sind Inneneinrichter der Liebe!

Ah, Sie sind Inneneinrichter der Liebe! Besuchen Sie uns bitte gelegentlich, damit wir unser Schlafzimmer streng nach Erdstrahlen oder Feng-Shui-Gesichtspunkten ausrichten. Damit es richtig knistert. Denn für so etwas müssten Sie ein Händchen haben. Sie schätzen Ihre Vorstellungen höher als die Wirklichkeit, das zeigen die weißen Bärchen. Und Sie leiden unter einer leicht nervösen Störanfälligkeit, das verraten die beiden orangen. Mit dem grünen Bärchen der Herzensvernunft versuchen Sie, Ordnung in Ihre Gefühle zu bringen. Sie stellen Ihr Bett bestimmt nicht in die Luftlinie zwischen Tür und Fenster, oder? Und man blickt doch von Ihrem Bett nicht auf Wäscheberge oder auf Aktenregale? Nein, so wie diese Kombination aussieht, haben Sie dafür gesorgt, dass eine schmuseweiche Atmosphäre im Schlafzimmer herrscht. Den Fernseher haben Sie doch rausgeschmissen? Und dass Zeitungen eine miese Stimmung ins Schlafzimmer tragen, ist Ihnen auch schon aufgefallen. Haben Sie Rosa- und Pfirsichtöne im Zimmer? Gut. Ein funkelnder Bergkristall hängt vor dem Fenster? Ausgezeichnet! Aber Moment – haben Sie etwa eine geteilte Matratze? Mit so genannter Besucherritze? Die einen Riss zwischen einem schlafenden Paar verewigt? Um Himmels willen! Gleichen Sie das sofort aus durch paarweise aufgestellte Kerzenständer! Sonst wird es ja nie was mit der Harmonie! Aber okay, Sie können mit all diesen Ideen spielen. Ernst zu nehmen brauchen Sie keine. Übrigens auch Ihre eigenen nicht. Denn nicht Sie arrangieren Ihr Liebesleben. Sondern das Leben ist der Arrangeur. Und das hat außer Pfirsichtönen und Kerzen noch einiges Schärfere für Sie auf Lager!

## Zwei weiße, drei orange Bärchen

Sie lieben mit Sahne!

Dreimal Orange! Sie haben die Begabung zu flirten und auf Partys köstliche Intrigen zu schmieden. Und zweimal Weiß: Sie bauen Luftschlösser und ziehen am liebsten gleich selbst ein. Sie sehen die Liebe locker. Sie flirten, Sie spielen, Sie tricksen ein bisschen. Und jetzt kommt der Schock: Sie haben die Farben des internationalen Verbandes der Schlagerindustrie gezogen. Orange – Weiß – Orange – Weiß – Orange ist deren lustige Flagge. Sie sind also ein Schlagerkomponist! Ein Schlagertexter! Ein Schlagerinterpret! «Ganz in Weiß mit einem Blumenstrauß», das könnte glatt von Ihnen sein. Oder «Er gehört zu mir», «Es fährt ein Zug nach Nirgendwo», «Aber bitte mit Sahne», das müssten Sie blendend interpretieren können. Da bebt Ihr Herz. Wie, das ist gar nicht so? Sie sind eigentlich viel toller? Nee, sind Sie nicht. Selbst wenn Sie Hard Rock, Gregorianik oder Techno mögen: Ihre Liebe ist eine Schlager-Liebe. Die Welt Ihres Herzens ist eine Welt der seichten Illusionen. Sie wollen anhimmeln und angehimmelt werden. Für Sie soll es rote Rosen regnen. Sie wollen in einem Himmelbett liegen. Und es soll immer so bleiben. So, wie das in den Schlagern versprochen wird. Sie behaupten vielleicht, dass Sie das kitschig finden. Sie machen sich vielleicht lustig darüber. Aber das ist Augenwischerei. In schnuckeligen Zuckerträumen sind Sie zu Hause. Und warum auch nicht? Mit Ihren leicht kitschigen Einfällen können Sie eine lange Liebe immer wieder neu beleben – oder immer wieder eine neue beginnen. Sie haben das Talent, die Liebe leicht und heiter zu gestalten. Und wenn Ihr Partner gehen soll, greifen Sie einfach zum Mikrophon!

## Ein weißes, vier grüne Bärchen
### Saugen Sie Staub!

Schlafmütze! Mit Ihnen ist ja überhaupt nichts los! Wissen Sie, dass vier grüne Bärchen das totale Absacken bedeuten? Den libidinösen Offenbarungseid? Das Entweichen letzter erotischer Energie aus einem ohnehin schlaffen Ballon? Ja, genau. So ist das mit Ihnen. Wenn Sie schon so eine extrem seltene Kombination wie diese ziehen, müssen wir Ihnen einen Tritt geben. Oder das Bett anheben, damit Sie zur anderen Seite rausrollen. Denn Leute, die diese Kombination ziehen, verschnarchen am liebsten den Tag im Bett. Nicht aus erotischen Gründen. Sondern aus Faulheit. Erzählen Sie doch mal bei der Gelegenheit, was für ein Bett Sie bevorzugen. Schlafen Sie gern erhöht, sogar im Hochbett oder Dachgeschoss? Sodass Sie, wie ein Adler oder Aasgeier, in einem Horst schlafen? Oder bevorzugen Sie eine Mulde, schlafen Sie also gern tief oder gar im Keller? Vielleicht sehen Sie Ihren Schlafplatz als Höhle, haben gern den Schrank auf der einen, die Wand auf der anderen Seite und noch besser einen Baldachin überm Kopf. Oder sind Sie ein Insel-Typ und wollen Ihr Bett mitten im Raum haben, umgeben von einer großen leeren Fläche? Darüber haben Sie noch nie nachgedacht? Eben, eben. Es wird Zeit, dass Sie das tun. Zeit, dass Sie aufstehen und Ihrem Bett ein Lifting geben. Ihrem ganzen Ambiente. Ideen dafür müssten Sie eigentlich haben, das zeigt das weiße Bärchen der liebevollen Intuition. Es ist nichts dagegen zu sagen, dass Ihr Bett ein bisschen unordentlich ist. Aber dass es sich in Richtung Bio-Kompost entwickelt, das ist nicht so schön. Das törnt nicht an. Ein bisschen Frische, bitte! Ein bisschen Farbe. Erinnern Sie sich doch mal an Ihre früheren Leben! Da hatten Sie getäfelte Schlafzimmer und Betten wie Throne mit Baldachin darüber und hohen Bettpfosten, die sich für Fesselungen eigneten. Das ist lange her. Noch in Ihrem letzten Leben hatten Sie ein Schlafzimmer in orientalischer Manier. Umgeben von kostbaren Hölzern, von Marmor und Goldverzierungen, unter Deckenspiegeln und geschnitzten Ornamenten, eingelullt von Wasserspielen und Flötenmusik, umhüllt von bauschigen Tüchern, von Samt, Satin und Seide, haben Sie da nur die geringste Zeit mit Schlafen verbracht! Nur ein kleiner Springbrunnen als Andenken täte Ihrem Schlafzimmer jetzt schon sehr gut. Sie hatten Weihrauch und Schleier, schimmernde Fläschchen mit berauschenden Düften, feine Spitzen und schäumende Getränke. Wo ist das hin? Alles in Vergessenheit geraten. Und von Ihnen für überflüssig erklärt worden. Okay, zum Schlafen ist das alles nicht nötig. Aber schon für schöne Träume ist es gut. Und wenn Sie noch ein bisschen spielen und Spaß haben wollen und wenn Sie nichts gegen Glanz und Rausch und Ekstase haben, wenn Sie nichts gegen die Liebe einwenden – dann geben Sie Ihren Einfällen nach. Die haben Sie nämlich. Die kommen jetzt wieder. Ach ja – und als Erstes saugen Sie mal Staub!

# Ein weißes, drei grüne, ein oranges Bärchen

## Sie halten das Gespräch in Gang!

Das weiße Bärchen liebevoller Intuition, das orange der romantischen Kreativität und die drei grünen der Harmonie, des Vertrauens, der heilenden Liebe. Sagen Sie mal, sind Sie noch zu haben? Mit Ihnen muss das Leben ja herrlich sein! Na gut, nicht in jeder Minute. Wenn Sie abwesend sind, wälzt sich Ihr Partner vor Trauer auf dem Boden! Aber grundsätzlich ist ein Leben mit Ihnen ein sicherer Weg zu blühender Liebe und innerem Frieden. Sie schaffen es, selbst verstockte Partner in Genies der Zuwendung zu verwandeln. Maulfaule Lover werden bei Ihnen zu Meistern des liebevollen Gesprächs. Wie schaffen Sie das? Wenn das weiße Bärchen Recht hat, folgen Sie Ihrer Intuition. Das orange sagt, dass Sie erfindungsreich zu Werke gehen. Und die drei grünen, dass Sie mit vertrauensvoller Beharrlichkeit gesegnet sind. Wie also bringen Sie jemanden zum Zuhören, zum Austausch, zum Gespräch? Zum Beispiel ganz einfach, indem Sie um Rat fragen. Du hast mir doch schon häufig richtig geraten, wie ich mit so etwas umgehen kann!, sagen Sie. Im Job ist jetzt folgende Situation … Und schon hört Ihr Partner zu und überlegt mit Ihnen gemeinsam. Sie beklagen sich nicht über Schwierigkeiten, wie wir doofen Trottel es tun würden – sodass sich der andere auch noch verantwortlich fühlt für unsere miese Stimmung. Nein, Sie machen es klüger. Sie bitten um Rat. Sie sprechen den weisen Experten im anderen an, die viel erfahrene Fachkraft. Oder Sie helfen sich mit einem Vergleich: Du hast doch mal erzählt, als du zur Schule gingst, hattest du immer Ärger mit diesem einen Lehrer. Sophie geht es jetzt genauso. Da ist Folgendes … Durch einen Vergleich fühlt Ihr Partner sich persönlich angesprochen. Besonders, wenn er dabei positiv abschneidet. Und das geschieht immer, wenn er an überwundene Schwierigkeiten erinnert wird, also an Erfolge. Und noch etwas tun Sie. Sie betonen, was Ihnen gefällt: Du kannst gut zuhören! Und so fördern Sie das gute Zuhören erst. Auch begrenzen Sie die Zeit, damit Ihrem Partner nicht schwindlig wird: Ich würde gern zehn Minuten mit dir reden. Wenn er nicht mag, schlagen Sie vor: Sag mir, wann es dir passt! Wenn Ihr Partner den Zeitpunkt des Gesprächs selbst bestimmt, hat er oder sie das Gefühl, selbst initiativ zu sein. Und dann geben Sie ein konkretes Ziel vor: Es wäre gut, wenn wir dieses Problem bald lösen könnten; dann können wir eine Entscheidung treffen. Oder: Lass uns jetzt klären, wie wir den sechzigsten Geburtstag deines Vaters feiern. Damit ist umrissen, wohin das Gespräch geht und was zu tun ist. Das Ziel ist in Sicht. Und wenn es gar kein Problem zu lösen gibt und Sie einfach munter plaudern, dann brillieren Sie in der Kunst ruhmreicher Erzähler. Sie wecken Neugier: Und was, glaubst du, ist dann passiert? Oder: Und was hättest du an meiner Stelle getan? Und: Jetzt rat mal, was sie geantwortet hat? Auf wessen Seite hättest du dich gestellt? Das machen Sie gut. Sie machen es brillant. Sie halten das partnerschaftliche Gespräch in Gang. Und somit die Liebe am Leben.

## Ein weißes, zwei grüne, zwei orange Bärchen
Ihre Kompromisse sind die besten!

Sie haben ein ungewöhnliches diplomatisches Talent. Und Sie haben die Begabung, gerechte Kompromisse zu erarbeiten. Sie könnten Schlichter in einem Tarifstreit sein. Oder zwischen Kriegsparteien einen Friedensvertrag aushandeln. Lediglich in Ihrer Partnerschaft haben Sie sich lange auf faule Kompromisse eingelassen. Darauf deuten die beiden grünen Bärchen. Um des Friedens willen haben Sie sich mit allerlei abgefunden, das Ihnen nicht passte. Darunter ist Groll gewachsen. Die zwei orangen Bärchen zeigen, dass Sie sich eine heitere Maske zugelegt haben, um lächelnd darüber hinwegzutäuschen. Das ist vorbei. Das weiße Bärchen der liebevollen Intuition zeigt, dass zwar Ihre diplomatische Begabung bleibt. Aber dass der Preis, den Sie für den Frieden zahlen, nicht mehr Ihre Persönlichkeit sein wird. Sie verbergen Ihre Wünsche nicht länger. Sie zeigen sich. Und die Kompromisse Ihrer Partnerschaft sind nicht länger faul, sondern frisch und belebend. Sie wollen etwas ändern? Etwas gefällt Ihnen nicht? Dann werden Sie sich klar darüber, was Sie stattdessen wollen. Sie definieren Ihr Ziel. Und Sie schreiben es auf. Dadurch bekommt es mehr Deutlichkeit und mehr Nachdruck. Sie tragen Ihrem Partner Ihren Wunsch vor. Und Sie reden dabei von Ihrem Ziel. Also von etwas Positivem, das Sie erreichen wollen – nicht von dem Negativen, das Sie ärgert. Sie begründen Ihr Ziel. Sie sagen, was dadurch besser werden würde. Und Sie reden von sich. Von Ihren Gefühlen. Von Ihren Bedürfnissen. Dann hört Ihr Partner zu. Vorwürfe würden lediglich bewirken, dass er oder sie auf Abwehr schaltet. Solche Energievergeudung sparen Sie sich. Sie bleiben beim Thema. Sie wissen: Nur ein Problem lässt sich auf einmal lösen. Sie bitten Ihren Partner, dass er zusammenfasst, was Sie gesagt haben. Das wirkt vielleicht anfangs künstlich. Aber es verhindert den schnellen Schlagabtausch. Es bringt Ruhe ins Gesprächstempo. Und hilft beim Verständnis. Und zum Verständnis gehört auch, dass Sie die positive Absicht Ihres Partners erkennen. Denn auch das wissen Sie bei dieser Bärchen-Kombination: Jedes Verhalten hat eine positive Absicht. Ein negatives Verhalten wird erst aufgegeben, wenn etwas Besseres gefunden ist. Dieses Bessere wollen Sie mit ihm oder ihr zusammen finden. Wenn der andere spricht, hören Sie ihm offen zu – also indem Sie ihm zugewandt sind. Sie räumen nicht nebenbei den Geschirrspüler ein und knallen nicht die Teller fürs Abendessen auf den Tisch. Sie hören nur zu. Und bitten ihn, das genauso zu tun. Sie schreiben sich Lösungsideen auf und reden darüber. Sie halten die besten Ideen schriftlich fest. Und notieren die Schritte zu ihrer Umsetzung. Dadurch prägen sie sich ein. Zugleich haben Sie eine Art Vertrag, den Sie beide unterstützen und dessen Einhaltung kontrollierbar ist. Diese paar Schritte sind Ihr Weg. Sind die Werkzeuge jedes großen Diplomaten. Nicht zufällig haben Sie die Wappenfarben der Internationalen Diplomatenvereinigung gezogen. Es zieht Sie in den auswärtigen Dienst? Die Welt wäre Ihnen dankbar. Und Ihr Partner zieht sicher mit!

## Ein weißes, ein grünes, drei orange Bärchen

Sie sind ein Entertainer der Liebe!

Mit dieser Kombination könnten Sie als Gagschreiber fürs Fernsehen arbeiten. Oder als Entertainer in der *Late Nite Show* und als Spezialist für *Wahre Liebe*. Im Leben können Sie als Flirter glänzen. Und als Plaudertasche. Es ist bestimmt kein Zufall, dass Sie die Wappenfarben des italienischen Liebespoeten Boccaccio gezogen haben. Er war der lustvollste Dichter Italiens. Der lässigste. Der witzigste. Genau wie Sie war er ein Entertainer der Liebe. Nach ein paar schmerzlichen Erfahrungen rieb er sich nicht mehr auf in zerstörerischen Leidenschaften. Er zog den spielerischen Aspekt vor. Und wenn Sie seine Bärchen gezogen haben, die Bärchen eines Großhändlers der Love Storys, dann bedeutet das nichts anderes, als dass dieser spielerische Aspekt jetzt auch in Ihrem Leben aufleuchtet. Charmant sind Sie ohnehin. Sie sind unterhaltsam. Kontaktfreudig. Und wenn Sie bisher noch ein paar Kontakte vermissten, werden Sie sich wundern, was jetzt alles auf Sie zukommt. Sie sind vielseitig. Manchmal sogar zerfleddert, flüchtig, zerstreut. Sie werden es auch in Ihren Freundschaften und Liebschaften sein. Werden beschwingt flirten, oft schmetterlingshaft und unbeständig. Haben Sie nicht von jeher gern die anderen geneckt? Haben Sie die anderen nicht schon als Kind gern gefoppt, gekitzelt, gepikt? Eben, eben. Diese spaßige Eigenschaft kommt jetzt ungebremst wieder zum Vorschein. In der Liebe. Vergnügt und frei und im Grunde unschuldig, flirten Sie mit beinahe jedem, flattern gleich danach weiter, und wenn jemand etwas Ernsthaftes will, machen Sie sich einen Spaß daraus. Sie sind kameradschaftlich und begeisterungsfähig, reden gern, hören auch gut zu. Sie können sich wunderbar freuen und dabei in die Luft hopsen, sodass Melancholiker glauben, Sie wären das Feuer für Tag und Nacht. Doch das ist ein Irrtum. Jedenfalls zurzeit. In dieser lustigen Phase lassen Sie einfach nur Luftballons steigen, brennen Wunderkerzen ab und pusten Seifenblasen. Sie ziehen viele oberflächliche Erfahrungen einer großen Leidenschaft vor. Die Liebe ist für Sie jetzt mehr eine lustige Sportart. Natürlich werden Sie andere nicht leichtsinnig ins Unglück stürzen. Jedenfalls nicht immer. Denn Sie wissen viel über die Menschen, mehr jedenfalls, als Sie durchblicken lassen. Deshalb handeln Sie letzten Endes doch überlegt. Möglich, dass Sie jetzt vieles beginnen und weniges beenden. Macht nichts, man verzeiht Ihnen. Entscheidend ist die Leichtigkeit, die jetzt in Ihr Liebesleben kommt. Die Abwechslung. Die Vielfalt. Das bedeutet nicht Untreue. Sondern Lust. Lust auf faunische Späße. Vergnügen an kribbeligen Ereignissen. Spaß an guten Geschichten. Sie werden bald viel zu erzählen haben. Von der Sache unterm Sternenzelt und unterm Plastikzelt. Vom Strand und vom Wohnmobil und wie der Wind in den Blättern rauschte. Von den Reisen und dem offenen Fenster, der Vorhang wehte, und vom Segeltörn, der Horizont schwankte auf und ab. Boccaccio hat hundert lustige Storys von der Liebe aufgeschrieben. Sie werden bald mithalten können. Oder können Sie schon? Dann lassen Sie doch mal hören!

## Ein weißes, vier orange Bärchen
### Sie sind Detektiv!

Immerhin, ein weißes Bärchen! Sie haben also in der Liebe ein kleines Fünkchen Intuition. Aber viermal Orange! Bluffer ziehen eine solche Kombination. Vier orange Bärchen bedeuten Oberflächlichkeit, Zweifel und Täuschung. Und wie ist das bei Ihnen? Wo Sie es doch eigentlich gut meinen? Na ja. Sie sind nun mal voller Zweifel. Leute wie Sie finden schwer Zugang zum eigenen Herzen. Und umso schwerer den Zugang zum Herzen anderer. Leute wie Sie versuchen, an Äußerlichkeiten abzuchecken, ob jemand Ihnen gefährlich werden könnte oder harmlos bleibt oder sogar beherrscht werden kann. So sieht Ihr Zugang zur Partnerschaft aus. Um das mal zu verdeutlichen: Angenommen, Sie kommen zum ersten Mal in die Wohnung des anderen. First Date. Dann glühen Sie nicht vor Liebe. Dann checken Sie blitzschnell, was da so für Indizien herumstehen oder hängen oder liegen. Und kommen sich dabei vor wie Sherlock Holmes und Miss Marple. Also, hängen da Poster? Ausgelaugte Motive wie James Dean im Regen oder frühstückende Arbeiter auf dem Eisenträger eines Wolkenkratzers oder die nächtlich erleuchtete Bar in Manhattan? Da kommen Sie ins Grübeln. Mal die CDs checken. Ist da etwa was Sentimentales dabei? Wird hier vorwiegend geschluchzt? Und ein Blick ins Bücherregal. Stehen da Ratgeber, Psycho-Literatur? Das wäre ein bitteres Zeichen für Sie. Dann hat dieser Mensch also Probleme? Ja, genau, aber bestimmt nicht so viele wie Sie, Sie Schlaumeier. Sie sehen sich um. Steht da ein Duftlämpchen mit Ylang-Ylang, oder hängt da ein Feng-Shui-Kristall? Dann besteht hohe Esoterik-Gefahr. Aber jetzt wird's krass: Was stehen da für Fotos? Sind das Bilder von der Familie? Wer ist diese gruselige Dame? Etwa die Mutter? Spielt die hier womöglich eine entscheidende Rolle? Und wer ist das daneben, so innig lächelnd und mit rosa Herzchen im Blick? Ist das ein Foto vom Expartner? Schlingert einem hier die Vergangenheit entgegen? O ja, gut aufgepasst! Sie sind ein Kommissar mit sechstem Sinn. Neben Ihnen verblassen Columbo und alle Tatort-Schlampen. Apropos Schlampen – wie sauber ist es überhaupt in der Wohnung? Es soll nicht übertrieben reinlich sein, gewischt, geputzt und abgeleckt. Das ist steril. In so einer Wohnung gilt vermutlich Sex als schmutzig. Andererseits, allzu unordentlich soll es auch nicht sein. Also, das Bett zum Beispiel muss ein bisschen appetitlich aussehen. Ja, es ist schwer, es Ihnen recht zu machen! Mal einen Blick ins Badezimmer werfen. Was steht da alles vor dem Spiegel herum. Was ist das für ein bräunliches Fläschchen, Medizin? Ist hier jemand krank? Steckt man sich an? Und neben der Badewanne: Ist das ein Eimer mit eingeweichter Wäsche? Wo das Wasser schon ein bisschen dickflüssig wird? Und darüber eine Trockenspinne mit Schlüpfern dran? Okay, dann haben wir Verständnis, dass Sie bei diesem ersten Date keine angebrochene Flasche aus dem Kühlschrank akzeptieren. Sondern nur eine Cola trinken, die Sie eigenhändig öffnen können. Ansonsten: Bleiben Sie misstrauisch und einsam. Bleiben Sie Detektiv.

## Fünf grüne Bärchen
Ihre Liebe heilt!

Glückliche Menschen, die von Ihnen geliebt werden! Obwohl – gehören wir nicht ein wenig dazu? Ja, doch. Denn Sie sind wie eine Blume, und Ihre Liebe ist wie ihr Duft. Die Blume braucht nichts zu tun, sie strömt ihn einfach aus, und jeder freut sich daran. Das ist die Bedeutung von fünf grünen Bärchen: Die Liebe ist da, sie blüht in Ihnen als Person und strahlt nach allen Seiten aus. Anders als wir ängstlichen Kontrollfreaks, die wir in unserem strohigen Kopf zu Hause sind, werden Sie von einem tiefen Vertrauen getragen und spenden Zuwendung und Wärme. Jetzt jedenfalls kommt diese Anlage in Ihnen voll zum Vorschein. Sie sind im Herzen zu Hause. Sie haben die Vernunft des Herzens, die höher ist als das, was wir uns so im Verstand zurechtbasteln. Sie brauchen nicht lange nachzudenken, um müßig Vorteile und Nachteile gegeneinander abzuwägen. Sie handeln aus Intuition heraus, und das ist liebevoll, egal, wie es sich ausdrückt. Und einen größeren Vorteil als die Liebe gibt es nicht. Menschen, zu denen die fünf grünen Bärchen kommen, verfügen über die seltene Gabe, Nähe und Freiheit zu vereinen – ebenso wie aufregende Spannungen und ruhige Wärme. Sie kennen Sehnsucht und Leidenschaft, werden jedoch davon nicht geschüttelt und hin und her geworfen, sondern fühlen und handeln auf einer unerschütterlichen Basis von Vertrauen. Für uns Neidhammel ist es hart, so viel Gutes sagen zu müssen. Aber es ist nun mal so. Sie folgen Ihrem Instinkt. Wenn jemand Ihnen nahe steht, spüren Sie instinktiv, wann er Zuwendung benötigt, und weil Sie ein untrügliches Körpergespür haben, merken Sie auch gleich, wo: Sein Nacken fällt Ihnen auf oder seine Füße oder sein Rücken. Dorthin geben Sie Ihre Zärtlichkeit. Sie bringen etwas in die Welt, was selten geworden ist: liebende Berührung. Sie begrüßen Kinder, auch wenn es nicht Ihre eigenen sind, mit einer Umarmung, mit einem flüchtigen Kuss oder indem Sie sanft ihren Arm drücken. Sie verbinden Zuwendung und Lob mit Berührung. Sie begrüßen Ihre Eltern mit einer Umarmung. Und auch diese Eltern loben Sie zuweilen! Wer tut das schon! Sie geben anderen zur Begrüßung die Hand, und Sie spüren, was in dieser Berührung gesagt wird. Wenn Sie vertraut und persönlich mit jemandem reden, halten Sie seine Hand – sofern er es mag – oder berühren seinen Arm. Sie kraulen Ihrer Freundin den Nacken, und wenn sie Spaß daran hat, soll sie es auch bei Ihnen tun. Sie kämmen Ihrem Partner die Haare, und er darf es auch mal bei Ihnen versuchen. Sie streicheln, bürsten, kraulen einander, Sie massieren. Jemanden, der zornig ist und herumwütet, nehmen Sie in den Arm. Sie wissen: Hinter der Wut steckt eine unterdrückte Traurigkeit, die sich dann lösen kann. Und Sie spüren, dass alte Menschen häufig ohne Berührung auskommen müssen. Das vergrößert deren Isolation noch mehr. Deshalb kommt es vor, dass Sie einen alten Menschen in den Arm nehmen. Einfach so. Bei Ihnen ist Zuwendung unweigerlich mit Heilung verbunden. Mit Frieden. Ihre Liebe heilt die Welt. Danke, dass Sie da sind.

## Vier grüne, ein oranges Bärchen
### Stellen Sie die Betten um!

Das ist eine Absacker-Kombination mit kleinem Sonnenstrahl. Auf jeden Fall eine Schlafzimmer-Kombination. Sie halten sich gern zwischen Decken und Kissen auf. Haben Sie heute schon gelüftet? Na schön. Aber wie kommen Sie mit einem Partner zurecht, im Bett? Bei dieser Kombination liegt es nahe, dass da erotisch nicht so viel läuft. Ist ja auch kein Wunder. Denn wie würde es uns gehen, wenn da neben uns jemand schnarchen oder schubbern oder knirschen oder schmatzen und murmeln und ächzen würde? Vielleicht sollten Sie die Betten auseinander rücken? Das ist gar nicht nötig zurzeit? Das ist ja noch schlimmer. Also, für Lover mit dieser seltenen Bärchen-Kombination ist jedenfalls die Schlafposition besonders wichtig. Damit überhaupt noch ein Prickeln aufkommt. Sie sind ein Fluchttyp wie der Hase. Sie lassen sich in Beziehungen gern ein Hintertürchen offen. Sie vermeiden direkte Auseinandersetzungen und übernehmen ungern Verantwortung. Ja, ja, so ist es. Sie stehen bei Gesellschaften am liebsten etwas am Rande. Sie beobachten, halten sich bereit, reagieren. Schon mal einen Hasen in freier Wildbahn gesehen? Wie der plötzlich wegwetzte? Das waren Sie. Und zum Schlafen brauchen Sie einen Hasenplatz. So eine Kuhle. Jedenfalls einen übersichtlichen Platz. Sie wollen Tür und Fenster im Auge haben. Sie sind irritiert, wenn sich jemand an Sie kuscheln will, zum Beispiel ein Fuchs. Sie wollen weder in die Rolle des Beschützers gedrängt, noch möchten Sie allzu aufdringlich beschützt werden. Dann schlafen Sie also am besten allein. Wie, das wollen Sie gar nicht? Ist aber so. Für Ihren Appeal ist es das Beste.

## Drei grüne, zwei orange Bärchen
Sie entfalten sich!

Dreimal Grün: Sie tun einer Partnerschaft gut. Sie besitzen ordnende, heilende Fähigkeiten. Und Sie sind im Grunde Ihres Herzens viel unabhängiger, als Sie glauben. Noch sind Sie unsicher. Und Sie haben sich oft zu sehr nach Ihrem Partner gerichtet. Das zeigen die beiden orangen Bärchen. Doch mittlerweile werden Sie immer stärker. Und bei drei grünen Bärchen können Sie unmöglich noch nachgeben, wenn Sie es eigentlich besser wissen. Diese Bärchen verheißen den Einklang von Sehnsucht und Vernunft, von Nähe und Freiheit, von aufregenden Spannungen und ruhiger Herzenswärme. Und das Beste: Sie müssen dafür gar nichts tun. Das entfaltet sich von ganz allein. Sie merken es ja, Sie sind bereits auf dem Weg zu mehr Selbständigkeit. Sie verstehen es immer besser, Grenzen zu setzen. Sie werden sich jetzt immer mehr Ihrer eigenen Kraft und Ihrer inneren Freiheit bewusst. Spätestens in einem halben Jahr werden Sie von einem Partner mehr Loyalität, mehr Gesprächsbereitschaft und mehr Gefühl fordern, als Sie das heute zu tun wagen. Ob das immer noch derselbe Partner sein wird, hängt von ihm ab. Es hängt davon ab, ob er oder sie Ihre Entwicklung mitmacht. Eigentlich möchte Ihr Partner sich gar nicht verändern. Jedenfalls nicht in der Beziehung. Da will er es bequem haben. Aber Ihnen wird das nicht reichen. Sie wollen Lebendigkeit. Wollen mehr Nähe und größere Intensität. Es kann sein, dass Ihrem jetzigen Partner da bange wird. Dass er oder sie die Entwicklung nicht möchte. Entweder Sie bringen ihm rechtzeitig bei, dass es gar nicht so schlimm ist, sich zu wandeln. Oder Sie machen es allein. Es kann nichts schief gehen. Alles wird gut.

## Zwei grüne, drei orange Bärchen
### Sie erfinden Liebesspiele!

Sie haben eine köstliche spielerische Veranlagung. Drei orange Bärchen: Da wird es lustig bei Ihnen. Haben Sie zufällig drei Orangen da? Drei Apfelsinen? Oder nur eine einzige? Denn das wäre so eines dieser lustigen Liebesspiele, die Ihnen einfallen könnten. So ein Apfelsinentanz. Sie und Ihr Partner tanzen zur Musik mit einer Apfelsine in der Mitte zwischen Ihren Körpern. Und Sie versuchen, die Apfelsine da so lange wie möglich zu halten. Das macht Spaß und ist ziemlich kribbelig. Außerdem erfordert es nicht allzu viel Aufwand; das beruhigt, denn mit zwei grünen Bärchen sind Sie auch ein bisschen faul. Aber Sie haben herrlich kitzelige Ideen. Zum Beispiel: einen Tischtennisball von einem Schälchen ins andere pusten und wieder zurück, von Ihrem Schälchen ins Partnerschälchen, beide stehen Rand an Rand auf dem Tisch. Das hat was, vorausgesetzt, Sie haben einigermaßen frischen Atem. Dürfen wir mal probeweise schnuppern? Na ja. Geht gerade noch. Oder einander blind füttern, das müsste Ihnen doch liegen. Nehmen Sie bitte Pudding, damit es schön kleckert. Sie haben beide die Augen verbunden und schieben sich gegenseitig den Pudding rein. Da möchten wir aber zusehen. Oder wollen Sie es erst mal mit Lakritzschnecken versuchen? Sie essen eine abgewickelte Lakritzschnecke, Sie an einem Ende, der Partner am anderen, und fressen sich aufeinander zu, ohne abzusetzen. Aber eigentlich ist es ja Unsinn, dass wir Ihnen das erzählen. Mit diesen drei orangen Bärchen der kreativen Liebe fallen Ihnen noch viel flirtigere Spiele ein. Nur, dass Sie so ein bisschen phlegmatisch sind, gibt uns zu denken. Vielleicht geraten Ihre Ideen aus Trägheit immer ein bisschen sentimental? Verteilen Sie Schokoladenküsschen auf dem Fußboden mit einem Zettel: Ich küsse den Boden, über den du schreitest? Auch nett. Oder streuen Sie Rosenblätter aufs Parkett oder ins Bett? Zuzutrauen wäre es Ihnen. Aber Ihr Humor geht wohl eher in die Richtung, dass Sie eine Pizza in Herzform backen. Auf jeden Fall beginnt für Sie jetzt eine heitere, spielerische Zeit der Liebe. Und deshalb nehmen Sie es uns sicher nicht übel, wenn wir Sie bitten, uns jetzt den Gefallen zu tun und uns mit dem schönen Spiel zu unterhalten, das John Lennon und Yoko Ono immer zum Gaudi ihrer Freunde spielten: Blind Horse. Dem Mann werden die Augen verbunden. Er ist das Pferd. Er nimmt die Frau auf den Rücken. Sie ist Reiterin. Und sie lenkt ihn nun durch einen Parcours, den die Freunde aus Stühlen, Kissen, Tischen, Zimmerpflanzen aufgebaut haben. Machen Sie das für uns? Wir fänden das zum Wiehern. Und es wäre ein schöner Trost. Weil wir ja nicht dabei sein können bei all den köstlichen Spielen, die Sie im Dunkeln erfinden. Na ja. Wir wünschen viel Spaß und ein paar blaue Flecken!

## Ein grünes, vier orange Bärchen
### Sie sind ein Meister der faulen Entschuldigung!

Viermal Orange! Eine Schwindel-Kombination! Das grüne Bärchen zeigt zwar, dass Sie Herzenswärme haben und eine vertrauensvolle Partnerschaft möchten. Aber meistens haben Sie Sorge, dass Sie nicht rechzeitig rauskommen. Im Dunst der Nacht waren Sie voller Enthusiasmus. Drei Tage später ist der Zauber verloren gegangen. Nun sitzen Sie da, mit Ihrer Neuerwerbung, und wollen eigentlich wieder weg. Nur möchten Sie einen Anflug von Stil wahren. Für so etwas haben Sie Tricks. Zum Beispiel stellen Sie Ihre Uhr zurück. Um eine Stunde. Also, Ihr Date redet. Sie heucheln brennendes Interesse. Plötzlich entdecken Sie am Handgelenk des anderen eine Uhr. Sie bewundern diese Uhr. Schönes Stück! Der oder die andere erzählt, wo die Uhr her ist. Auf einmal, beim Blick aufs Zifferblatt, erschrecken Sie: «Sag mal, das kann doch nicht stimmen? Oder ist es schon so spät?» Ihr Date starrt auf die Uhr. Ja, natürlich! Sie starren auf Ihre eigene: «Aber auf meiner – oder geht die nach?» Sie wenden sich an jemand anderen. Tatsächlich, es ist schon so spät! «O Gott, dann muss ich weg! Meine Schwester kommt! Ich muss sie vom Flughafen abholen! Ich Idiot! Es tut mir so Leid! Du – ich rufe dich an!» Ja, ja. Oder Sie beschäftigen Ihren Handydienst. Eine Stunde nach Beginn der Verabredung ruft Ihr treuer Freund aus alten Tagen an. Denn innerhalb einer Stunde wissen Sie, ob Sie was von einem neuen Date wollen oder nicht. Also, Ihr Handy klingelt. Sie klinken sich ein. Und hören eine alarmierende Nachricht. «Was?», fragen Sie entsetzt ins Telefon, egal, was der andere gesagt hat. «Jetzt sofort? Das ist nicht dein Ernst! Ey, das kannst du mir nicht antun! Ich sitze hier gerade mit dem charmantesten Wesen der Welt und – was? Wirklich? O nein!» Na ja, und dann müssen Sie weg. Weil der Anrufer eine Panne hat oder sein Computer gecrasht ist, und nur Sie können ihn retten. «So was Blödes!», stöhnen Sie zerknirscht und sehen Ihrer Verabredung in die Augen. «Es tut mir so Leid! Ich rufe dich an!» Ob Sie es nun so oder anders machen – Sie sind Meister der faulen Entschuldigung. Wie viele Wasserrohrbrüche haben Sie schon gehabt! Wie viele Erbtanten sind auf die Intensivstation gekommen, sodass Sie schnell Abschied nehmen mussten! Zu solchen und ähnlichen Ausflüchten müssen Sie auf jeden Fall greifen, wenn die Verabredung ganz gut gelaufen ist. Wenn diese neue Begegnung Sie wirklich kitzelt. Wenn Sie also mit nach Hause gehen. Aber wenn Ihnen dort die Lust prompt abhanden kommt. Weil da lauter Fotos vom Ex rumstehen. Oder die Wohnung versifft ist. Oder überm Bett ein Poster von irgendeinem schrottigen Superstar hängt. Oder was immer Sie abschreckt. Dann rufen Sie, nur mal so zum Checken, Ihren Anrufbeantworter an. «Wird schon nichts Wichtiges sein.» Und hören prompt Katastrophenmeldungen. Wasserrohre, Krankenhäuser. Und müssen sofort weg. «Hätte ich bloß nicht den Anrufbeantworter abgehört! Es tut mir so Leid.» Tja, aber so kann's gehen. Gott sei Dank! Aber eines ist bei dieser Kombination sicher: Einmal fallen Sie richtig rein. Und kommen nicht wieder raus. Zu Ihrem eigenen Glück. Oder ist das etwa schon geschehen?

## Fünf orange Bärchen
Sie sind Künstler des Liebens!

Sie sind Meister in der Kunst des Liebens! Ihr Herz ist beschwingt, tänzerisch, schwerelos. Stets voller Neugier, Offenheit und Aufnahmebereitschaft, erschaffen Sie Romantik und Leidenschaft immer wieder neu. Das Potenzial dazu hatten Sie schon immer. Jetzt wird es offensichtlich. Denn jetzt haben Sie die fünf orangen Bärchen der heiteren und spielerischen Liebe gezogen. Nie waren Sie so originell und so kreativ wie heute. Langweilig kann es mit Ihnen nun nie mehr werden. Selbst langlebige Beziehungen, die bei uns öden Typen in Routine erstarren, sprudeln mit Ihnen bewegt und frisch. Es sind die Ausflüge ins Ungewohnte, mit denen Sie die Leidenschaft lebendig halten. Intuitiv spüren Sie, was wir schon vergessen haben: Am Anfang ist jede Liebe eine Reise ins Außergewöhnliche. Später legen sich Gewohnheiten darüber. Doch die pusten Sie weg wie den Staub von einer Antiquität. Der wunderbare Erfindungsgeist aller frisch Verliebten – in Ihnen ist er ungebremst lebendig! Mit Ihrer Bereitschaft zum Ungewöhnlichen, Ihrer Neugier und Ihren heiteren Verrücktheiten wirbeln Sie die Liebe immer wieder von neuem auf. Sie sind verheiratet? Mag sein, aber ab und zu tun Sie so, als würden Sie sich gerade erst kennen lernen. Sie sind so phantasievoll und munter wie Kinder. Schleichen sich abends auf den Abenteuerspielplatz und erfinden Spiele. Oder ahmen einander in allem nach, wie Kinder es tun, wenigstens für eine halbe Stunde. Sie spielen Topfschlagen, Tastspiele, Blindekuh. So entdecken Sie die Sinnlichkeit der frühen Jahre. Jeder Tag mit Ihnen ist eine Runderneuerung der Wahrnehmung und der Erotik. Na, sagen wir: jeder zweite Tag. Ihr abenteuerliches Herz liebt kühne, wagemutige, riskante Situationen. Die bringen dieselben Hormone in Gang, die in der ersten Verliebtheit sprudeln. Deshalb machen Sie Schluss mit den Pauschalreisen. Wenigstens ein Rundflug zu zweit muss drin sein. Eine Ballonfahrt. Womöglich ein Survival-Wochenende. Ein Wüstentreck. Sie wissen: Das Glück der Liebe leuchtet jenseits der Sicherheitszone. Der gewohnte Trott mag seinen guten Zweck haben. Er ist unsere Art, den Alltag leidfrei zu bewältigen. Wir wollen Reibungslosigkeit. Sie aber wissen: Nur Reibung bringt Funken. Und bei wem es funken soll, der muss raus aus der Gemütlichkeit. Hin zum Unvorhersehbaren. Deshalb kann man mit Ihnen so waghalsige Abenteuer erleben wie, dass Sie einfach mal die gewohnten Plätze am Tisch tauschen. Oder sogar die Bettseiten wechseln. Oder einen ungewohnten Weg zum Kaufmann gehen. Dass Sie zu zweit für das Essen einkaufen – aber nur Sachen, die mit A beginnen. Dass Sie, aber das ist jetzt fast schon zu absurd, einmal in der Woche für einen ganzen Tag den Stecker des Fernsehers ziehen. Was immer Sie tun: Sie tun es als heiteres Genie in der Kunst des Liebens. Wir staunen nur und lernen.

**Fragen und Antworten**

**Stimmt so ein Orakel auch wirklich?**

Ja, in jeder Beziehung. Forscher an der Harvard University haben sogar herausgefunden, dass sich mit dem Gummibärchen-Orakel das Wetter voraussagen lässt. So feinfühlig sind die Bärchen! Aber uns geht es um die Hochs und Tiefs der Liebe, um Flirts und Rausch und Leidenschaft. Und da wissen die Gummibärchen natürlich noch viel besser Bescheid!

**2 Wissen die Bärchen, was für mich richtig ist?**

O ja! Die Bärchen wissen es. Und Sie selbst ahnen es auch. Nennen Sie es Herz, Intuition, sechster Sinn, innere Führung: Es ist bestimmt kein Zufall, welche fünf Bärchen Sie aus der Tüte fischen. Auch wenn Sie oberschlau herumtasten, um eine Kombination nach Wunsch herauszuholen. In Wirklichkeit lenkt Ihr Herz. In Zusammenarbeit mit den Bärchen sucht Ihr Herz mit traumhafter Sicherheit den Orakelspruch aus, der für Sie bestimmt ist. Und der trifft zu. Hundertprozentig.

**3 Darf ich auch Bärchen für meinen Partner ziehen?**

Ja, sicher! Und zwar so: Sie rufen sich das Bild Ihres Geliebten vor Ihr inneres Auge. Und ziehen nun mit der linken Hand fünf Bärchen. Na, und dann wollen wir doch mal sehen, was die Partner-Bärchen sagen! Was sie so mitteilen über Leidenschaft oder Gleichgültigkeit, über Sehnsucht oder Achselzucken, Treue oder schlechtes Benehmen. Nur eine Bitte: Seien Sie behutsam, wenn Sie Ihrem Partner diese Erkenntnisse mitteilen.

**4 Helfen die Bärchen bei Streit oder Liebeskummer?**

Natürlich! Dafür sind sie doch da! Okay, manchmal dürfen die Fetzen fliegen. Und manchmal tut es gut, in Trauer zu baden. Aber wenn es dann darum geht, Ruhe und Klarheit zu bekommen, dann helfen die Bärchen. Dann sagt das Orakel, was zu tun ist: ausgehen oder zurückziehen, Lover reinlassen oder rausschmeißen, Schwiegermutter küssen oder anblaffen, Beziehung abschließen oder liften, lieben oder lieben lassen. Die Bärchen sagen, was dran ist.

**5 Bringen die Bärchen mir die Liebe meines Lebens?**

Aber klar! Wer sonst? Der Storch kommt später. Erst mal sind die Bärchen dran. Mit Hilfe des Orakels machen die Bärchen Sie bereit für die große Liebe. Das Orakel klärt Ihre Wünsche. Es eröffnet Ihnen, was Sie wirklich wollen. Wenn Sie es ein paar Mal befragt haben, haben Sie schon so viel geklärt, dass Sie nur noch die Tür zu öffnen brauchen. Nein, die Tür ist dann offen. Sie müssen nur noch hinsehen: Da steht die große Liebe!

**6 Darf man das Orakel auch zweimal hintereinander machen?**

Wie bitte? Wenn die erste Antwort Ihnen nicht gefällt, wollen Sie schnell eine andere hören? Und nach diesem Motto wechseln Sie auch Ihre Partner? Na, viel Spaß. Das Orakel befragen Sie immer dann, wenn Sie eine Frage klären möchten. In Liebesdingen gibt es viele Fragen. Und weil Sie sich mit jeder Antwort weiterentwickeln, ist nach einiger Zeit tatsächlich was anderes dran. Aber selten schon am selben Tag. Und nur in hoch dramatischen Phasen sollten Sie das Orakel an zwei Tagen hintereinander befragen. Einmal pro Woche ist schon sehr viel. Aber Sie werden genau spüren, wann es an der Zeit ist!